NIRVANA

Der Himalaya

NIRVANA

Eine Studie über synthetisches Bewusstsein

von
George S. Arundale

Ins Deutsche übertragen
von Ella von Hild

© Copyright: Irene Huber, Graz 2015
Verlag: Edition Geheimes Wissen
Internet: www.geheimeswissen.com
E-Mail: www_geheimeswissen_com@gmx.at

ISBN 978-3-903045-22-4

Gewidmet
den zwei älteren Brüdern
Annie Besant und
Charles Webster Leadbeater,
mit deren Hilfe die Erlebnisse möglich waren
dann allen Jenen
in denen NIRVANA sich offenbart.

VORWORT.

Mein langjähriger Freund, Bischof Arundale, hat mich aufgefordert, einige Worte als Einführung zu diesem Buch zu schreiben. Ich halte dieses Werk für sehr bemerkenswert, für einen kühnen Versuch, das Unbeschreibliche zu beschreiben. Wenige gibt es, die noch auf Erden weilend Nirvana erlebt haben. Noch wenigere haben sich bemüht, ihre Eindrücke aufzuzeichnen. Wer einmal diese wahrhaft erhabene Höhe erreichte, weiß es gut, dass alle menschlichen Worte unzulänglich, irdische Farben völlig ungeeignet sind, ihre überirdische Herrlichkeit zu beschreiben. Dennoch müssen wir wenigstens den Versuch machen, selbst wenn er bestimmt fehlschlagen wird. Die Gaben, die uns zuteilwerden, müssen wir mit unseren Brüdern teilen, soweit es eben geht. So will es das Gesetz des okkulten Lebens. Diesem Gesetz gehorchend wurde dieses Buch geschrieben. Ich habe selbst den Versuch gemacht, diese überhimmlische Atmosphäre in Worte zu kleiden, wie im Buch „Die Meister und der Pfad" [1]) ersichtlich. Mein Bruder Bischof hat darin mehr Erfolg gehabt. Seine Worte sind erfüllt von lebendigem Feuer. Wohl kann das Geschaute nicht geschildert werden. Doch hat die Begeisterung, mit der das Buch geschrieben ist, eine so durchdringende Wirkung, dass man sich dem Verständnis nahegerückt fühlt. Sicherlich ist er imstande uns in großem Maße zu erheben und uns zu helfen. Wenn wir auch noch nicht alles wissen können, so sind wir doch dem Wissen wenigstens näher gekommen, und das Zeugnis eines bereits Wissenden hat uns ermutigt. Wo er heute steht, werden einst alle stehen.

Wir wollen ihm daher unseren gemeinsamen herzlichen Dank für dieses selten wertvolle Buch in der Weise darbringen, indem wir ihm in seiner wunderbaren Arbeit, die er im Dienst unserer Heiligen Meister ausübt, helfen und ihm nachfolgen.

C. W. LEADBEATER.

---

1) Neuauflage Verlag Edition Geheimes Wissen, Graz.

Mein Sohn George ersuchte mich, zu den obigen, von einem Wissenden geschriebenen Zeilen, einige hinzuzufügen. Nirvana zu beschreiben, ist ein so hoffnungsloses Beginnen wie das Bemühen, das Meer in einen Fingerhut zu gießen. Nur Helden können sich dieser Mühe unterziehen. Es gab Einen, der in dieser irdischen Welt Vieles wagte. Er bezeichnete heroische Enthusiasten mit folgenden Worten:

„Besser ist es nach edlem Streben zu fallen,
Als auf unedle Weise überhaupt nicht zu streben."

ANNIE BESANT.

DIE VORREDE DES VERFASSERS.

Ich kann wohl behaupten, dass ich seit ungefähr 25 Jahren, unter der begeisternden Leitung meines verehrten Oberhauptes Dr. Annie Besant, ein ziemlich angestrengt tätiger Mensch gewesen bin, dessen Bemühungen größtenteils der physischen Ebene galten. Ich gestehe, dass ich mich mit sogenannten „höheren Dingen", mit Ursachen, Ursprüngen und Lebenstheorien, mit Ebenen der Natur, Hierarchien von Wesen und ähnlichen Dingen wenig befasst habe. Ich hatte Arbeit in der äußeren Welt zu leisten und war bemüht, ihr gerecht zu werden, ohne mich um das Warum und Wozu zu kümmern. Sobald ich studierte, geschah es mit besonderem Hinblick auf die zu leistende Arbeit. Niemals studierte ich nur um des Studiums willen. Niemals suchte ich Weisheit um der Weisheit willen, sondern nur des Nutzens halber, der daraus entspringt. Mein Universum ist mit Dingen erfüllt, die ich benötige. Sobald ich eine Sache mit meiner Arbeit nicht in Zusammenhang bringen konnte, verlor ich sie aus den Augen, wenigstens vorläufig. Ich war zielstrebig, selbst wenn ich meine Augen von vielen Dingen abgewendet habe, die nützlich gewesen wären.

Im Laufe des letzten Jahres habe ich jedoch eine Entdeckung gemacht. Ich erfuhr, dass meine eifrige Tätigkeit auf der physischen Ebene im Vergleich zu meiner Emsigkeit auf anderen Ebenen verschwindend klein war. Wahrscheinlich macht jeder Mensch dieselbe Erfahrung. Doch war es für mich auf der physischen Ebene eine große Überraschung. Ich erkannte sofort, dass ich aufhören müsse nur auf einer Ebene zu leben, dafür aber bemüht sein müsse auf mehreren Ebenen gleichzeitig zu leben. Ich erkannte, dass das Eine Leben alle Ebenen und alle Dinge vereinigt, und dass in Wahrheit nichts vorhanden sein soll, das mir gleichgültig sein könnte. Alles ist mit Allem verbunden und Eines übt seine Wirkung auf alles Andere aus. Lehrt uns nicht die Wissenschaft, dass selbst die weitentfernte Sonne auf jeden kleinsten Teil der physischen Welt Einfluss hat?

Ich grübelte viel über diese Einheit nach, sowohl im Körper

als auch außerhalb des Körpers und machte den Versuch, mehr einen universellen als persönlichen Standpunkt im Leben einzunehmen. Die Folge war wohl ein erweiterter Ausblick und ein wirkungsvolleres Leben. Ich hatte aber keinen klaren Begriff der Einheit, sondern befass nur eine unbestimmte Idee davon, die gerade genügte, um das Leben sonderbar verwickelt zu gestalten.

Vor vielen Jahren, es war in Taormina, Sizilien, 1912, gewann ich das erste Mal einen schwachen Begriff von fundamentalen Einheiten. Mehrere von uns wohnten in einem Hotel und ich entsinne mich, wie ich am Fenster saß und meine Gedanken teilnahmslos schweifen ließ. Plötzlich blieb mein halbsehender Blick auf dem Orangenhain hängen, der sich in einem tiefer gelegenen kleinen Tal befand. Da fühlte ich, wie ich auf sonderbare, wundervolle Weise mit den Orangenbäumen, mit ihrem Leben und Sein, eins wurde. Ich saß an meinem Fenster und doch war ich gleichzeitig im Orangenhain, — ja ich selbst war der Orangenhain. Ich fühlte sozusagen mein Bewusstsein zwischen dem des George Arundale als George Arundale, und dem Bewusstsein George Arundales als Orangenhain hin und herflackern. Ich war zwei Wesen in einer Person. Und während ich als Orangenhain lebte, kam ein Gärtner in den Garten, pflückte einige Orangen und schnitt einige Zweige ab. All dieses verübte der Gärtner an mir. Ich empörte mich dagegen — nicht so wie George Arundale sich empören würde, nicht mit meinem Verstand und meinem Willen, sondern in einer dem Orangenhain wahrscheinlich entsprechenden Weise. Ich war mir eines Unbehagens, eines Verlustes bewusst, das nicht gerade einem Schmerz glich, aber doch immerhin einem Schmerzgefühl sehr ähnlich war. Mein unbehagliches Gefühl steigerte sich, weil der Gärtner mich nicht mit Achtung und Liebe behandelte, sondern in einer Art, als wäre ich ein lebloses Ding, ohne Gefühl und ohne Fähigkeit zu empfinden. Warum konnte er nicht erkennen, dass in uns beiden dasselbe Leben war? Wenn er wenigstens daran gedacht hätte, mich wegen seines Vorgehens um meine Zustimmung oder um Entschuldigung zu bitten, und mir klar zu machen, dass ich andere glücklich machte, indem ich ihnen einen Teil von mir überlasse; dann würde ich mir nicht so viel daraus gemacht haben. Er war aber gefühllos, und selbstsüchtig. Er behandelte den Orangenhain wie einen Sklaven, anstatt wie einen Kameraden. Jedes Mal, wenn er eine Orange pflückte oder einen Zweig abschnitt, verletzte er mich. Mit Hilfe einer anderen Gemütsverfassung hätte er alle meine Orangen und sämtliche Zweige haben können, und wir hätten uns über die gemeinsame Arbeit zusammen gefreut. So aber, seiner Gnade ausgeliefert und als sein Eigentum behandelt, erschien mir das Leben gleichgültig, und ich war bloß ein armer Orangenhain, da ihn keiner liebte.

Diese Erfahrung meines Bewusstseins innerhalb des Pflanzenreichs eröffnete meinem Blick eine neue Bewusstseinsmöglichkeit auf verschiedenen Stufen der Entwicklung mit der damit verbundenen allumfassenden Einheit. Seither war ich nicht mehr derselbe Mensch. Niemals wieder konnte ich eine Blume pflücken oder auch nur ein Unkraut ausjäten, ohne im Stillen sozusagen meine Beweggründe der Pflanze oder dem Unkraut zu erklären, indem ich sie um ein Opfer ersuchte, das einem bestimmten, wenn auch nicht gerade größeren Wohl dienen sollte. Niemals fand ich Mangel an Bereitwilligkeit. Ich beobachte mit Interesse, wie ich immer bemüht bin, meine Handlungen zu begründen, die das Leben in irgendeiner Form beeinflussten. Aus diesem Grund bin ich auch mehr denn je Vegetarianer. Wie kann ich erklären, und wie den Mut dazu aufbringen, von Schafen, Rindern, Vögeln und Fischen zu verlangen, sich mir zu opfern, unvermeidliches Leid auf sich zu nehmen, nur um meinen Gaumen zu befriedigen, oder weil ich unter dem Wahn leide, dass ich ohne Fleischnahrung nicht leben kann? Diese Zumutung ist derb und durchaus selbstsüchtig. Wenn es mir beliebt, kann ich wohl wie ein Räuber oder Pirat leben, und gewaltsam stehlen. Zum Glück ist aber noch genug von einem ehrenwerten Gentleman in mir vorhanden, der mich wenigstens in dieser bestimmten Richtung nachdrücklichst verhindert, eine so ungeheure Zumutung zu stellen, die das Naturreich, zu dem ich gehöre, herabwürdigen würde. Die Bewohner der untermenschlichen Reiche wären zur berechtigten Frage veranlasst, welche Art der Entwicklung imstande sein kann, Wesen, die es besser wissen sollten, dazu zu bringen, Schwächere zu berauben, die sich ihrer Gewalt nicht widersetzen können und deren einziger Schutz: ihr Recht zu leben ist.

Zeitweilig hatte ich noch andere Visionen dieser erhabenen

Einheit, doch keine lässt sich so schwer in Worte fallen, wie jene, die mir die Tore Nirvanas vermittels des Zeichens, das zu geben ich gelernt hatte, öffneten.

Eines Nachts jedoch erwachte ich plötzlich mit einer äußerst deutlichen Erinnerung einer erhabenen Begeisterung, einer wunderbaren Erweiterung des Bewusstseins. Obwohl sie absolut unbeschreiblich war, wusste ich sofort, dass ich irgendwie den Versuch machen müsse, das Erlebte zu Papier zu bringen. Dies geschah ungefähr 1 Uhr nachts. Mein physischer Körper fühlte zwar keine rechte Neigung, sich zu bemühen, aufzusitzen und zu schreiben, obwohl Bleistift und Papier neben meinem Bett lagen. Ich halte sie meiner langjährigen Gewohnheit gemäß für den Fall bereit, dass wenn während der nützlichen Stunden eine gute Idee käme, wo physische Einmengung vermittelst des Schlafes möglichst ausgeschaltet war. Etwas in mir blieb jedoch standhaft. So setzte ich mich auf und schrieb den Anfang dieses Buches, wobei ich mich erinnerte die Worte zu hören: „Dieses ist Nirvana". Ich wusste, dass es Nirvana war. Ich gestehe, mein Erstaunen war ungeheuer, da ich vorher niemals an Nirvana dachte. Wenigstens nicht auf physischer Ebene. Anfangs schien mir das Geschriebene außerordentlich sonderbar. Mein Wachbewusstsein war nicht daran gewöhnt, das Nirvanabewusstsein widerzuspiegeln.

Der Vorgang hatte sogar physische Schmerzen im Gefolge. Ich schrieb jedoch alles nieder, was mir zugeflogen kam. Nur fiel es meiner Hand außerordentlich schwer, der Geschwindigkeit der zuströmenden Gedanken zu folgen. Ich schrieb so rasch, dass ich meine eigene Schrift kaum lesen konnte. Ebenso war ich mir dessen kaum bewusst, was ich niederschrieb. Ich tat dies stundenlang und war glühend vor Begeisterung. Mein ganzes Wesen schien neu zu erstehen. Ich war wiedergeboren worden, und als der Tag heranbrach, war alles verändert. In meinem Wesen ertönte ein neuer Klang, und die Dinge bekamen neue Werte. Seither bin ich emsig bemüht, mich ihnen anzupassen, um meine alte Welt mit der neuen vereinigen zu können. Nahezu das ganze Buch schrieb ich entweder zwischen 1 Uhr und 4 Uhr, oder zwischen 4 Uhr und 6 Uhr morgens. Viele Nächte verbrachte ich in dem physisch schmerzvollen Zustand, war jedoch erfüllt von wunderbarer geistiger Erhebung und bemüht, den Widerschein von Nirvana im physischen Gehirn sowie im Wachbewusstsein festzuhalten.

Es erübrigt sich zu sagen, dass selbst die schönste irdische Vorstellung und Beschreibung von Nirvana kaum mehr als eine Karikatur der Wirklichkeit sein kann. Was können daher meine bescheidenen Bemühungen sein! Fast kommt es einer Lästerung gleich, sie zu veröffentlichen, selbst in der Form eines schwachen Versuches den Schatten der Nirvanischen Herrlichkeit anzudeuten. Worte bleiben unsagbar weit hinter der Wirklichkeit zurück. Dennoch scheint es immerhin besser zu sein, wenigstens dieses als gar nichts zu haben, und viele Leser, die einige Auszüge gelesen habe, fühlten sich dadurch erhoben. Deshalb veröffentliche ich dieses Buch, ermutigt durch Bischof Leadbeater, als eine bescheidene Skizze einer unbeschreiblich herrlichen Welt, die eine ungeübte Hand durch abtötende Zwischenstadien übertragen hat. Hinzufügen muss ich noch, dass sogar die Herrlichkeiten, die mir bekannt wurden, nur zu der allerniedrigsten Unterebene von Nirvana gehören können. Ich konnte ja nur einen ganz kleinen Teil derselben erfassen, denn ich wurde erst kürzlich in Nirvana geboren und muss erst die Sinne entwickeln, die meiner neuen Welt entsprechen.

Im Laufe der Zeit durchdringt jedoch immer mehr und mehr Nirvanabewusstsein mein Wesen. Dieser Vorgang gleicht einer ungeheuren Reise von einer großen Auferstehung zu einer Himmelfahrt, deren Herrlichkeit von Nirvana so verschieden ist, wie die Sonne von unserer Erde.

Ich hoffe, der Bericht meiner Erfahrungen wird auch anderen dazu verhelfen, mit diesem königlichen Nirvanabewusstsein in Berührung zu kommen. Sicher stehen Viele unmittelbar davor. Einige kennen Nirvana schon heute und viele kannten es in vergangenen Tagen, in einer Weise, die ich nur nach langen konzentrierten Bemühungen erhoffen kann. Meine Beschreibung bezieht sich natürlich nicht auf den tatsächlichen Zustand von Nirvana, selbst wenn ich von den niedersten Unterebenen spreche, sondern nur auf meine subjektiven Eindrücke von Nirvana, die ich aufzunehmen imstande war. Sicherlich ist so manche Beschreibung durch meine Persönlichkeit beeinflusst worden. Möglicherweise entspricht eine gänzlich verschiedene Beschreibung ebenso der Wahrheit, oder ist allenfalls noch wahrer als meine. Ich habe mit Hilfe der Kräfte, die mir zur Verfügung stehen, mein Bestes versucht und bin mir dessen bewusst, dass mein Bericht aus einer Anzahl unzusammenhängender Teile besteht. Ich schrieb nämlich eine Nacht um die andere, sobald ich mich dazu gedrängt fühlte, ohne daran zu denken, was ich vorher geschrieben hatte. Jeder Abschnitt ist daher eine Art Federzeichnung, entstanden beim Anblick eines besonderen Teiles einer Nirvana-Landschaft, der sich damals meinem Geist gerade einprägte.

GEORGE S. ARUNDALE.

BEMERKUNGEN ZUR 2. AUFLAGE.

Ich bin natürlich sehr erfreut, dass nach wenigen Monaten eine zweite Auflage von Nirvana notwendig ist. Meiner Ansicht nach liegt der Wert dieses kleinen Buches mehr in der Anregung für eine bestimmte Richtung von Experimenten, als in der Beschreibung der Zustände, die man durch Nirvana Bewusstsein erlangen kann. Der Leser wird sogar wenige Beschreibungen finden, denn diese sind unmöglich, dafür aber zahlreiche Eindrücke. Ich möchte ihm raten, den Einzelheiten dieser verschiedenen Eindrücke nach Belieben (wenig oder viel) Beachtung zu schenken, dafür aber seine Konzentration auf die Atmosphäre zu lenken, durch die sie sich vermittels George Arundales als Medium in besonderer Weise ausdrücken. Wenn ich zum Beispiel über den „stillstehenden Blitz" schrieb, kann ein Leser sich veranlasst fühlen zu sagen: „Oh, ich denke, ich weiß, was Sie sagen wollen. Ich würde es weder „Blitz", noch „stillstehenden Blitz" nennen, sondern so und so. Ich würde dieselbe Atmosphäre, die wir beide wahrnehmen, ganz verschieden beschreiben." Das Buch Nirvana soll auf verschiedenen Wegen zu Nirvana führen. Alles, was ich sagen will, ist: dass ich den Weg, den ich eben ging, in folgenden Blättern nach bestem Können beschrieben habe.

Ein weiter Spielraum ist jedem Leser überlassen, nur möchte ich ihm eine Tür versperren und zwar jene des gesunden Menschenverstandes. Wenn er nichts anderes zur Verfügung hat als diesen, dann wird ihm — so fürchte ich — Nirvana nichts oder nur wenig bedeuten. Um Buddhi oder Nirvana zu verstehen, muss man einen ausgesprochen „ungewöhnlichen" Verstand haben. In diesen Regionen hilft einem der gewöhnliche Verstand ebenso wenig, wie er zum Verständnis moderner Physik seit Einstein genügt. Bertrand Russel erklärt in seinem „A.B.C. der Relativität", dass in unserer mentalen Welt eine neue Art des Denkens entstehen muss, als Folge der Einführung von neuen Vorstellungen und Begriffen, mit Bezug auf physikalische Dinge, selbst wenn diese Vorstellungen und Begriffe noch nicht ganz bewiesen sind. Er beschwört uns, in unserm Denken von diesen „modernen, physikalischen Begriffen auszugehen, anstatt von den Begriffen, wie sie die traditionelle Physik verkörpert, und der gesunde Menschenverstand ableitet." Wer die äußeren Grenzen von Buddhi und Nirvana berührte, muss genau dasselbe tun. Nicht die Dinge des gewöhnlichen Verstandes und die Traditionen der niederen Welten kommen jetzt für sie in Betracht, sondern ein ungewöhnlicher und außerordentlich verfeinerter Sinn, der, wenngleich heute noch ungewöhnlich, eines Tages die Stelle des gewöhnlichen Verstandes einnehmen wird. Die Anwendung des ungewöhnlichen Verstandes bedeutet jedoch nicht, dass wir in den niederen Welten weniger tüchtig sein werden. Im Gegenteil! Wir werden viel leistungsfähiger, denn wir bauen mit Steinen, nicht mit Sand. Unser Leben wird wahrer, weil wir dem Wirklichen näher kommen, selbst wenn die äußere Welt in ihrer Unwissenheit und mit ihrem gewöhnlichen Verstand uns auslacht, lächerlich macht, verfolgt und verachtet. Wahrhaftig, Bertrand Russel geht in seinem kleinen Buch weiter, als ich jemals auszusprechen gewagt hätte, obwohl nicht weiter als ich zu gehen bereit bin. Ich zitiere folgenden auffallenden Ausspruch:

„Der Wunsch nach einer vernünftigen Erklärung kann uns mitfortreißen . . . jedes scheinbare Naturgesetz, das wir für vernünftig halten, ist nicht ein wirkliches Naturgesetz, sondern ein verborgenes Übereinkommen, mit dem wir die Natur in unserer Vorliebe für alles Vernünftige arroganterweise überziehen. Eddington deutet an, dass ein wirkliches Naturgesetz wahrscheinlich durch die Tatsache auffällt, dass es uns unvernünftig erscheint, weil in diesem Fall die Wahrscheinlichkeit geringer ist, dass wir es selbst erfunden haben, um unseren intellektuellen Geschmack zu befriedigen."

Ich halte diesen Ausspruch für durchaus wahr. Hätte er in der Vergangenheit und Gegenwart mehr Anerkennung gefunden, so wären zahlreiche Apostel der Wahrheit von Verfolgung und Märtyrertum verschont geblieben. Die Welt wäre imstande gewesen, von den Forschungen der Okkultisten und Mystiker weit größeren Nutzen zu ziehen. Diese sind nämlich wahre Pioniere, wahre Forscher nach wirklichen Naturgesetzen, deren Weg durch das „Unvernünftige" und Über-Vernünftige führt.

Ich habe dieser neuen Auflage eine Anzahl von Verbesserungen, Erweiterungen und Veränderungen hinzugefügt, ebenso ein neues Kapitel: „Weitere Gedanken", das einige Resultate von späteren Meditationen enthält. Ich hoffe, diese werden auch von Interesse sein und zu weiteren Forschungen in derselben Richtung Anregung geben.

GEORGE S. ARUNDALE.

VORWORT DES ÜBERSETZERS.

Bei nachfolgender Übersetzung war ich bemüht, die suggestive Sprache Dr. Arundales möglichst unverfälscht beizubehalten. Trotzdem das manchmal auf Kosten der Schönheit der deutschen Sprache ging, blieb mir doch keine Wahl, weil es sich hier weniger um die äußere Form als um die getreue Wiedergabe einer selten hohen Philosophie handelt.

Außerdem müssen wir bedenken, dass uns der Autor in Welten zu führen sucht, in denen sich neue Begriffe formen, für die wir noch keine Worte haben. Um diese neuen Begriffe dem Leser klar zu machen und sein Bewusstsein nirvanischen Höhen näher zu bringen, bedarf es eben einer Feder Dr. Arundales, d. i. eines Menschen, der im Besitz dieses erweiterten Bewusstseins ist. Sagt doch selbst unser großer Lehrer, Bischof Leadbeater, über ihn: „Wenige gibt es auf Erden, die Nirvana erlebt haben, und noch weniger haben den Versuch gemacht, ihre Eindrücke niederzuschreiben." Möge guter Wille und Begeisterung, die den Übersetzer bei seiner Arbeit begleiteten, die Mängel mildern, die bei so einer Riesenaufgabe unvermeidlich sind.

Budapest, November 1929.

E. v. HILD.

INHALTSVERZEICHNIS.

Die Fotografien des Himalayas, nach denen unsere Illustrationen angefertigt wurden, sind Originalaufnahmen von Herrn J. Burlington Smith, Darjeeling.

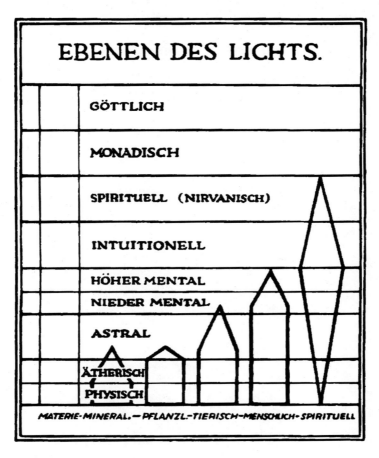

EBENEN DES LICHTS.

GÖTTLICH

MONADISCH

SPIRITUELL (NIRVANISCH)

INTUITIONELL

HÖHER MENTAL

NIEDER MENTAL

ASTRAL

ÄTHERISCH

PHYSISCH

MATERIE·MINERAL.— PFLANZL.–TIERISCH–MENSCHLICH· SPIRITUELL

Notiz: Die Intuitionelle Ebene wird im Text als
Buddhi-Ebene bezeichnet.

I. KAPITEL.

DER ERSTE SCHIMMER.

In unvergesslich wunderbarer Pracht
Der Morgen herrlich mir entgegenlacht,
Fern glänzt ein See und winkt mir freundlich zu,
Daran die Felsenwelt in stummer Ruh.
Wie helle Wolken — grünlich schimmernd — bricht
Auf Fels und Stein herab ein hehres Licht.
Die Matten oben und die Trift im Tal
Erglänzen feucht im Tau und Dampf zumal,
Erklingen von der Vögel Melodien,
Von frohen Leuten, die zur Arbeit zieh'n.

Ach teurer Freund, mein Herz ist übervoll,
Ich weiß nicht, wie ich's Dir erklären soll.
Zwar sprach ich kein Gelübde, aber hier
Entstand ein neues schönes Bild in mir:
Ich fühle mich als Geist hingebungsfroh
Und sündenfrei wie niemals anderswo.
Dann schritt ich weiter, nahm mit mir das Bild,
Seither von stiller Dankbarkeit erfüllt.

WORDSWORTH,
(*The Prelude,* Bk. IV.)

Meine erste Erinnerung zeigt mir Meister K. H. [1]) in einer

1) Jene, die okkulte Schulung durchgemacht haben, wissen, wie wunderbar erhaben dieser große Meister als Lehrer ist. Er nimmt natürlicher Weise in der Erziehungs-Abteilung der Welt ein hohes Amt ein, und Lehrlinge aller anderen Abteilungen haben das Vorrecht, unter Seine aneifernde Führung zu kommen. Audi mir wurde diese Ehre zuteil, obwohl ich nicht zur Erziehungsabteilung gehöre. Ich besitze auch jetzt noch das unschätzbare Vorrecht, von Ihm gütigst geführt zu werden. Für mich bedeutete es große Freude, diesen neuen Pfad unter der wohlwollenden Beobachtung dieses gütigen Freundes zu betreten, dem ich so viel verdanke! Ebenso war es eine

Weise, wie nie zuvor. Immer sieht er strahlend aus, überirdisch strahlend. Doch jetzt ist Er mehr als das. Ich finde keine irdischen Worte, um die Herrlichkeit zu beschreiben, in der Ihn mein eben erwachendes Nirvanisches Bewusstsein erblickt. Die Worte majestätisch und strahlend sind armselige Ausdrücke. „Blendend" würde meinen Eindruck besser wiedergeben, denn ich war tatsächlich wie geblendet und einen Augenblick lang überwältigt. Fall wollte ich mein Antlitz vor Seinem Anblick verhüllen, und dennoch konnte ich meine Augen von Ihm nicht abwenden, so unfassbar herrlich erschien Er mir. Wie ich später erkannte, übertraf Ihn nur der KÖNIG [1]) an Erhabenheit. Zu der Zeit jedoch konnte ich mir keine größere Herrlichkeit vorstellen.

Nun fasse ich meinen Mut zusammen. Mir ist, als sagte Er mir: „Willkommen im neuen Königreich, das zu erobern du lernen musst". Unter Seinem Einfluss entfaltet sich mein Bewusstsein und ich schreite sozusagen über die Schwelle von Nirvana. Wie schön oder erhaben auch die Worte sein mögen, mit denen man sich bemüht, die dortigen Zustände zu beschreiben, so wirken sie doch beinahe entheiligend. Selbst der leiseste Anflug einer Erstlingserfahrung auf dieser erhabenen Ebene lässt alle anderen Erfahrungen anderer Ebenen, — ausgenommen das Gelangen in die Gegenwart des Einen Initiators —, bis zur Bedeutungslosigkeit zusammenschrumpfen.

Ich entsinne mich an den ersten Schimmer, den ich von der Buddhischen Ebene erhielt, als ich in die Reihen der Großen

---

große Freude beim Eintritt von unserm wundervollen älteren Bruder, Bischof Leadbeater geführt zu werden, der den Meister in der neuen Welt vertritt. Nur solche, die C. W. L. zum Lehrer hatten, sind imstande zu verstehen, was ein Lehrer in Wirklichkeit alles sein kann. Bösartige und unwissende Menschen verleumden ihn gewohnheitsgemäß, wie sie andere große Menschen verleumdeten. Künftige Generationen jedoch werden sich erheben und ihn segnen und auch heute gibt es Viele, denen es die größte Freude ist, ihm zur Seite zu stehen, während seine Verfolger hinter ihm herkläffen.

1) Der erhabene Herrscher dieser Welt, der wahrhaftige KÖNIG, innerhalb Dessen Bewusstsein alle Dinge leben, sich bewegen und ihr Dasein haben. Es leben einige Menschen in der Welt, die Ihn gesehen haben. Sie sind jedoch nur dann imstande auf Ihn zu blicken, wenn Er Seine Herrlichkeit vor ihren schwachen Augen verhüllt. Er ist tatsächlich der Blitz, in dessen Licht Nirvana einem Schatten gleicht. Zugleich mit dem ersten Blick, den man von Nirvana erhascht, stellt sich die Erinnerung an eine Audienz beim KÖNIG ein — zuerst die wunderbare Stille, dann die blendende Gegenwart und dann die Fähigkeit zu sehen.

Weißen Bruderschaft aufgenommen wurde. Bis auf den heutigen Tag gedenke ich meines Erstaunens über das wunderbare Bild des Meisters in Seinem Buddhischen Körper. Wie gut entsinne ich mich der folgenden Tage, die mir das wunderbare Gefühl der Einheit mit allen Dingen brachten, der Einheit mit Bäumen und Blumen, wie ich mit ihnen wuchs, litt und jauchzte. Ebenso erinnere ich mich, wie ich meinen uralten Freund, den Kausalkörper, abwarf. Ich entsinne mich lebhaft des trennenden Gegensatzes zwischen dem Augenblick vor und nach dem ersten Schimmer vom neuen Königreich Nirvana.

Mir schien, als wäre ich aus dem Sonnenschein unmittelbar in einen dunkeln Tunnel getreten, mit einem scheinbar endlosen Blick in die Dunkelheit, die sich unendlich weit in unabsehbare Ferne erstreckte. Befand sich an dessen Ende ein Licht? Ich konnte keines sehen. Muss diese Dunkelheit ewig dauern? Wie immer es sich verhält, ich muss den Tunnel betreten, denn „ich kann nicht anders" (um mit Luthers Worten zu sprechen). Dunkelheit umgibt mich und Finsternis durchdringt mich. Werde ich niemals wieder Licht sehen? Dennoch blicke ich geradeaus und dränge vorwärts. Schließlich erreiche ich das Ende des Tunnels. Die Dunkelheit schwindet und ich trete in ein Licht, das weitaus herrlicher ist wie das Licht, das ich verließ. Ich musste das mir bekannte Licht aufgeben, damit ich in ein wirklicheres Licht gelangen könne. Dieser Vorgang scheint sich überall zu wiederholen. Dinge, die wir bereit sind aufzugeben, die wir bereit sind zu verlieren, finden wir im ewigen Leben wieder. Der Okkultist muss bereit sein, alles zu wagen und auf Abenteuer auszugehen. Er muss bereit sein, den Sperling aus der Hand zu lassen, ehe er die Taube am Dach gefangen. In der Zwischenzeit wird er vorübergehende Einsamkeit empfinden, die er freudig und fröhlich ertragen muss. Nur in der Einsamkeit wird die Kraft geboren, die uns befähigt zu ringen, zu ertragen und zu schützen. Menschen, die Einsamkeit nicht ertragen können, sind noch nicht geeignet, zu Führern der Menschheit zu werden. Heute aber erscheint mir der Meister, als hätte ich Ihn nie zuvor gekannt. Ihn umgibt eine Herrlichkeit, die zum neuen Königreich gehört, das ich als kleines Kind betrete. Das neue Bewusstsein bringt mein Inneres zur Entfaltung und im Augenblick ist meine Welt erfüllt von neuen, sonderbaren und glorreichen Werten. Alles ist anders geworden, im höchsten Grad anders, obwohl es dasselbe blieb. Eine neue Göttlichkeit öffnet sich meinen Augen und erschließt meinem Blick neue Werte, neue Ziele. Die Buddhische Einheit ist überschritten und verherrlicht. Sie wurde zu noch wunderbarerer Einheit. Auf wundervolle Weise versinkt sie in einen noch erweiterten, gewaltigeren Zustand. Er ist noch wahrer als die Wahrheit der Einheit, die mir bisher bekannt war, der Wirklichkeit noch näher. Fast scheint es unmöglich, und dennoch ist es so.

Wie mag das Wesen einer Welt sein, in der selbst die Buddhische Herrlichkeit noch eine Begrenzung ist? Ich bin gezwungen Worte zu benützen, und Worte an sich erscheinen mir als eine Verflachung. (Antiklimax). Ich vermag nur zu sagen, sie gleicht der Herrlichkeit eines transzendentalen Lichtes, einer Welt des Lichts, die ein Abbild von Gottes Unendlichkeit ist. Ich scheine dem „fleckenlosen Spiegel" Seiner Macht und einem Abbild Seiner Güte gegenüberzustehen. Und der Spiegel, das Bild ist ein unendliches Meer von Licht. In einer Apotheose von Einswerdungen, die sich abwärts auf eine Ebene nach der Anderen erstreckte, tauchte ich aufs Neue in dieses Licht, obwohl ich in gewissem Sinn schon in ihm war. Es ist noch eine Taufe, ein anderes Eintauchen in die Gewässer der Wirklichkeit. Auf jeder Stufe des Wachstums eine Taufe, gefolgt von einer Konfirmation, der eines Tages eine Weihe folgt, eine Konsekration zum Höheren Selbst, weil sie eine Einswerdung, vollkommen oder unvollkommen mit ihm darstellt. Brüderlichkeit ist es in der äußern, Einheit in der Buddhischen Welt und transzendentales Licht in Nirvana. Wenn ich schon an der Schwelle durch seinen Glanz überwältigt wurde, wie wird es sein, wenn ich beginne den Gipfel zu erklimmen? Die Beschreibung stockt schon nach dem ersten Lüften des Schleiers. Gedanke und Gefühl verzerren und verengen den Eindruck ungemein. Im besten Fall kann man es mit einer Andeutung, einem Wink versuchen. Alles Übrige bleibt individuelle Erfahrung, die sich nicht mitteilen lässt.

Dieses transzendentale Licht kommt dem Wirklichen noch näher als die Buddhische Einheit, die bisher die erstaunlichste Tatsache der Welt zu sein schien. Licht als Anfang, Licht als Pfad, Licht als Zukunft. Gott sprach: „Es werde Licht", und es ward Licht, unbeschreibliches Licht. Selbst das schönste Licht der Welt ist nur ein schwacher Abglanz jenes Lichts, das zu diesen Regionen der Wirklichkeit gehört. „Triumphierendes Licht" scheint die beste Benennung dafür zu sein. Das Sonnenlicht der Sonne, ehe sie in die uns bekannten Formen herabstieg. Das von der Form befreite Licht. Das Leben in der Form. Eine ewig gegenwärtige „Verkündigung von Unsterblichkeit". Die Zukunft innerhalb des Jetzt und deshalb Ewig. Es ist eine (ich sage nicht „die") Apotheose und Wesenhaftigkeit des uns bekannten Lichts. Die ganze Herrlichkeit der schönsten Morgenröte gelangt an jenem Ewigen Mittag, der Nirvana ist, zu wunderbarer Entfaltung und prachtvoller Vollendung, und doch denkt man, dass nichts eine wundervolle Morgenröte des Orients an Schönheit übertreffen kann. Die Herrlichkeit der Buddhi-Ebene ist nur die Morgenröte eines Nirvana-Tages.

Und dennoch entsinne ich mich, während ich dieses schreibe, wie ich voll Ehrfurcht an der Schwelle von Nirvana stand, und erkannte, dass selbst jenseits dieser höchsten Entfaltung noch unfassbarere, unermessliche Herrlichkeiten liegen, denen gegenüber Nirvana selbst — der Mittag der Buddhischen Morgenröte — ein bloßes Morgenrot, ein Versprechen, ein Schatten ist. Ich vermochte dieses wahrzunehmen, und ich musste es wahrnehmen, um mein Gleichgewicht zu bewahren. Ich musste mich sogar in diesen erstaunlichen Regionen auf Verhältnisrichtigkeiten stützen. Ich wusste, dass man Einheit überschreiten könne, denn hatte ich nicht die Licht-Glorie vor meinen Augen? Es gibt jedoch noch Höheres als diese Licht-Glorie und eines Tages, in ferner Zukunft, werde ich eine Herrlichkeit erleben, die noch mehr ist als die Glorie des Lichts. Ich nenne dieses Licht Nirvanas den Mittag der Buddhischen Morgenröte. Doch nur insofern gleicht es dem Mittag, weil es gegenwärtig den Gipfelpunkt meines Bewusstseins repräsentiert. Vor einigen Jahren war das Licht Buddhis mein Mittag. Heute gleicht es bloß der Morgenröte, wie herrlich sie auch sei, und eine Zeit wird kommen, wo das Licht Nirvanas nur eine Morgenröte sein wird, weil ich einen anderen Mittag kennen werde. Nur weil ich derartig für den Augenblick in der Ewigkeit lebe, kann ich mein Gleichgewicht behalten. Ich bin nicht imstande einen endgültigen Mittag zu erkennen, trotzdem ich keinen anderen als den Nirvanas erblicke. Ich schaue zurück auf herrliche Tage der Morgenröte und der Mittagshöhe. Ich sehe vor mir die Möglichkeit anderer Gipfelpunkte, vor denen selbst dieser Nirvana-Mittag zu einer Morgenröte verblassen muss. Gibt es denn für das Wachstum keine Grenzen? Ich sehe keine! Ich frage, wenn es Morgenröte und Höhepunkte gibt, gibt es dann auch Abenddämmerung, herrliche Abende, die nicht weniger wunderbar sind wie die Morgenröte oder das Licht des Mittags? Ich denke wohl! Vielleicht gibt es keine Nächte, wenigstens nicht im Sinn der Finsternis. Doch stellt sich von Zeit zu Zeit eine Ruhe ein, eine Stille, das Schweigen der Vollendung. Diese Stille, diese Ruhe und dieses Schweigen stellen sich stets vor der Geburt in ein neues Reich des Lichtes, wie vor der neuen Morgendämmerung ein. Nicht als ob das Licht des Mittags geringer geworden wäre, sondern ein höheres Licht ergießt seinen Glanz allmählich auf das kleinere Licht, wodurch der Eindruck entsteht, als wäre der Mittag zum Abend geworden, weil das neue herrliche Licht diesen Unterschied hervorruft. An einem solchen Abend, in dieser Stille, dem Schatten künftiger größerer Herrlichkeit, sammelt der Neophyt voll Ehrfurcht alle Kräfte, die er sich erworben, um sie bei Eroberung des Neuen Reiches des Lichts, das am Horizont auftaucht, zu benützen. Gott ist Licht, Licht ist Gott. Der Mensch ist Licht. Alles ist Licht. Die uralten-ägyptischen Ermahnungen: „Suchet das Licht! Folget dem Licht!" bekommen neuen Sinn. Es sind Gebote, das Licht zu erkennen und zu lernen, mit dem Licht Gottes, das in allen Dingen ist, eins zu werden. Ich sehe auf die Welt und erblicke sie in Ausdrucksformen des Lichts. Das Gottes-Licht manifestiert sich als Menschen-Licht, als Felsen-Licht, als Baum-Licht, als Geschöpf-Licht. Alles ist Licht. Im Mittelpunkt blendende Herrlichkeit, die auf ihrem Abstieg in die stets sich vergrößernde Manifestation zu Farben-Licht, Ton-Licht, Form-Licht und Stoff-Licht wird. An der Peripherie drückt sich das Licht auf die uns im manifestierten Universum bekannte mannigfältigste Art und Weise aus: Im Zentrum zeigt es sich als Herrlichkeit, die alle Formen, Farben und alles Stoffliche überragt. Dennoch ist der Umkreis nichts anderes als der nach außen gewendete Mittelpunkt, daher ist die blendende Herrlichkeit überall, das Gott-Licht, die leuchtende Saat der Zukunft in jedem Wesen, in jedem Naturreich [1]) vorhanden. Die Lichtsaat entfaltet ihr Wesentliches, ihr Sein und wird zu einer Welt, einem Universum.

Sieben große Wege des Lichts entfalten sich in jedem Naturreich. Ihre anfänglichen Möglichkeiten gelangen schließlich zu herrlicher Reife. Ich sehe den Diamant, den Rubin, den Smaragd, den Saphir, — Könige des Mineralreichs — herrlich in der Vollkommenheit ihrer Farben. Und dennoch sind diese Herrlichkeiten anfänglich noch in Gefangenschaft. Sie werden durch den Gang der Entwicklung allmählich befreit, bis sie als Edelsteine ihres Königreichs frei und herrlich dastehen. Hier möchte ich die schöne Stelle aus Ruskins „Ethik des Staubes" S. 232 („The Ethics of the Dust") anführen, wo er den herrlichen Weg der Entwicklung im Mineralreich beschreibt. Er zeigt, wie das eingeschlossene Licht zum freien Licht wird, damit es von nun an in höhere Formen übergeht und weiterhin herrliche Pfade verfolgt, die ihrem Wesen nach dieselben sind.

„Ein reiner und heiliger Zustand jedweden Dinges ist der, in dem alle seine Teile einander helfen zusammen halten. Das höchste und erste Gesetz des Weltalls daher und ein anderer Name für Leben ist: Helfen. Der andere Name des Todes ist: Sonderung. Regierung und Zusammenwirken sind in allen Dingen und ewiglich die Gesetze des Lebens. Anarchie und Wettbewerb sind ewiglich und in allen Dingen die Gesetze des Todes.

„Vielleicht das beste Beispiel, wenn auch aus einem uns sehr vertrauten Umkreis, welches wir für diese Natur und Kraft des Zusammenhalts wählen könnten, werden die möglichen Verwandlungen des Staubes sein, auf den wir treten." Ausgenommen verwesende tierische Körper können wir kaum eine noch vollkommenere Form von Unreinheit antreffen als den Straßenschmutz oder Schlamm eines nassen ausgetretenen Weges am Saume einer Fabrikstadt. Ich spreche nicht vom Kot der Fahrstraße, denn dieser ist mit tierischem Abfall vermengt; sondern nimm einfach ein oder zwei Unzen vom schwärzesten Schlamme eines vielbetretenen Fußwegs an einem Regentage in der Nähe einer Fabrikstadt. Diesen Schlamm werden wir in den meisten

---

[1] Vergleiche diesbezüglich das sehr interessante Buch „Farbenmusik: Die Kunst des Lichts, von A. B. Klein. Crosby Lockwood & Son, London.

Fällen zusammengesetzt finden aus Lehm (oder Ziegelstaub, welcher gebrannter Lehm ist), vermengt mit Ruß, ein wenig Sand und Wasser. Alle diese Elemente liegen in einem hoffnungslosen Kriege widereinander und zerstören gegenseitig eines des anderen Wesensart und Kraft: Wettbewerb und Kampf um einen Platz, jedes Mal wenn dein Fuß drauftritt, Sand den Lehm herauspressend und Lehm das Wasser herauspressend und Ruß sich überall hineinmischend und das Ganze besudelnd. Nun wollen wir annehmen, dass diese Unze Schmutz in vollkommener Ruhe belassen wird, und dass sich seine Elemente zusammengesellen, gleich zu gleich, auf dass deren Atome in engstmögliche Beziehungen treten können.

„Lass den Lehm anfangen. Sich von allen Fremdstoffen reinigend, wird er allmählich zu einer weißen Erde, schon sehr schön und geeignet, mit Hilfe von härtendem Feuer zu feinstem Porzellan umgewandelt zu werden, und bemalt zu werden und bewahrt zu werden in den Palästen der Könige. Aber solch künstlicher Zusammenhalt ist noch nicht sein Bestes. Lass ihn weiter ruhen, dass er seinem eigenen Einheitstriebe folge, und er wird: nicht nur weiß, sondern hell; nicht nur hell, sondern hart, nicht nur hell und hart, sondern so regelmäßig, dass er mit Licht auf eine wunderbare Weise verfahren kann und sich aus ihm die lieblichsten blauen Strahlen alleine auslesen kann, und alle übrigen ablehnt. Wir nennen ihn dann einen Saphir.

„Da dies also die Vollendung des Lehms wäre, geben wir ähnliche Bedingungen der Ruhe dem Sand. Auch er wird zuerst eine weiße Erde, dann weiter wird er hell und hart und zuletzt ordnet er sich in geheimnisvollen, unendlich seinen parallelen Linien an, welche vermögen, nicht nur die blauen Strahlen zurückzustrahlen, sondern blaue, grüne, violette, rote in der vollendetsten Schönheit, in welcher sie vermittels irgendeines harten Stoffes gesehen werden können. Wir nennen ihn dann einen Opal.

„Als nächster kommt der Ruß an die Reihe, sich an die Arbeit zu machen. Es gelingt ihm anfangs nicht, sich weiß zu machen, aber anstatt entmutigt zu werden, macht er immer größere Anstrengungen und geht schließlich hell und als das härteste Ding in der Welt daraus hervor. Für die Schwärze, die ihm zu eigen war, hat er das Vermögen eingetauscht, alle Strahlen der Sonne auf einmal widerzuspiegeln, in dem lebhaftesten Feuer, mit dem irgendetwas Festes aufblitzen kann. Wir nennen ihn dann einen Diamant.

„Als letztes reinigt oder vereint sich das Wasser, zufrieden damit, wenigstens die Form eines Tautropfens zu erlangen. Aber wenn wir darauf bestehen, dass es zu einem vollkommeneren Zusammenhalt vorschreite, kristallisiert es zu der Gestalt eines Sterns. Und statt der Unze Schlamm, die das Ergebnis einer Volkswirtschaft des Wettbewerbs war, haben wir, durch eine Volkswirtschaft des Zusammenwirkens, einen Saphir, einen Opal und einen Diamanten, gefasst inmitten eines Schneesterns.

„Kinder! Ich habe euch aufgefordert, dieses anzuhören, denn ich will, ihr sollt von all den Dingen, die wir bei Spiel und Arbeit der vergangenen Tage gesehen haben, wenigstens einen ernsten, dauernden Gedanken gewinnen. Die scheinbaren Schwierigkeiten und unleugbaren Erniedrigungen der Elemente der physischen Erde müssen in passiver Weise die ihnen bestimmte Zeit der Ruhe oder Erneuerung abwarten. Nur durch das Wirken der Gesetze von außen her kann dieses zuwege gebracht werden. Wenn in uns tatsächlich ein edleres Leben schlummert als wie in diesen, sich sonderbar bewegenden Atomen, wenn tatsächlich ein unendlicher Unterschied zwischen dem Feuer, das in ihnen wohnt und dem Feuer, das uns belebt, vorhanden ist, muss es sich in jedem von uns an bestimmter Stelle offenbaren. Nicht bloß durch unsere Geduld, sondern auch in der Tätigkeit unseres Hoffens, nicht nur durch unser Begehren, sondern auch durch unser Streben nach der kommenden Zeit, wenn der Staub der Menschheitsgeschlechter ausersehen werden wird als Grundstein für die Tore der Stadt Gottes zu dienen. Die menschliche Tonerde, jetzt zertreten und verachtet, wird und kann nicht durch bloße Zufälligkeit oder Schicksalsfügung zu Stärke und Licht werden. Menschliche Grausamkeit und Schlechtigkeit haben sie bedrückt. Menschliche Güte und Gerechtigkeit müssen sie emporheben. Trotz unserer furchtsamen Frage, was wohl die wirkliche Botschaft der Schöpfung oder der Offenbarung sein mag, werden wir sicherlich vollkommenen Frieden finden, wenn wir entschlossen sind zu tun, was unser Herr klar von uns fordert, und wenn wir gewiss sind,

dass Er nichts anderes von uns verlangt, als Gerechtigkeit auszuüben, Erbarmen zu haben und demütig neben Ihm zu wandern."
Dasselbe geschieht in jedem Naturreich. Das befreite Leben
erkennt seine Fesseln und durchbricht sie, damit es immer wieder
eine noch größere und herrlichere Freiheitsmöglichkeit erringe.
Die Blüte der verschiedenen Naturreiche ist eine entfaltete Far-
ben-Pracht, Ton-Pracht, Wesens-Pracht, Form-Pracht, stetig bemüht, neue und erhabenere Freiheit zu erlangen.

Natürlich ist das Wort „Gefangenschaft" kaum das richtige;
denn solange die Tore des Gefängnisses sich nicht öffnen, um die
Seele in einen Zustand weniger beschränkter Fesseln übergehen
zu lassen, wird wohl kaum ein Gefühl von Gefangenschaft zu
spüren sein. Zum Glück erkennen wir die Fesseln, unter denen
wir leben, erst dann, wenn wir sie verlassen. Bis dahin ist unser
Gefängnis unsere Fortschrittsmöglichkeit. Wir müssen uns hüten,
die Möglichkeiten, die unsere Beschränkungen uns bieten, nicht
zu versäumen, denn dann schließt uns in Wahrheit ein Gefängnis
ein.

Ein anderes Bild in meinem Bewusstsein ist das eines Licht-
Kernes, eines gefesselten Blitzes, erfüllt vom Geist der Göttlichkeit, wie eine Sonne unterhalb des Horizontes der Welt, oder
eines Naturreichs, oder eines individuellen Mitglieds desselben
beim Beginn des Entwicklungsvorgangs. Alles liegt noch in stiller Dunkelheit. Das Leben schläft im Busen des Unendlichen.
Höher und höher steigt der Lichtkern, nach aufwärts und auswärts erstrahlend. Das Leben regt sich zur Tätigkeit und die Welt
erwacht. Das Morgenrot naht. Ein schwaches Licht erglüht, das
Rosenrot des Lichts, das kosend und sanft die Augen der schla-
fenden Welt berührt. Aus dem zarten Morgenrot wird ein Morgenrot voll schillernder Pracht — eine wundervolle Aurora der
Farben — ein wahrhaftiges Licht-Spektrum. Und nun neigen sich
alle Farben vor ihrem Herrn und Meister, indem sie in Ihm untertauchen. Die Sonne ist aufgegangen. Sie erhebt sich zur Herrlichkeit eines vollkommenen Tages. Das vollendete Morgenrot
ist das Buddhische Licht, Nirvana aber ist das Licht des Tages,
obgleich noch nicht der ewige Mittag, aber doch eine teilweise
Vollendung der Morgenröte.

So sieht mein Bild aus, wenn ich es in Ausdrücken von Farben-Licht beschreibe. Es zeigt sich mir aber auch als Klang-Licht. Zunächst vernehme ich den sanften Ton, der das Göttliche Wesen ausdrückt, den Grundton des Individuums, den Ton, der das Individuum schafft. Hierauf erklingt der mystische Akkord, der sozusagen aus dem einzelnen Ton hervorquillt. Es ist der natürliche Akkord der Individualität. Dieses setzt sich fort, bis ein ganzes Klang-Spektrum entsteht, eine Aurora der Musik, eine große, majestätische Symphonie, die in ihrer Musiksprache das neue Ziel verkündet, das erreicht werden muss. Diese herrliche Musik der Erfüllung verschmilzt mit der Stille tonlosen Schweigens in wunderbarer Weise, so dass die Stille selbst erbebt und die Stimme der Stille an Deutlichkeit gewinnt. In dieser Ruhe erhebt sich aufs Neue ein Ton, der zu größeren Zielen antreibt. Im Laufe der Zeit entfaltet sich der Ton vom Urtypus zum mystischen Akkord, von diesem zur magischen Symphonie, und wieder tritt diese wunderbare Ruhe ein, mit der die Symphonie verschmilzt und bereichert wird. Bist Du nicht imstande Dein eigenes Wachstum in Ausdrücken von Farbe oder Musik zu erkennen? Kannst du die schwachen Anfänge nicht hören und die wunderbaren Ziele voraus ahnen? Ich habe den Anfang Nirvanas in Ausdrücken von Klang und Farbe erfasst, und es scheint mir, als würde ich in weiter Ferne den schwachen Klang der Symphonie der Erfüllung Nirvanas erlaufenen, ebenso wie ich einen Schimmer der Licht-Apotheose wahrnehmen kann, die selbst in ihren Anfängen so hoffnungslos unbeschreibbar ist. Gibt es nicht einen Laut, der den Anfang der Geburt in die Mysterien der Wirklichkeit verkündet? Gibt es nicht eine Symphonie, die die Erfüllung zum Ausdruck bringt, eine Symphonie, die sich mit der Stille vereinigt und die Note eines neuen Bemühens ertönen lässt, die Taufnote? Gibt es nicht einen Ton und eine Symphonie der Verklärung, der Kreuzigung und Auferstehung der Himmelfahrt und noch höherer, erhabenerer Konsekrationen? So verhält es sich auch mit dem Licht. Verlieret Euch, meine Leser, gelegentlich in diese Vorahnungen der Wirklichkeit, tauchet unter in diese wahren Vorstellungen. Dergestalt werdet Ihr einen Blick in die Ewigkeit tun und die wunderbare Herrlichkeit verstehen lernen, die jenseits der Gegensätze liegen, die uns zu Zeiten so dunkel und trübe erscheinen, die uns aber vom ewigen Sonnenschein

Kunde bringen. Ich erwache aus Schlaf und Traum. Mag sein, dass ich in jenseitigen Regionen noch träume. Doch der Traum ist wahr. Ich erschaue den endgültigen Sieg, den die Menschheit eroberte. Ich sehe sie auf der Schwelle stehen, die ins Reich des Übermenschen führt. Ich will versuchen, meine Vision in andere Worte zu kleiden. Indem ich auf die Welt blicke, sehe ich unsern Herrn, die Sonne, wie er sich in Myriaden Sonnen offenbart. Jede Monade erkenne ich als eine Miniatur-Sonne. Die Göttliche Sonne sendet Funkensonnen aus, die mit all Ihren Eigenschaften ausgestattet sind. Der Entwicklungsvorgang beginnt und diese Funken sprühen in Farben — besser gesagt — entfalten sich allmählich zu Ausdrucksformen von Farben. Es sind Regenbogen mit Sonnen-Herzen, -Kernen, oder Mittelpunkten. Das in Formen eingeschlossene Gottes-Licht beginnt seinen langen Pfad, die Form zu überwinden und erlangt derart Selbstbewusstsein. Jedes Lichtatom ist ein Atom unbewusster Göttlichkeit, das mit langsamer Sicherheit den Willen der Sonne ausführt, damit es sich zu selbstbewusster Göttlichkeit entfalte. Jedes Atom ist eine unbewusste Sonne und soll zur selbstbewussten Sonne werden. Und das Sonnenlicht, das Freie, scheint auf das gefangene Sonnenlicht, auf den in Dunkelheit Wandernden, bis sein inneres Licht sich mit dem äußern Licht zum vollkommenen Ganzen vereinigt. Das irdische Licht küsst das Himmelslicht und wird zum Sonnenlicht.

Gebadet im „stillstehenden" Blitz, in Nirvana, gewahre ich in allen Dingen gefangene Blitze. Ich erkenne das trübe Licht im Wilden; das leuchtende Licht im entwickelten Menschen; das glorreiche Licht im Übermenschen: im Meister. Überall sehe ich Farben in Wandlungen begriffen, verherrlicht und transzendent werden. Nirgends gibt es Dunkelheit im Sinne von Abwesenheit des Lichts. Gott sprach: „Es werde Licht". Und überall wurde und ist Licht. „Sein Licht scheinet selbst in unsere Finsternis."

So kann ich auch jetzt wieder meine Vision durch Klang- und Musik-Worte und durch Beschreibung von wunderbar wachsenden Formen zum Ausdruck bringen. Während meine ersten Eindrücke sich sofort in das Wort „Licht" kleideten, besonders in den Satz „stillstehender Blitz", weiß ich jetzt, dass diese Lichtbegriffe nur eine Eigenschaft von Nirvana sind, ein Aspekt oder eine Facette der diamantenen Sphäre. Nirvana ist in Wahrheit das Wesen und die Blume der Dinge. Ein Alpha und Omega. Allmählich beginne ich, wenngleich sehr langsam, Nirvana in allen Dingen zu suchen. Ich kann nicht sagen, dass ich Nirvana in allen Dingen gefunden habe, doch glaube ich die Stufe erreicht zu haben, wenigstens zu wissen, dass Nirvana da ist. Ich weiß es, doch kann ich es noch nicht wahrnehmen. Ich kann euch dieses Wissen vielleicht am besten in Ausdrücken des Lichts oder Tones oder der Form beschreiben. Nirvana ist aber mehr als all dieses. Nirvana ist eine Art und Weise des Seins, die Licht und Ton und Form überragt, die aber wenigstens in den uns hier unten bekannten herrlichsten Lichtern, Tönen und Formen schattenhaft zum Ausdruck kommt. Habt Ihr jemals versucht, die äußersten Grenzen Eures Bewusstseins zu überfehreiten? Habt Ihr Euch jemals bemüht, Euch über Euch selbst bis ins nahezu Unermessliche zu erheben? Habet Ihr jemals versucht, Eure Fesseln zu erkennen und sie dann zu zersprengen? Habt Ihr Eure Begrenzungen und vielen Schwächen erkannt, und habt Ihr wahrgenommen, wie Ihr diese alle überwunden habt, bis Ihr euch selbst und Anderen unerkennbar geworden seid. Auf diese Weise erreicht man Nirvana, ohne Rücksicht auf die Länge des Weges, den man zurücklegen muss. Licht, Ton, selbst Form aus dem Formlosen heraus, all dieses ist Nirvana. Doch ist es auch eine mächtige spirituelle Essenz aller dieser Dinge. Man kommt ihr näher, indem man lernt sich über sich selbst hinaus zu erheben. Man muss zum Alchimisten werden, der das Niedere auf wunderbare Weise zum Höheren umformt. Erwachet! Erhebet Euch! Wisset, dass Nirvana Euer wahres Wesen ist. Erkennet Euch selbst!

In Gottes Welt-Werkstatt sind allüberall Meister-Maler, Meister-Sänger, Meister-Bildhauer, Meister-Architekten an der Arbeit. Sonnenlicht ist ihr gemeinsames Arbeitsmaterial. Sonnenlicht, in Formen gefasst, — Farben-Formen, Klang-Formen, alle Arten von Formen, doch alle aus Sonnenlicht bestehend. Wir sind Lehrlinge dieser Meister der Kunstfertigkeit, und gestalten unsere Arbeit auf kindliche Weise nach ihrem Vorbild. Doch sollen auch wir eines Tages Meister-Handwerker werden, Meister des Lichts der Zukunft, so wie wir heute Kinder des Lichts sind. Unsere Meister des Lichts führen uns aus der Dunkelheit zum Licht, aus der Dunkelheit und Farbenteilung unbewusster Göttlichkeit in das reine, weiße Strahlenlicht göttlichen Selbstbewusstseins. Indem ich jedoch das Nirvana-Bewusstsein in den Tiefen meines Wesens hüte, so wie ich die Erinnerung an die Bergesgipfel bewahre, während ich in den Tälern wohne, bin ich gegenwärtig imstande, die Zeit zu überschreiten. Solange das Nirvana-Bewusstsein anhält, gibt es kein Werden, keine Morgendämmerung, keine Farben, — nur einen vollkommenen Licht-Glanz, ohne Anfang und ohne Ende. Aus diesem Grund ist Nirvana: Seligkeit. Jetzt weiß ich, warum sich manche großen Wesen bis ans Ende aller Zeiten damit umschließen. Es ist Höchste Vollendung, die einen Pfad von unfassbarer Herrlichkeit eröffnet.

Ich erkenne auch, dass es hier natürlich keine Selbstsucht gibt, noch geben kann, sobald man in Nirvana eintritt und es bis ans Ende erforscht, . . . wenn es überhaupt ein Ende gibt. In Nirvana wohnen, nicht das Austreten aus Nirvana, ist eine Art Welt-Dienst. Durch den Eintritt in Nirvana entsteht nämlich eine Art Leitung zwischen der Welt und Nirvana, wodurch die Welt der Nirvanischen Morgendämmerung um einen Schritt näher gebracht wird. Die Welt wird auf unbeschreibliche Weise sozusagen von Nirvana miteinbezogen oder sagen wir lieber, „nirvanisch" gemacht dadurch, dass ein Sohn der Welt in ihr lebt.

Ich sehe Rassen, Nationen, Völker, Religionen und Staaten als Farben im universellen Spektrum und jedes ist wiederum ein Spektrum für sich. Ich muss alle diese Farben studieren, um erfolgreicher dienen zu können. Ich blicke auf Aufbauen. Sehe unsere Australische Sektion als Sonnenkern des Australischen Kontinents. Überall sehe ich das Farbensystem der Dinge. Erkenne die unendliche Wichtigkeit der Farben, in kleinen wie in großen Dingen. Denn überall ist Verheißung und individuelles Wachstum vorhanden. Selbst in der Farbe unserer Kleidung ist eine Botschaft enthalten, in der Farbe unseres Hausrats, unserer täglichen Gebrauchsgegenstände, in unserer Musik, im Drama und in der Malkunst, ja sogar in unserer Zeitschrift: „Vorwärts! Australien." Bringt nicht ihre blaue Druckschrift ihre Botschaft in Wahrheit zum Ausdruck? Überträgt schwarze Druckschrift nicht weniger von Gottes Botschaft als Farbendruck?

Ich kenne die Macht des Lichts und daher auch die Macht der

Farbe. Das Licht Nirvanas ist Macht, — nicht kalte Macht, sondern flammende Macht. So empfand ich es wenigstens. Selbst das Wort „Macht" ist eine Begrenzung, denn jetzt erkenne ich gewissermaßen, dass ich beginnen kann, die Bedeutung der drei großen Attribute des Gott-Lichtes zu verstehen: Allwissenheit, Allmacht, Allgegenwart. Ich sehe jede Farbe aus ihrer Urform auftauchen, in die Dunkelheit niedersteigen und sich zum Licht erheben. Anfangs schwach, trüb, roh, in wechselnden Schattierungen. Der Pendel des Wachstums schwingt zwischen Farben der Dunkelheit und Farben des Lichts. Allmählich und langsam mildern sich die wilderen Farbentöne der Disharmonie und des Hasses in die herrlichen Schattierungen der Liebe.

Ich erkenne die Welten als Farbensysteme. Das eine Weltall ist ein rosafarbenes System, das andere ein gelbes, das dritte ein blaues und so fort. Welches Farbensystem ist wohl unsere Welt? Rosenrot? Mag sein, und dennoch besteht ihr Herz aus blendend herrlichem Licht, das alle Lichtschwingungsmöglichkeiten innerhalb der mächtigen Oktave ihres Wesens enthält.

Ich vermag nun im Licht erhöhter Erfahrung zu beginnen, Rassen, Menschen, Nationen, Religionen, Staaten, mit anderen Begriffen als mit Licht und Farbe auszudrücken. Ich höre, wie sie alle ihre entsprechenden Sinfonien formen, und wenngleich langsam ihre unvermeidlichen Disharmonien in ebenso unvermeidliche Harmonien auflösen. Dieses vielfache Streben nach Ausdruck durch Musik führt zur großen Welt-Sinfonie, deren Grundton und Grundharmonie in vielen Variationen in jeder Unterraffe der Welt, ob groß oder klein, vorhanden ist. Ich schrieb über unser Universum als über ein möglicherweise „Rosenfarbiges Universum". Ist unsere Erde eine gelbe Unterabteilung des allgemeinen Rosaschemas? Welches ist die Melodie unseres Universums und welches die Variation, die die Erde davon macht? Dieser Gegenstand bietet ein höchst anziehendes Studium. Da ich mich gegenwärtig jedoch nur auf dem Gebiet der Vermutungen, Ahnungen und Vorstellungen befinde, scheint die Fortsetzung der Untersuchungen nicht sehr nützlich zu sein. Die Hauptsache ist, dass der Eintritt in Nirvana eine Annäherung an die fundamentalen Dinge des Seins ist, an jene Dinge, die allgegenwärtig und von einem gewissen Gesichtspunkt aus unveränderlich sind. Nirvana ist allgegenwärtig. Nirvana ist in Farbe, Ton, Form und Substanz gegenwärtig. Nirvana ist das Wesen von Allem. Oder sollte ich nicht lieber sagen, eine Form des Wesens von Allem, eine fundamentale Art der Wurzel ihres Wesens? Ich lebe in einer Licht-Ewigkeit. Ich steige in eine Farben-Zeit herab. Zeit heißt: das Zerteilen der Licht-Ewigkeit in Farbe. So haben wir das Licht der Vergangenheit, das Licht der Gegenwart, das Licht der Zukunft und dennoch alles innerhalb eines ewigen Jetzt.

Die Welt erscheint neu zu sein, in erneuerter Heiligkeit. Die Macht des Lichts durchdringt alle Dinge. Selbst mittels unserer physischen Sinne berühren wir das Licht, welches die Göttlichkeit ist. Es umgibt uns und durchdringt uns. So wie wir Variationen eines Musikstückes oder eines musikalischen Motives haben, so ist auch die Welt nur eine unendliche Zahl von Variationen über das Thema des Universellen Lichts. Es ist eine Licht-Sinfonie. Es ist aber auch eine Sinfonie des Klanges und ebenso eine Sinfonie der Stille. Es ist eine Sinfonie der Farbe und Form. Und es gibt Menschen, die den Urtypus der Sinfonie hören können und bestrebt sind, die rauen Töne und derberen Farben und Formen der Unwissenheit zu mildern, damit das Welt-Orchester, das aus den Musikern des manifestierten Lebens zusammengestellt ist, unter dem Taktstock, dem gewaltigen Stabe der Macht in der Hand des Erhabenen Welt-Dirigenten, eine herrliche Musik ertönen lasse, in der die Urtypen mit dem tatsächlich Vorhandenen eins werden.

Die Entwicklung ist ein Vorgang des sich individualisierenden Lichts, indem es auf der Ebene des Selbstbewusstseins wieder universell wird. Musik ist Licht. Feuer ist Licht. Künste und Wissenschaften sind sich entwickelndes Licht. Sie wachsen unter den Gesetzen des Lichts. Die Heiligen Schriften erzählen uns vom Licht. Es gibt ein großes Evangelium des Lichts, von dem jede Glaubensform stammt. Jeder Heiland kommt, um es zu verkünden. Licht ist Recht, Dunkelheit ist Unrecht. Wir wachsen dem Licht entgegen, gleich den Bäumen und Blumen.

Ich erblicke unsern Herrn, die Sonne in jedem von uns. Ist nicht das Herz die Sonne unserer Körper-Welt? Ist nicht das Blut ein Widerschein Seiner Strahlen? Licht-Ausdrücke, Licht-Formeln?

Was ist Nirvana? Das Göttliche Licht. Vielleicht berühre ich nur einen Augenblick lang seine niederste Grenze, seine dichtesten Schichten. Alles, was ich niederschrieb, ist nur das Göttliche Licht in seinen niedrigsten Nirvanischen Aspekten. Ich kann hier unten diese Herrlichkeit kaum fassen, doch hinterlässt sie in mir während meiner Rückkehr auf die Erde einen neuen Begriff der Wirklichkeit. Ich bin dem Wirklichen um einen Schritt näher gekommen. In der Welt herrscht größere Kameradschaft, tiefere Gleichartigkeit, als ich jemals dachte. Der Ursprung ist herrlicher, der Weg ist herrlicher und das Ziel ist herrlicher. Mich umgeben zu allen Zeiten Boten von Gottes Sonnenschein. Jede Farbe spricht von Seinem Wort und von Seiner Stimme. Jede Form atmet Sein Ziel. Ich, als Staubkorn im Sonnenschein, bin dennoch ein Teil von Ihm. Indem ich nach aufwärts zur Sonne blicke, sehe ich ein Zeichen meiner eigenen Göttlichkeit und darin das Versprechen meiner schließlichen Vollendung. Wir werden einst alle unserm Herrn, der Sonne gleich sein, denn so lautet Sein Geheiß.

Licht ist Sprache, Gedanke, Gewand und Fahrzeug. Ein Lichtstrahl übermittelt uns hier unten ein ganzes philosophisches System. All diese armselige, schwache Nirvanische Erfahrung erfolgte sicher innerhalb eines einzigen Aufblitzens von nirvanischem Licht, das mein ganzes Wesen durchströmte, oder vielleicht nach zeitalterlangem Schlaf endlich in meinem Innern erwachte.

Licht ist der Wille der Sonne, die Weisheit der Sonne, die Liebe der Sonne. In Büchern steht geschrieben, dass Nirvana Seligkeit ist. Selbst an den äußersten Grenzen von Nirvana, weiß ich, dass es noch unendlich viel mehr ist. Ein Blick genügt, und alle Dinge in mir und außerhalb mir scheinen sich neu zu gestalten. Ich bleibe der ich war, und bin dennoch gänzlich verändert, und alle Dinge in meiner Umgebung scheinen einen Prozess der Neueinschätzung durchzumachen. Schon jetzt hat alles weit größere Bedeutung. Jeder Gegenstand der verschiedenen Naturreiche scheint in gewisser Beziehung eher ein Schatten der Wirklichkeit als die Wirklichkeit selbst zu sein, denn ich erkenne, wie schwach und unzulänglich jeder Widerschein des Lichtes sein muss. Ich wusste vorher gar nicht, dass dieser so schwach war.

Dennoch ist es ebenso wahr, dass jeder Gegenstand viel wirklicher ist und viel weniger — wie ich vermutete — ein Schatten der Wirklichkeit. Ich sehe wie die Form als Gefängnis Gelegenheit zur Entfaltung gibt, und ich erblicke die Schatten. Ich sehe die sich entfaltende Pracht der Licht-Ewigkeit und erkenne die Wirklichkeit. Im Vergleich zu dieser Nirvanischen Welt sind alle anderen Welten Schatten-Welten. Und dennoch sind sie um dieser Nirvana-Welt willen viel wirklicher, denn ich erkenne jetzt das Ziel. Entdecke das Gottes-Siegel, das Er allen Dingen aufgedrückt, und ich muss sie in noch viel größerem Maße verehren wie jemals zuvor.

Philosophen sprechen vom reinen Sein. Ich scheine ahnen zu können, was reines Sein bedeutet. Nicht, weil ich es berührte, sondern weil ich mit einem Bewusstsein in Berührung kam, das hinter dem reinen Sein weniger zurückbleibt, als alle anderen Bewusstseinszustände, die ich bisher erlebte. Gegenwärtig spreche ich über dieses neue Reich wie ein Kind. Nirvana bedeutet für mich reines Leben; Leben als Licht. Die Farbe ist nicht in diesem Licht versunken. Die Farbe bleibt, doch ist das Nirvana-Spektrum eine unbeschreibliche Verherrlichung aller Farben-Spektren der niedereren Ebenen. Es ist eher Licht als Farbe. Während ich mich allmählich ans Licht gewöhne, und während meine Aufnahmefähigkeit zunimmt, indem sie sich an die neue Umgebung anpasst, beginne ich in der Tat wahrzunehmen, dass im Nirvana-Licht wunderbare Offenbarungen von Farben-Apotheosen, Farben-Verwandtschaften, Systemen und Wechselwirkungen vorhanden sind. Das Gefühl der Entwicklung geht einen Augenblick im blendenden Glanz des Lichts verloren. Während ich mich in einer Heimat, die man nicht eher sein eigen nennen kann, bis man nicht durch ihre Tore geschritten, immer heimischer fühle, werde ich erkennen, was ich jetzt noch nicht vermag, dass die ewige Wahrheit immer wahr bleibt und immer wahrer wird. Dass es nur einen Weg gibt um ins Sonnenlicht einzugehen, oder mit anderen Worten ausgedrückt: Gott zu lieben, jenem Licht zu dienen, das jedem Menschen leuchtet. Auf diese Weise scheine ich im Besitz einer neuen Kraft, die ich allmählich benützen lerne, um fähig zu werden, größere Dienste zu leisten. Wir sind Kinder der Sonne, Funken dieses herrlichen Sonnenlichts. Ich sehe empor zum Himmel und erblicke meinen König. Sonnenanbeter sind in ihrer Verehrung wahrer, als sie es vielleicht wissen. Selbst ich bin ein Diener der Sonne, wenngleich unendlich klein, unwissend und schwach. So wie die Sonne auf das ganze Universum scheint, so muss ich auf meine Welt scheinen. Ich muss Sonnenschein sein, so wie die Sonne Sonnenschein ist. Manchmal sagt man, Gott könne man nicht sehen.

Ich denke, ich vermag Ihn teilweise zu sehen und etwas von Seiner Erhabenheit zu erkennen, wenn ich die Sonne betrachte. Selbst mit meinen physischen Augen erkenne ich einen Teil Seiner Herrlichkeit. Ich begreife, dass die ganze Welt, die mich umgibt, Seine sich offenbarende Glorie ist. Blicke ich jedoch in der Nirvana-Welt auf Ihn, so weiß ich bei weitem mehr. Ein weiterer Schleier hat sich gelüftet, und mir erstrahlt eine größere Glorie.

Keine Worte vermögen mein neues Empfinden über Ihn auszudrücken. Es ist und bleibt ein Mysterium, das jenseits von allen Worten, Gefühlen und Gedanken liegt. Ja, ich darf nicht einmal den Versuch machen, es zu beschreiben, denn es wäre beinahe Gotteslästerung. Im I. Kap. der ersten Epistel von St. Johannis, beginnend mit dem 5. Vers jedoch steht geschrieben:

„Und das ist die Verkündigung, die wir von Ihm gehört haben und euch verkündigen, dass Gott Licht ist und in Ihm ist keine Finsternis. So wir sagen, dass wir Gemeinschaft mit Ihm haben, und wandeln in Finsternis, so lügen wir, und tun nicht die Wahrheit. So wir aber im Licht wandeln, wie Er im Licht ist, so haben wir Gemeinschaft untereinander." Und im zweiten Kapitel derselben Epistel beginnend mit dem 9. Vers steht:

„Wer da sagt, er sei im Licht und hasst seinen Bruder, der ist noch in Finsternis. Wer seinen Bruder liebt, der bleibt im Licht und ist kein Ärgernis bei ihm."

Eine schlichte Botschaft, voll tiefer Wahrheit. „In ihm ist keine Finsternis und kein Schatten einer Wandlung". Gottes immerwährendes Licht scheint auf uns Alle. Mögen wir durch den Dienst für unsere Brüder ständig im Licht wandeln.

II. KAPITEL

DIE ERSTE NEUEINSTELLUNG.

Ich vergleiche . . . den allmählichen Fortschritt des Menschen auf dem Gebiete der Selbsterkenntnis mit seiner Fähigkeit die Natur und Bedeutung des Sonnenscheins allmählich zu entziffern, der ihn in unentwirrbarer Mischung von Licht und Wärme erreicht. Myers, (*Human Personality and the Survival of BodilyDeath.*) — Merkwürdig, wie man sich im Lauf der Tage immer mehr und mehr einer Neueinstellung auf die Umgebung bewusst wird gleichzeitig mit einem beständigen Kontakt mit dem Nicht-Physischen. Meine Beziehungen zu äußeren Dingen haben sich geändert. Möglicherweise hat sich die Buddhische Einheit an sich vertieft, denn ich scheine größere Verehrung für alles Vorhandene, sowohl für leblose als belebte Dinge zu empfinden. Ich sehe deutlich, dass nichts Lebloses vorhanden ist. Alles ist von Sonnenlicht belebt. Alles lebt durch Sonnen-Klang- und Sonnen-Form. Selbst der winzigste Mikrokosmos ist ein vollkommener Makrokosmos im Kleinen: der Kiesel am Strand, das Staubkorn, das kleinste Insekt. Gott ist durchaus nicht ureigen. Er entwirft Sein Muster und hält Sich fortan daran. Sobald er sich Seinen Weg gewählt hat, weicht Er nie mehr davon ab.

Dieser Begriff der wunderbaren Gleichheit aller Dinge, was so viel bedeutet, als dass in ihnen ihrem Wesen nach unendliche Wirkungsmöglichkeiten schwingen, lösen eine interessante und bemerkenswerte physische Rückwirkung in der äußeren Welt aus. Ich bin gezwungen, die Gegenstände mit größerer Sorgfalt behutsam emporzuheben.

Ich muss die Dinge mit gesuchterer Feinheit berühren. Muss sie mit erhöhtem Verständnis für den Zweck, dem sie geweiht, benützen. Darin liegt durchaus keine Übertreibung. Weder Unordnung noch Nachlässigkeit ist erträglich.

„Das Wissen möge stetig wachsen, spät und früh,

Doch soll die Ehrfurcht in uns sich vermehren,
Dass Geist und Seele in der besten Harmonie
Wie bisher erklingen, nur in höheren Sphären . . ."

Viel tiefe Wahrheit liegt in diesen Zeilen. Mit zunehmender Ehrfurcht weitet sich der Musik-Klang. Ich nehme Göttlichkeit in der Füllfeder, mit der ich diese Worte niederschreibe, wahr. Es scheint der Feder gegenüber unedel gehandelt, wenn ich nicht sorgfältig und sauber zu schreiben trachte. Die Feder leidet nicht physisch, sondern in anderer Weise, wenn ich sie schlecht behandle, sie mit weniger Ehrfurcht führe. Notwendigerweise scheine ich meine Umgebung zum großen Teil durch meine allgemeine Geistesverfassung beständig zu erziehen, in nicht geringem Maße jedoch durch meine offenkundige Kameradschaft mit den Dingen, die sie ausmachen. Die Geräte meines Arbeitszimmers verlassen sich auf mich, blicken zu mir empor. All dieses mag eine Verstärkung des Buddhiprinzipes sein. Doch ist es mehr als dies. Komme ich der Wahrheit näher, wenn ich die Einheit Buddhis eher als äußeren, nach außen gehenden Vorgang betrachte, die Einheit Nirvanas aber eher als inneren, einziehenden Prozess bezeichne? Erkenne ich auf der Buddhischen Stufe meine Einheit mit der Welt und auf der Nirvana-Stufe die Wirkungsmöglichkeit aller Dinge in mir? Ich glaube, so ähnlich muss es sich verhalten, denn unser Herr, die Sonne, scheint in Nirvana der Mittelpunkt meines Seins zu werden.

Bei weiterem Nachdenken erscheint es, als ob man auf der Buddhi-Stufe hinausträte um Einheit zu finden, während man auf der Nirvana-Stufe die Einheit überall zu erkennen beginnt. Auf der Buddhi-Stufe begibt man sich vom Mittelpunkt zum Umkreis, und findet, dass der Mittelpunkt ebenso am Umkreis vorhanden ist, als im Zentrum, . . . wenn man versteht, was ich damit sagen will. Auf der Nirvana-Stufe wird was zwei und doch eins in zwei war, zu eins. Alles wird zum Zentrum, und man beginnt fast zu begreifen, dass es ein bestimmtes Bewusstsein gibt, wo der Mittelpunkt keines Umkreises bedarf, denn alles ist innerhalb des Zentrums enthalten. Wir zeichnen uns den Umkreis ebenso, wie wir uns Doppellinien zum leichteren Schreiben ziehen. Wir brauchen sie aber nicht, und Nirvana ist der Zustand, wo wir ohne sie auskommen. Auf der Buddhistufe haben wir mehr Erkenntnis, während wir in Nirvana dem wahren Sein näher sind. Wie schon erwähnt, scheint mir die Sonne mein König zu sein, und ich erkenne, dass ich hier auf Erden eine Sonne sein muss, die Sonne meiner Welt, so wie Er die Sonne Seines Universums ist. In Ihm liegt der Ursprung allen Lebens. Ebenso liegt auch in mir die Quelle alles Lebens, denn ich bin in Ihm und ein Teil Seines Wesens. Seine Strahlen durchdringen Welten. Durchdringen nicht auch meine Strahlen eine Welt, wenn auch in schwachem Ausmaß. Ich bin eine werdende Unendlichkeit, da ich Unendlichkeit dem Wesen nach bin. Nichts mangelt meiner Natur, um dieses gewaltige Ende zu erreichen. Das Wort „Ende" ist natürlich sinnlos. Ich bin Licht, gleichwie Er Licht ist. Das Nirvanabewusstsein scheint eine Selbst-Erkenntnis herbeizuführen, die einer bebenden, pulsierenden Energie oder einem Kraftzentrum gleicht. Dieses vergrößert sich langsam, aber sicher, weitet sein Reich in allen Richtungen aus und wird immer strahlender, während seine Grenzen im Raum beständig vorwärts dringen. Ich kann mir vorstellen, dass mein Körper in einer unendlich weitliegenden Zukunft eine Sonne und mein Reich ein Universum sein wird. Ich stehe meiner großen Wirkungsmöglichkeit gegenüber und ihrem unausbleiblichen Wachstum zur Macht. Sie besteht aus wunderbarer, erstaunlicher Erhabenheit: im Werden begriffene Allwissenheit, Allmacht, Allgegenwart. Ich betrete mein Allerheiligstes. Ich gehe ein in das Wesen meines Seins und erblicke eine brennende, blendende Sonne — eine Sonne Selbst im Kleinen.

Ebenso scheint es mir, als wäre ich mit allen äußeren Dingen in beständiger Verbindung. Die Tatsache, dass ich auf der Ebene des Universal-Bewusstseins erwachte, auf der Zeit und Raum nicht existieren, scheint sich auf jene Weise auszudrücken. Mein Bewusstsein braucht nur in Tätigkeit zu kommen und ich bin imstande nach Wunsch mit Allem in Verbindung zu gelangen. Es handelt sich nicht darum, einen bestimmten Ort aufzusuchen, oder um ein Vorwärtsdringen, sondern eher um das Finden des richtigen Tones, ja nicht einmal um ein Stimmen, sondern eher um ein Aufmerken. Durch die Aufmerksamkeit wird der Kontakt hergestellt. Natürlich stehe ich erst ganz am Anfang dieser Dinge und vermag mich nur unvollkommen und ungewiss auszudrücken. Ich bin ja bloß ein Kind und führe eine Kindersprache, um unbekannte Verhältnisse und Zustände zu beschreiben, über die ich sozusagen nichts weiß. Ich gleiche einem kleinen Kind, das seinen ersten Weg durch die Straßen einer Stadt oder die Wege und Wiesen auf dem Land zu beschreiben versucht. Ich habe Eindrücke bekommen, aber diese sickern durch unentwickelte Organe, die sie tatsächlich vermittelten. Vielleicht kann man aber auch in dieser unvollkommenen Beschreibung die Wahrheit herausfühlen.

William James sagt in einem seiner Bücher, dass die Nachtigall des ewigen Sinns des Lebens ihr Lied beständig im Herzen der Menschen ertönen lässt. Vom Standpunkt des Nirvana-Bewusstseins erkenne ich die tiefe Wahrheit dieser Worte. Sie bedeuten jedoch viel mehr, als er vielleicht selbst hineinlegen wollte. Die ewige Bedeutung des Lebens ertönt allerdings ständig im Herzen der Menschen. Nur beginnt man schein-bar diesen Gesang erst dann zu hören, oder wenigstens zu verstehen, wenn das buddhische und später das nirvanische Bewusstsein erwacht ist. Sobald man ihn im eigenen Herzen zu hören beginnt, so scheint man ihn gleichzeitig im Herzen aller Dinge zu hören, selbst wenn er noch für taube Ohren ertönt. Dann erkennt man, dass es nur einen großen Gesang des Lebens gibt, der in den Herzen aller Menschen und Dinge in unendlichen Variationen widerhallt.

Dieses Wissen bringt den Menschen zur Erkenntnis des Wesens des Universal-Bewusstseins. Sobald man diesen Lebens-Gesang in herrlichen Licht- und Farbenharmonien in Nirvanischer Manifestation vernimmt, so hört man den Ton seiner ewigen Bedeutung in allen Dingen. Dann bedarf es nur einer Einstellung des Bewusstseins, um diesen Ton in jedem einzelnen Individuum zu hören und auf diese Weise mit dem besonderen Einzelwesen in nähere Berührung zu kommen. Man braucht sich daher nur auf die entsprechende Wellenlänge einzustellen. Der drahtlose Apparat ist angelegt, obwohl noch weit davon entfernt glatt zu funktionieren. Ich habe anscheinend die Fähigkeit, mich auf alle möglichen Dinge an verschiedenen Orten, auf Personen, Freunde, Ereignisse einstellen zu können, trotzdem es mir noch selten gelingt deutlich zu hören. Ich sehe die „Toten" in anderen Körpern in unserer Nähe weiterleben. Ich sehe die „Lebenden" in anderen Teilen der Welt mir so nahe, wie Menschen meiner physischen Nachbarschaft. Ich vermag die ganze Welt in mich einzubeziehen und auf diese Weise Zeit und Raum aufzuheben. Wie viel mehr als diese Welt — sofern ihre Unter-Nirvanischen Zustände in Betracht kommen — ich dergestalt einzuziehen vermag ist mir nicht ganz klar.

Ich beginne jedoch eben zu erkennen, dass die Entfaltung von Nirvana-Bewusstsein den Menschen mit anderen Welten als dieser irdischen in Berührung bringt. Mit gewissen Planeten kann man allerdings verhältnismäßig leicht in Verbindung gelangen, auch ohne Nirvana-Bewusstsein. Dessen Entfaltung macht es uns jedoch möglich weiter vorzudringen, denn auf der Nirvana-Ebene beginnt ein unendlich größerer Teil unseres Universums innerhalb unserer Reichweite zu sein. Ich bin noch nicht weit vorgedrungen, doch finde ich mich unter gewissen Einflüssen stehend, die von fernen Orten kommen, deren Natur für mich einstweilen noch mehr als fremd ist. Große Kräfte sind hier unter uns auf Erden an der Arbeit, Einflüsse, die aus weiter Ferne kommen. Von anderen Universen wie auch von anderen Planeten. Ich vermag im Augenblick nicht mehr darüber zu sagen. Alles ist noch unbestimmt, aber äußerst verwickelt. Wie sonderbar ist einem zumute in dieser neuen Welt, mit all ihren fast unbegrenzten Ausblicken, wunderbaren Landschaften, bevölkert mit herrlichen Gegenwarten, die selbst Universen innerhalb eines mächtigen Kosmos zusammenfügen. Ein Wunder, dass das physische Gehirn selbst den schwächsten Abglanz davon ertragen kann, denn es steht so gänzlich außerhalb aller bisherigen Erfahrung. Hätte das physische Gehirn nicht vorher die Buddhische Erfahrung gehabt, es wäre nicht imstande die Spannung zu ertragen. So aber wurde das Gehirn gestärkt, ihm der Einheitsbegriff eingeprägt, seine Fähigkeiten wurden erweitert, damit es allmählich für weitere Ausdehnung geeignet werde. Der Nirvana-Ton hätte zerschmetternd gewirkt, wenn das Bewusstsein durch die Berührung mit Buddhi nicht vorher dazu gestimmt worden wäre.

Wie wahr ist es, dass die Sprache in diesem Fall Gedanken und Bedeutung verbirgt! Die Sprache Nirvanas soll den Sinn Nirvanischer Dinge übermitteln, und meine Zuhörer müssten Nirvanisches Begriffsvermögen besitzen. Wie unmöglich ist es, das Gefühl für eine Steigerung der Begriffe durch ein Werkzeug zu übertragen, das gerade bei solcher Steigerung versagt. Man vermag jedoch durch dieses vielleicht ein schwaches Bild dieser wunderbaren Begriffssteigerung zu empfangen, obwohl ich nicht in Wahrheit beschreiben kann, ehe nicht das Sehvermögen der Zuhörer erwacht ist.

Wie Myers so schön sagte:

„Oh, könnte ich reden, ihr würdet es sicher glauben!
Oh, könnte ich nur erzählen, was ich gesehen!
Wie soll ich reden oder wie könnt ihr es empfangen,
Solange Er euch nicht dorthin bringt, wo ich gewesen bin?"

Je mehr man selbst in diese untersten Schichten Nirvanischen Bewusstseins untertaucht, desto größer wird die Klarheit des Bewusstseins auf niederen Ebenen. Es gleicht einem frischen reinen Strom von Energie, der durch die großen Kanäle des Lebens fließt, und den Ausblick auf jeder Stufe belebt. Wir arbeiten beständig unter dem Gesetz der Neu-Einstellung. Jede Erweiterung unseres Bewusstseins schließt eine weitere Neu-Einstellung in Bezug auf die Ewige Wirklichkeit in sich. Indem wir ein Bewusstseinsreich nach dem andern erobern, wird das ablenkende Medium immer reiner und reiner. Schließlich wird das Licht der Wirklichkeit ungetrübt hindurch scheinen oder wenigstens so ungetrübt sein, als es in dem Universum des Relativen überhaupt möglich ist.

Am auffallendsten für diese Bewusstseinsklärung ist die Entdeckung, dass es viel leichter ist, Gott endgültig zu erkennen, als ich vorausgesetzt hatte. Kann man zu einer Vision Gottes, des Schöpfers in einer Form gelangen, welche menschliches Bewusstsein zu erfassen vermag? Mir ist, als hätte ich Gott gesehen. Nicht als Abstraktion, sondern als erkennbare Wirklichkeit. Allumfassend, innerhalb einer Beschränkung, diese aber genügend verflüchtigt, um mir in tieferem Maße die Natur der Universalität Gottes zu enthüllen. Wohl ist der Ausdruck unzulänglich, aber mir ist, als hätte ich die Individualität Gottes erfahren. Dieses ganze Erlebnis konzentriert sich um die Sonne, die, um es gerade auszusagen, ich als physisches Vehikel Gottes erschaue, durch das Er Leben erschafft, gibt, erhält und erneuert. Die Sonne ist sozusagen das Antlitz Gottes, dessen Licht alles beleuchtet. Ich bin nahe daran, zu beschreiben, wie Gott sich auf der Nirvanischen Ebene offenbart — insofern eine Beschreibung überhaupt möglich ist. Nicht den entschleierten Gott. Ich vermag Ihn entschleiert nicht zu sehen. Ein Bruchteil kann das Ganze als Ganzes nicht erkennen. Ich kann Ihn jedoch sehen, weil Er einen Schatten zwischen Sich und meine Augen bringt. Für mich ist gerade der Schatten, durch den Gott hindurchschimmert, Gott selbst, wenngleich in Wahrheit nur ein Schatten. Ich erblicke Gott in Beschränkung. Der Bruchteil nimmt den Schatten des Ganzen wahr. Das Meer von Nirvana ist ein Schatten Gottes. Das Meer jeglicher Ebene ist Gottes Schatten. Je höher das Bewusstsein entwickelt ist, das Ihn erblickt, desto mehr wird der Schatten zu einem Spiegel Seines Wesens. Ich erkenne auch bei weitem klarer das Wesen des Himmelreiches und begreife, dass es nicht so ganz unvernünftig ist, wie ich früher dachte, das Himmelreich mit dem Himmel in Verbindung zu bringen. Natürlich ist das Himmelreich ein Bewusstseinszustand. Es gibt mehrere Himmelswelten. Nirvana ist eine weitaus größere Himmelswelt als jene Mentalebene, die wir für gewöhnlich mit diesem Namen bezeichnen. Ist jedoch der blaue Himmelsdom nicht auch gewissermaßen ein Himmel? Von den Fesseln der Erde und den Beschränkungen des Körpers befreit, bade ich im Himmel, der über den Wolken leuchtet, und erlebe da einen Frieden, ein Gefühl der All-Macht, All-Weisheit und All-Liebe Gottes, das unfehlbar wieder abnimmt, sobald ich mich der physischen Erde wieder zuwende.

Auch scheint mir, als ob ich gewissermaßen die Ewigkeit in Zeitbegriffe formen könnte. Berühre ich denn nicht in gewissem Grad den Geist der Ewigkeit, genauer ausgedrückt, den kosmischen Geist, die kosmischen Gefühle und die kosmische physische Ebene? Worin besteht der Unterschied zwischen diesen kosmischen Zuständen und ihren dichteren Gegensätzen? Das erste Wort, das mir in den Sinn kommt, um damit den Unterschied zu bezeichnen, ist „Majestät". Der Geist, befreit von allem zeitlichen Verstand, von allen Dingen der uns bekannten Mentalwelt. Der Geist, erfüllt mit geistigen Gegenstücken, den Urtypen und Grundbestandteilen unserer mentalen Welt. Der kosmische Geist ist ein urbildlicher Geist, der sich in den Gegenständen der Mentalebene widerspiegelt. Nicht absoluter Geist, aber dennoch die für mich nächst mögliche Annäherung an den absoluten Geist, den zu begreifen ich imstande bin. Positiv und Negativ, Subjekt und Objekt sind verschwunden und nur der reine Geist ist vorhanden, Geist ohne den Gegensatz zwischen Ich und Nicht-Ich, weil das Eine im Anderen aufging.

Dieselbe Erfahrung macht man auf der Ebene der Emotionen. Auf dieser kosmischen Ebene berühre ich kosmisches Gefühl, das auf mich wie Kraft in Bewegung einwirkt. Seither habe ich oft einen Sturm auf der physischen Ebene beobachtet und habe dabei eine gewisse Ähnlichkeit mit der kosmischen Emotionsebene empfunden, wobei ich voraussetze, dass der physische Sturm außerordentlich zwecktätig, großen und scharfumrissenen Zielen stürmisch zustrebt. Kosmische Gemütsregung ist Kraft in Bewegung, im Spiralwirbel, Kraft in einem gewaltigen Pulsschlag. So wie beim kosmischen Geist schwindet auch hier das Gefühl der gegensätzlichen Paare. Liebes-Emotionen und Hass-Emotionen sind nicht grundsätzlich getrennt voneinander. Beide verschmelzen gegenseitig in urbildlicher Gemütsregung. Ich berühre reine Gemütsregung und reines Empfinden, aber nicht absolute Gemütsregung und absolutes Empfinden. Ich fühle den Unterschied, weil ich ein Jenseits wahrnehme, obwohl ich die Natur dieses Jenseits nicht kenne. Diese beiden kosmischen Zustände sind Reservoire, die ihre entsprechenden niederen Ebenen füllen. Ich sehe, wie die gegensätzlichen Paare hier unten aus einer inneren oder höheren Einheit hervortauchen. Sicherlich ist aber selbst diese Einheit nur relativ. Ferner gibt es weiter innen oder weiter oben eine noch tiefere Einheit. Die Einheit, die ich jetzt berühre, ist mit ihr verglichen eine Welt der Verschiedenheit.

Ich erblicke eine Apotheose des Todes. Es gibt keinen Tod, nur Veränderung, und stets zweckmäßige, einem großen Endziel entgegenstrebende Wandlung. Tod ist Neu-Erschaffung, Erneuerung, Abstreifen der Fesseln, das Abwerfen eines Vehikels, das nicht mehr genügt. Tod ist in Wahrheit Geburt zu vollerem weiteren Leben oder ein Untertauchen in die Materie, auf Grund des Gesetzes der Neu-Einstellung. Beständiger, zur Einheit führender Fortschritt. Der Tod bringt uns einander, wie auch der Wirklichkeit immer näher. Wenn wir dieses nur erfassen könnten!

Ich sehe, dass Tod nur eine andere Art von Glückszustand

ist. Nur weil wir von diesem Zustand so weit entfernt sind, sind wir nicht imstande das Glück zu empfinden, das uns der Tod bringt. Wir trauern, weil einer unserer Freunde sich ins nächste Zimmer begeben hat, von dem scheinbar keine Türen in unsern Wohnraum führen. Und dennoch sind Türen vorhanden, die wir öffnen und für immer offen halten könnten. Kummer beruht auf Unwissenheit und oftmals auf Selbstsucht. Je mehr wir wissen, desto weniger werden wir trauern, denn wahres Wissen ist gleichbedeutend mit beständigem Glückszustand.

Nun lenke ich meine Aufmerksamkeit zur Abwechslung auf mich selbst. Ich bin mir irgendwie bewusst, dass meine Aura durch einen Vorgang der Neu-Einstellung hindurch ging oder hindurch geht. Überall, wo eine Bewusstseinserweiterung stattfindet, verändert sich die Aura. Welche Veränderung hat in meiner Aura stattgefunden? Mir scheint es, als wäre sie mit Nirvanischem Licht durchstrahlt worden. Sie besitzt eine elektrische Spannkraft, die ihr vorher nicht eigen war. Die Farben beginnen sich neu anzuordnen, scheinbar in Ringen, wie die Ringe des Saturns. Möglich, ja wahrscheinlich, dass dieser Vorgang schon früher begonnen hat. Der Eintritt ins Nirvana-Bewusstsein gab ihm jedoch einen großen Antrieb. Die silbernen Lichtfäden von Nirvana scheinen die ganze Aura zu durchdringen, die Farben zu bereichern und zu läutern, und mein ganzes Wesen mit einem Gewebe von Licht zu umkreisen und zu durchdringen. Die Aura funkelt von Sonnenlicht, sprüht in der Sonne Funken. Seitdem diese Worte geschrieben wurden, habe ich wahrgenommen, dass in der Aura nicht bloß eine Lichtveränderung stattfindet, die eine Neuanordnung des Farbensystems enthält, sondern dass auch die Melodie meines Wesens in schöner Weise bereichert wurde. Ich fühle, dass ich selbst zur Musik wurde. In Wahrheit ist alles Musik und war Musik seit Uranfang. Ich beginne endlich meine Melodie zu verstehen und vermag mich in der Werkstatt des Tones bei der Arbeit zu sehen. Ich sehe, wie ich die Töne sammle, die ich für die Sinfonie benötige, die durch mich für das Ton-Universum zum Ausdruck gebracht werden soll, das ich zu erschaffen bestimmt bin. Der auf der physischen Ebene arbeitende Henry Ford ist, während er seinen Motorwagen zusammenstellt, nur ein Widerschein von zahllosen spirituellen Henry Fords, die

Universen aufbauen und die dazu bestimmt sind die Sonnen der künftigen Farben-Werkstätten, Klang-Werkstätten und großen Laboratorien der Evolution zu sein. Dieser Prozess ist ständig im Gang. Wir sind aber nur durch die Berührung mit Buddhi und später mit Nirvana allmählich fähig zu erkennen, was wir in Wirklichkeit tun. Nur dann sind wir imstande, unsere Arbeit viel gewandter und mit erfolgreicherer Geschicklichkeit auszuführen.

Jeder der vielen Mittelpunkte erglüht vom neuen Leben angesichts der neuen Verheißung. Bin ich im Lenz eines neuen kosmischen Jahres? Ist dessen Sommer spiritueller Reife die fünfte der großen Einweihungen, deren Schwelle ich früher oder später überschreiten soll? „Erobere dieses Reich, dann wirst Du auf der Schwelle des nächsten stehen." Die Saat meines Wesens hat ihre Licht-Schösslinge durch den Boden niederer Ebenen hindurchgestoßen. In der reinen nirvanischen Luft öffnet sich eine Knospe der Sonne. Diese Knospe wird eines Tages zur Blüte werden, zur Blüte der irdischen Menschheit im Garten Gottes. Jede Wurzel wird eine Blüte zeitigen, indem sie ihre Lichtschächte durch das Unwirkliche zum Wirklichen sendet. Wenn Himmelslicht und Erdenlicht sich küssen, formt sich die Knospe und entfaltet sich langsam zur Blüte. Während dieses Bild vor mir ersteht, ist mir, als sähe ich die Blüte der irdischen Menschheit: Buddha, den Herrn, als Blume unbeschreiblicher Herrlichkeit, eine strahlende Lotusblüte aus goldenem Licht.

III. KAPITEL.

DAS INNERE LICHT AUF ÄUSSEREN DINGEN.

„Das Atom ist eine Miniatur-Sonne innerhalb seines
eigenen Universums von unfassbarer Kleinheit."
Annie Besant und C. W. Leadbeater.
(Okkulte Chemie). [1])

So wie das Feuer glüht ehe es aufflammt und wie das Morgenrot erglüht ehe die Sonne aufgeht, so müssen wir in Körper
auf Körper von der werdenden Vervollkommnung erglühen, als
Zeichen dafür, dass unsere Innensonne gelernt hat zu strahlen,
wie es die Himmelssonne so glorreich vollbringt. Alle müssen
wir in diesem Sinne entzündet werden, um allmählich eins zu
werden mit dem Ewigen Feuer. Wir können Gott solange nicht
erkennen, wie Er wirklich ist, ehe wir nicht gleich Ihm zu Feuer
wurden, öffnet daher Eure Herzen Seinem Sonnenlicht, auf dass
euer ganzes Wesen eines Tages zur Flamme werde, aus der wieder viele Flammen entstehen: Flammen der Macht, Weisheit und
Liebe. Der Göttliche Funke ist in jedem von uns bereit zur
Flamme zu werden. Nichts ist imstande diesen Funken auszulö-
schen, so schwach er auch glüht. Schließlich muss auch dieser
Funke zur Flamme werden, woraus das Feuer entsteht, das bis
dahin in der Welt der Möglichkeiten schlummerte.

Wir wurden erschaffen, um zu leuchten. So wollen wir die
Strahlen der Sonne unseres Herrn durch das Brennglas des Gott-
verlangens und des Menschheitsdienstes sammeln und auf uns
scheinen lassen und die Zeit, die sichere und zuverlässige Gieße-
rin dieses Brennglases, ist Gottes Zeuge, dass der Funke auch

---

1) Neuauflage Verlag Edition Geheimes Wissen, Graz.

wirklich zu Feuer werden wird. Möge unser Dienen und Streben durch die Wärme des Verstehens erglühen. Eine Wärme, die mit dem Licht der Weisheit aneifert, Weisheit, die mit der reinigenden, brennenden Kraft des Feuers läutert. Mir ist's, als ob ich die Musik eines großen Lichtrituales vernähme und Licht das Heilmittel der Zukunft berührte. Licht, der Erlöser; Licht, der Befreier; Licht, der Schöpfer; der Erhalter, der Erneuerer. Die Impfungen und Arzneien der Zukunft werden Varianten des Lichts sein. Ja selbst unsere Nahrung, die wir zu uns nehmen, wird aus konzentriertem Licht bestehen. Die Form wird nur dazu dienen, um die Sonnenlicht-Nahrung auf verschiedenen Wegen zu sammeln. Und gibt es nicht überdies eine große Licht-Zeremonie, ein Mysterium des Lichts? Vielleicht nicht auf diesem Globus. Ich glaube, es muss auf einem Himmelskörper, der dieser Erde weit voraus ist, eine mächtige Magie des Lichts geben, die wir eines Tages kennen lernen und benützen werden. Vermutlich wird es das Leben der Kolonie sein, von der Dr. Besant und Bischof Leadbeater in ihrem Buch „Der Mensch; Woher, wie und wohin", schreiben. Das Licht beginnt schon eine ganz bestimmte Rolle zu spielen. In Wahrheit ist das Licht der „Stein" der Weisen, die potentielle Kraft des Alchemisten. Eines Tages wird die Wissenschaft des Lichts als Wissenschaft der Wissenschaften mit ihren Gesetzen, Ritualen, ihrem Gottesdienst, ihrer Philosophie, Ethik und Ästhetik anerkannt werden. Ich wünsche, ich hätte so viel Weisheit, um wenigstens einen kleinen Teil dieser Wissenschaft zu verstehen, denn sie ist der Schlüssel zu allen anderen Wissenschaften. Eines Tages wird sie so allgemein sein, dass man sie selbst bei kleinen Dingen des täglichen Lebens ständig anwenden wird. Auf wunderbare Weise werden wir zu Kindern des Lichts werden, weil wir Kinder der Sonne sind. Es wird ein eucharistischer Gottesdienst des Lichts entstehen, der womöglich noch herrlicher werden wird, als das Heilige Abendmahl unseres Herrn Christus.

Ich sehe die Sonne, unsern Herrn, wie Er sich in Seinem Universum aufteilt und sich in unermessliche Entfernung ausdehnt. Ich sehe, wie Seine Welt allmählich lernt die Myriaden Aspekte Seines Wesens sich zunutze zu machen, die ihren mannigfachen Bedürfnissen angepasst sind. Ich sehe diese zukünfti-

gen Dinge und sehe die Sonne, unsern Herrn, durch Sein Scheinen wachsen. So wie Er durch das Scheinen wächst, müssen auch
wir zunehmen. Im Maßstab unseres Scheinens werden wir wachsen.

Indem ich dieses erkenne, wende ich mich von der blendenden Herrlichkeit Nirvanas ab und blicke auf diese unsere Welt, in
der wir in verhältnismäßiger Dunkelheit leben und uns entwickeln. Allüberall schimmern und sprühen Lichtfunken, gleich den
Lichtern einer Küstenstadt, wie man sie von vorbeifahrenden
Schiffen aus erblickt. In jedem Reich der Natur sind Lichtfunken,
von denen manche allerdings so schwach glühend erscheinen, als
würde der geringste Hauch eines Gegenwindes sie verlöschen
und eine noch tiefere Dunkelheit wie zuvor zurücklassen. Doch
kann kein Funke, den Gott aus seiner eigenen Göttlichkeit an-
fachte, jemals verlöschen. Er kann wohl lange schwach bleiben
und sich durch Zeitalter hindurch wenig verändern. Sein Wachstum jedoch ist unwiderstehlich. In jedem Reich der Natur gibt es
auch Funken, die heller sprühen, — es sind Juwelen, Erntefrüchte
ihrer Reiche. Im Menschenreich sehe ich Funken, die zu kleinen
oder großen Flammen wurden. Manche dieser Flammen gleichen
wahren Leuchttürmen, die ihr Licht auf den einzig wahren Le-
benspfad ergießen, indem sie die Menschen vor Pfaden der Unwissenheit warnen und auf die Pfade der Weisheit hinweisen. Sie
warnen vor felsigen Stellen und weisen uns die Fahrwasser ra-
schen Wachstums. Sie sind die wahren Wohltäter der Menschheit. Seher und Lehrer, die auf der Schwelle übermenschlicher
Reiche stehen, wo die mächtigen Feuergarben zum Ebenbild der
Feuerflammen Gottes emporwachsen. Diese sind die älteren Brüder der Welten, wahre Feuersäulen, die den Tempel der Ewigkeit
stützen! Und wir alle sind Kinder der Sonne, unseres Herrn, Dessen Licht alle Dinge erhellt. Verdanken wir doch unser ganzes
Sein Ihm allein!

Wiederum die Buddhische Ebene mit Nirvana vergleichend,
bemühe ich mich, den Unterschied zu erkennen. Nur mit großer
Schwierigkeit vermag ich die Tatsachen auch nur annähernd genau zu bezeichnen. Buddhi scheint mir ein Vorgang der Verschmelzung zu sein, während Nirvana ein Vorgang der Übereinstimmung ist. Erstere Ebene nehme ich als Bejahung und Ver-

wirklichung der Einheit, inmitten und über sich auflösender Verschiedenheit wahr. Letztere Ebene erkenne ich als Zustand der Zurückweichung von aller Verschiedenheit mit darauffolgender Neu-Einstellung, Neu-Gestaltung, Neu-Anordnung der Einheit, wodurch es zu einem Ganzen wird. Buddhi, das Eine mit einem Zweiten; Nirvana, das Eine, ohne ein Zweites. Wohl! Ich bestätige meine frühere Beurteilung. Und was liegt hinter Nirvana? Selbst der Eine verändert (ich und legt abermals einen zweiten Schleier der Wirklichkeit ab. Bin ich wohl imstande, über diese niederste Unterebene von Nirvana hinweg einen Blick empor zu den höheren Stufen der nirvanischen Leiter zu werfen? Dort gibt es keine festen, abgeteilten Grenzen, keine „licht-dichte" Abteilungen. Ist nicht vielleicht eine Verdichtung der Einheit vorhanden? Ich finde nämlich, dass selbst auf der untersten Sprosse irgendeine Eigenschaft der Einheit, wie wahr sie auch ist, eine Begrenzung und Negation der Nirvanischen Wirklichkeit bedeutet. Licht? Wohl kann man dieses Wort anwenden, um damit einen unendlich kleinen Bruchteil der Wahrheit anzudeuten. Musik oder Ton? Auch diese Worte können benützt werden. Nur müssen wir uns dabei dessen bewusst sein, dass sie die Herrlichkeit verhüllen, ja selbst in Bezug auf diesen geringen Teil der Herrlichkeit, den wir einstweilen erst imstande sind zu erblicken. Doch lauen wir alle diese Schleier fallen. Was bleibt dann noch übrig? Einheit — für die man keine Worte anwenden kann, für die es keine Ausdrücke gibt weder in Licht, noch Ton oder Form, um auch nur den schwächsten Schimmer ihrer wahren Bedeutung wiederzugeben, sondern nur, um damit in die Richtung der Wirklichkeit andeutend hinzuweisen. Ich werde über diese Einheit meditieren, in ihr leben. Dadurch werde ich beginnen sie zu verstehen, wenngleich ich ihre Bedeutung noch nicht übermitteln kann. Dann erst wird sich das einstellen, was ich einstweilen nur als Transzendenz beschreiben kann. Doch habe ich jetzt genug gesagt. Es ist töricht von mir, mich zu bemühen, das Unermessliche in Worte fassen zu wollen. Ich sehe, wie wir uns unter den Gesetzen von Gegenstück und Widerschein entfalten. Die Nirvana-Welt ist an sich ebenso gut ein veredeltes Gegenstück der unter ihr liegenden Welt wie sie ihr Urtypus ist. Die Ebenen jenseits von Nirvana sind ihren Graden entsprechend veredelte Gegenstücke von dem unter ihnen liegenden Nirvana. Die Eigenschaft und das Wesen des Gegenstückes werden von der Licht-Schwingungseigenart der betreffenden Ebene bestimmt. Die Entwicklung von Nirvana-Bewusstsein scheint die Spirillen des Gehirns, das Kundalinifeuer und die verschiedenen Zentren im Allgemeinen zu beeinflussen. Desgleichen natürlich auch die verschiedenen Körper. Ich bin mir einer weitaus intensiveren Feinfühligkeit bewusst, als lebte ich in einer viel höheren Spannung. Ich gleiche gewissermaßen einer außerordentlich empfindlichen Platte, die für die Rauheiten der Außenwelt fast übersensitiv ist. Voraussichtlich werde ich mich im Lauf der Zeit wieder herunterstimmen. Im Anfangsstadium jedoch wird das äußere Leben fast schmerzvoll. [1]) Man scheint Menschen und Dinge weit genauer zu kennen. Erhält von ihnen den Eindruck, wie sie wirklich sind und nicht wie sie zu sein scheinen.

So wie sich der Kausalkörper beim Eintritt des Individuums in die Buddhiwelt auflöst, scheint sich der Buddhikörper beim Eintritt in die Nirvanawelt aufzulösen. Auf einer Ebene, die ich die Welt der Apotheose des Wesentlichen, die Ebene des fundamentalen Urtypus genannt habe, scheint dieses unvermeidlich zu sein. Ich bemerke, dass ich nicht „Urtypen" schreibe. Wahrscheinlich deshalb, weil Nirvana — von einem bestimmten Standpunkt aus betrachtet — keine Vielheit besitzt. Diese beginnt erst auf der unteren Ebene und selbst dort wird die Mehrheit durch die Einheit überschattet sowie beherrscht. Natürlich werden beim Herabstieg die verschiedenen Körper der niederen Ebene aus Materie dieser Ebenen, entsprechend der Schwin-

---

1) Eigentlich scheine ich mich im Licht weiteren Wachstums nicht herunterzustimmen. Im Gegenteil, meine Sensitivität nimmt ständig zu. Nur steht sie unter meiner immer mehr und mehr zunehmenden Herrschaft, wenigstens bis zu einem bestimmten Punkt. Das Leben wird mit Bezug auf den täglichen Verkehr immer schwieriger und gar nicht leichter. Um jedoch diesen zunehmenden Schwierigkeiten zu steuern, entwickelt sich auch ein innerer Friede, der — um in einem ganz materiellen Gleichnis zu sprechen — als wunderbarer, sogenannter „Stoßauffänger" (Puffer) wirkt. Ich erkenne aber, dass die Zeit kommen muss, wo es nicht mehr möglich sein wird, in der äußeren Welt zu leben und gleichzeitig ein Maximum an Wirksamkeit aufrecht zu erhalten. Aus diesem Grund, und um der Welt noch hochherziger dienen zu können, leben unsere Älteren Brüder entfernt von den gewöhnlichen Wohnstätten Ihrer jüngeren Kameraden. Sie ziehen es vor, aus Ihrer Fülle zu geben, anstatt sich beständig gegen die Disharmonie und Unreife der Menschen zu schützen, wodurch Kräfte vergeudet werden, die sonst für den Dienst frei wären.

gungsrate des permanenten Atoms, neugebildet. Von Nirvana zurückgekehrt, bildet sich sofort wieder der Buddhikörper und von Buddhi zurückgekehrt ist ein Kausalkörper sogleich wieder zur Benützung vorhanden, wenn auch nicht der zeitalterlange Freund (der Vergangenheit), der sich nicht mehr erneuert.

Weshalb ist nicht Jeder imstande Nirvana zu betreten? Natürlich ist dies nur eine Frage der Zeit, ferner, wie diese Zeit angewendet wurde. Der Eintritt in Nirvana bedingt eine Erweiterung des Bewusstseins, und kleinere Erweiterungen müssen der größeren vorangegangen sein. Der Sinn für Wirklichkeit scheint maßgebend zu sein. Es genügt nicht zu wissen, was man Wahrheit nennt. Man muss etwas verstehen von dem, was Wahrheit iß, denn das ist für gewöhnlich etwas ganz anderes. Die Wahrheit der Dinge kann nicht aus Büchern oder Gesprächen gelernt werden, höchstens zum Teil. Auch diese sind nützlich und helfen gleich Erfahrungen. Man muss jedoch gewissermaßen nicht nur mittels Erfahrung die Wahrheit entdecken, sondern auch durch Hinübertasten in die Welt jenseits von Erfahrung, indem man allmählich dieses Jenseits kennen lernt. Mir kommen Gleichnisse in den Sinn. Man denke an die sonderbaren Geduldspiele, die man Kindern gibt. Jedes Rätsel hat einen Namen und man bemüht sich danach zu arbeiten. Das eine Stück passt hierher, das andere dorthin. Allmählich formt sich das Bild und wird fertig. Genauso verhält es sich auch mit dem Leben und mit den verschiedenen Ebenen des Bewusstseins.

Wenn ein Mensch zum Beispiel zum Buddhischen Bewusstsein gelangt, erhält er einen allgemeinen Begriff von den Buddhischen Grundsätzen. Allmählich vollendet die Erfahrung die Grundsätze, so dass sich diese in sein innerstes Wesen einbauen. Das Buddhische Bild wird dadurch klar erkennbar. Buddhi hat aufgehört ein leerer Kreis, eine unerforschte Unendlichkeit zu sein, als die sie anfänglich erschien. Der Mensch hat die Buddhiwelt durchwandert, er hat den Kreis, die Unendlichkeit mit wiederholten Erfahrungen bei seinem Aufstieg belebt, bis er den Gipfel erreichte und von dort auf neue Daseinsebenen blickt, die zu noch erhabenem Gipfeln führen.

Der Mensch ist daher für ein neues Bild bereit: für das Bild von Nirvana. Nur kann man mit keinem anderen Bild beginnen, solange das vorherige sich nicht der Fertigstellung nähert. Man vermag sich zweifellos die späteren Stufen vorzustellen. Diese Bemühung ist auch sehr nützlich und förderlich. Nur muss man an den Bildern, die man schon in Arbeit hat, rastlos und zielbewusst in der Erkenntnis arbeiten, dass die Grundsätze in jedem einzelnen Fall in die Tat umgesetzt werden müssen.

Das Bild des physischen Körpers, das Bild der Gemütsregung, das Bild des Verstandes — all diese Bilder müssen auf dem Weg zur Vollendung sein, und jeder von uns, der diese Stufe erreichte, muss an allen diesen angestrengt arbeiten. Nur dann können wir die Erlaubnis erhalten, einen noch weiteren Schritt zu unternehmen. — Wir sprechen davon, dass wir unser Leben theosophisch machen. Das Wort „theosophisch" bezieht sich auf unsere Pflichterfüllung, gleichviel auf welcher Ebene sich der Mittelpunkt unseres Bewusstseins befindet. Nur müssen wir auf jeder Stufe das Wesen unserer höchsten Errungenschaft hinein bauen. Sobald der Kausalkörper unser höchstes tätiges Prinzip ist, müssen wir danach trachten, in allen Dingen den Erfahrungen treu zu bleiben, deren Hüter der Kausalkörper ist. Wir müssen unser Leben von diesem Körper ausgehend leben. Haben wir Buddhi berührt, so müssen wir uns bemühen all unsere Gedanken, Gefühle, Worte und Taten mit dem Geist jener Einheit zu beseelen. Ebenso verhält es sich mit Nirvana und darüber weiter und weiter hinaus. Wir müssen bedenken, dass nichts als die Wahrheit selbst genügt. Unser Begriff von Wahrheit genügt nicht, selbst wenn er für uns noch so gut und nützlich ist. Tatsachen, nicht Theorien sind erforderlich. Wohl nicht absolute Tatsachen — die liegen noch über uns. Aber jedenfalls verhältnismäßig reine Tatsachen. Mir ist, als sähe ich die Gewässer der Gemütsregungen, wie sie die Saat des Verstandes befruchten und dadurch in die Erscheinung bringen. Ebenso sehe ich das Wasser des Verstandes Buddhi befruchten und das Wasser von Buddhi den Samen Nirvanas befruchten. Doch muss das Wasser rein sein, sonst bleibt die Saat latent. Sobald die Kraft im Samen sich zu regen beginnt, sendet sie Lichtstrahlen aus, die mit den ihr eigenen Eigenschaften begabt sind. Diese berühren die entsprechenden äußeren Lichtstrahlen und rufen sie zu ihrer Hilfe, wodurch sich ein neuer Licht-Körper zu entwickeln beginnt. Bis zu diesem Zeitpunkt durchdrangen die von außen kommenden Lichtstrahlen den Körper fast ohne auf ihn eine Wirkung auszuüben. Jetzt aber wird ihre Anregung erwidert, und durch diese Zusammenwirkung entsteht ein Licht-Körper.

Ich war eine Zeitlang bemüht, in mein physisches Gehirn die Mittel herabzubringen, mit deren Hilfe die Übertragung in dieses neue Gebiet des Nirvana-Bewusstseins stattfindet. Soweit ich diesen Vorgang erfassen kann, scheint er mit der Fähigkeit zusammenzuhängen, in welchem Grad mein Embryonisches Atom Nirvanischen Bewusstseins darauf einzugehen vermag. Ich scheine in mir diese embryonalen Gegenstücke, die mit den äußeren Zuständen korrespondieren, wahrzunehmen, indem ich Zustände durchmache, die ich vorgeburtliche Entwicklung nennen muss. Die Geburt zum Bewusstsein vollzieht sich gleichzeitig mit einer Erweiterung des Bewusstseins, die eigentlich die wahre Einweihung ist. Man unterscheidet eine Periode des Unbewusstseins des Schlafes. Weiterhin eine Periode der Aufstörung, der Ruhelosigkeit, des Aufdämmerns des Bewusstseins. Dann eine Periode des Wachwerdens, noch nicht gänzliches Erwachens, aber immerhin die Fähigkeit, zeitweilig mit entsprechenden äußeren Zuständen mitzuschwingen. Schließlich folgt das eigentliche Erwachen, wenn das embryonische Atom nicht mehr bloß ein Kern, ein Embryo, sondern ein Vehikel, ein Körper ist. Die Sonne scheint und nimmt in sich eine Welt, ein Universum auf. Das ist Einweihung.

Vermutlich wird die Lebensregung innerhalb des Nirvana-Atoms bei der vierten der Großen Einweihungen infolge von Buddhischen und andern Anstößen durch einen großen Akt der Vereinigung seitens des Einen Initiators oder Seines Vertreters wunderbar belebt. Eine große Ausdehnung findet statt. Das Vehikel formt sich, mit dessen Hilfe der Eintritt in das jetzt zu erobernde Reich gewonnen wird. Zum ersten Mal beziehe ich ein Nirvanisches Vehikel — insofern der Ausdruck „Vehikel" gestattet ist, — mit der Aufgabe, die Sinne dieses neuen Kraftvermögens zu entwickeln, dem kleinen Kinde gleich, das lernen muss, seine Sinne in der physischen Welt zu benützen.

Licht ist natürlich die erste Entdeckung, denn der allererste überwältigende Eindruck bezieht sich auf das Licht. Ich sprach vom „stillstehenden" Blitzstrahl. Der Eintritt in die Nirvana-Welt gleicht tatsächlich dem in einen Blitz: blendend, durchdringend, durchtränkend. Als tauche man in ein Meer von schwingenden Blitzen. Man kann nicht versinken, doch muss man schwimmen lernen. Versinken ist aus dem Grund unmöglich, weil einen das innere Licht trägt. Ohne die Befugnis dieses erweckten inneren Lichts lässt sich der Eintritt in diese Welt nicht vorstellen. Selbst wenn man nämlich zu ihr gelangen könnte, wäre — meiner Erfahrung nach — das einzige Ergebnis: Vernichtung. Dieses beweist mir die verhältnismäßig unwiderstehliche Gewalt dieses Blitzlichtes. Ich war bemüht, seine wunderbare Schönheit zu beschreiben. Nun könnte ich versuchen, seine schreckliche Gewalt zu schildern. Die Wissenschaft spricht von der gewaltigen Kraft im Atom, von den unabsehbaren Folgen, die entstünden, wenn man diese Kraft freisetzen könnte. Gott dämpft das Licht, damit wir nicht vernichtet werden. Nur wenn Selbstbeherrschung wächst und man den Pfad der Läuterung mit immer rascheren und festeren Schritten vorwärtsschreitet, werden die Möglichkeiten in uns befreit. Das innere Negative vereinigt sich mit dem äußeren Positiven. An dieser Stelle habe ich seither wahrgenommen, dass dieser Auferstehung im stillstehenden Blitz noch die Kreuzigungsvigilie voranging. Es sind daher Kreuzigung und Auferstehung die voneinander abhängigen Bestandteile der Epoche der vierten der Großen Einweihungen. Wobei die Auferstehung ohne Kreuzigung unverlässlich ist. Und bestehen nicht tatsächlich für diesen Zweck auf jeder Lebensstufe diese Zwillinge Kreuzigung und Auferstehung? Sind ihnen nicht zahllose Kreuzigungen, zahllose Auferstehungen bekannt? Einige groß, einige klein, einige gewaltig, einige unbedeutend? Durchziehen nicht Kreuzigungen und Auferstehungen das Leben jedes Naturreichs? Und sind sie nicht Herolde der erhabensten Kreuzigung und Auferstehung im Menschenreich, verbildlicht durch diese vierte Stufe am Pfade der Heiligung, auf welcher die Kreuzigung der Selbstsucht stattfindet, die völlige Unterordnung des Niederen, die Darbringung alles dessen, was man ist, im Dienste alles Lebenden und die daraus folgende Auferstehung in Macht? Macht, deren man sich jetzt bemächtigen darf, weil sie nur zur Verherrlichung Gottes und im Dienste Seiner Welten gebraucht wird. Ich blicke auf jene, welche Auferstehung erlangten und nehme die rechtfertigenden Kreuzigungen wahr. Kreuzigungen, nichts desto weniger wahr und wirkungsvoll, obwohl einige, die durch sie gingen, sich keiner Leiden bewusst wurden. Ich würde es zu verneinen wagen, dass Leiden eine unvermeidliche Begleiterscheinung der Kreuzigung, ja sogar der letzten Kreuzigung im Menschenreich sind. Oft sind sie gegenwärtig, doch müssen sie es nicht sein. Nicht Leiden ist es, das unentbehrlich ist, sondern opfern, nichts zurückbehalten.

Die im Lauf der Zeremonie der vierten der Großen Einweihungen erweckte Fähigkeit, auf Nirvanisches Bewusstsein zu reagieren, eröffnet mir — so finde ich — dieses neue Reich. Indem ich den tatsächlichen Vorgang des Eintretens in Nirvana richtig beschreibe, kann ich nur andeuten, dass es sich um das Hervorbringen oder eher Verstärken von gewissen Schwingungsmöglichkeiten handelt. Alles Andere, was mit diesen Schwingungen nicht übereinstimmt, fällt hinweg oder rückt zumindest aus der unmittelbaren Schaubildlinie. Obwohl die anderen Schwingungen, die wir niedere Körper nennen können, sich in eine Art von Körper-Formeln zurückziehen, insofern sie überhaupt körperlich bleiben? Ob sie wohl für die Zeit so gut wie alles andere Leben verlieren, ausgenommen das Elementalleben? Ich beginne gemäß der Schwingungsrate Nirvanas zu schwingen und befinde mich im Nirvanischen Bewusstsein. Ich lasse den Nirvanischen Klang ertönen, den ich das erste Mal während der Einweihung deutlich hörte — obwohl ich vorher hin und wieder ein Echo davon zu vernehmen imstande war — und die Pforten öffnen sich meinem Ruf.

Ich werde mir alsbald bewusst, dass es durchaus nicht nötig ist physisch zu schlafen, um mit diesem Bewusstsein in Berührung zu kommen. Man kann es in vollem Wachbewusstsein erreichen. Ich bemühe mich jetzt, dieses zu erlernen. Während ich diesen weiteren Schritt prüfe, scheine ich das physische Gehirn in einer neuen Art oder mit Hilfe neuer Gehirnkanäle zu benützen. Ein Teil des Vorgangs besteht darin, dass, soweit die niederen Ebenen in Betracht kommen, ich aus ihrem Brennpunkt oder Gesichtsfeld trete. Dies vollzieht sich gleichsam blitzartig. [1])

---

1) Mit zunehmender Erfahrung ist selbst diese Stufe, wo man aus dem Gesichtsfeld tritt, kaum bemerkbar. Die einzig in Betracht kommende Analogie ist die der Qualle, die durch Öffnen und Schließen ihres Körpers aus- und einatmet, sich aus-

Ich bin in dieser neuen Welt wie ein Kind, und deshalb fällt es mir schwer, auch gleichzeitig das Wachbewusstsein festzuhalten. Ich empfinde die Neigung, einzuschlafen, meinen physischen Körper zu verlassen. Als seltsame Folge davon scheine ich mit meinem ganzen Selbst, nicht nur mit einem der Organe zu „sehen". (Der Ausdruck „sehen" ist durchaus nicht passend). Es ist eher Berührung als Wahrnehmung, eher Einstellung als Schauen.[1])

Ich bemerke, Nirvana-Bewusstsein ist kein gesondertes Bewusstsein. Es ist im allerhöchsten Grade eins mit der Welt, in der wir leben. Es ist alles durchdringend, und in seinem Licht erhalten die Dinge, was Wirklichkeit anbelangt, eine wunderbare Neu-Einstellung. Eine ähnliche Neu-Einstellung vollzog sich in geringerem Grad auch auf niederen Stufen. Ich erkenne die großen Bewusstseinserweiterungen, die die Trennungslinie zwischen den Naturreichen bilden, als ähnliche Neu-Einstellungen zur Wirklichkeit. Nichts ist in der Welt vorhanden, das dem Nirvana-Licht nicht zugänglich wäre. Darin gewahrt man die Dinge weitaus mehr als das, was sie sind, denn als das, was sie scheinen. Das Licht Nirvanas ist eine große Stimmgabel. Äußere Gegenstände, menschliche und nicht menschliche, schwingen mehr oder weniger im Einklang. Deshalb ist es für jemanden, der den Ton Nirvanas vernommen hat, bei weitem eher möglich, die Beziehungen zwischen den Dingen der äußeren Welten und der nirvanischen Wirklichkeit abzuschätzen. Entweder erklingen sie wahr oder nicht wahr, weniger wirklich oder wirklicher. In jedem Fall herrscht eine ununterbrochene Verbindung zwischen allen Be-

---

dehnt und zusammenzieht. Dieses scheint bei Anwendung von Nirvana-Bewusstsein stattzufinden. Äußeren Dingen gegenüber dehnt sich das Bewusstsein aus, indem es alle Teile berührt und sie durchdringt. Auf diese Weise gelangt man zur Erfahrung des Einheitsbewusstseins. Die Frage ist, ob mir der Leser folgen kann, wenn ich das Entfalten meines Bewusstseins beschreibe und auf welche Weise es mit äußeren Dingen in Berührung gelangt? Dieser Vorgang kann und muss auf allen Bewusstseinsebenen stattfinden, so dass das Bewusstsein mit den Dingen auf Buddhische, Nirvanische oder noch höhere Art und Weise in Fühlung tritt.

1) Diese Methode besteht auf allen Ebenen mit Ausnahme der physischen. Selbst im Astral-Bewusstsein verhält es sich so, wird nur bei jedem Aufstieg bemerkbarer. Auf diesen erhabenen Ebenen lernt man jeden Gegenstand, jedes Wesen, sowohl von Innen als auch von Außen sehen, als Teil von sich selbst erkennen, oder besser als Teil des Großen Selbst, in das man nun eingegangen ist. Dieses beschreibt unser Verfasser im nächsten Abschnitt.   C. W. L.

wusstseinsebenen. Unten befindet sich ein Widerschein, ein Schatten des Oberen. Verzerrungen sind unverkennbar, weil das Niedere noch nicht gelernt hat innerhalb seiner Fähigkeiten vollkommen zurückzustrahlen. Mit zunehmender Dichtigkeit kommt zunehmende Begrenzung, doch muss diese sich aber allmählich auf jeder Ebene eher dem Mindestmaß als dem Höchstmaß ihrer Dichtigkeit, mit der die Begrenzung begann, anpassen.

Dieses führt mich zu einem Punkt, der mir äußerst wichtig scheint. Ich erkenne, dass die Lehre der Transsubstantiation nicht bloß in Verbindung mit der Zeremonie des Heiligen Abendmahls wahr ist, sondern zu den großen Naturgesetzen gehört, einen der großen Evolutionsvorgänge bildet. Ich erkenne, dass jedes Wachstum in großem Maß ein Vorgang von Transsubstantiation ist. Nicht unbedingt ein Aufgeben des Niederen, sondern eher das gesteigerte Eintreten des Wirklicheren anstelle des weniger Wirklichen, als innere oder äußere bewegende Kraft. Oder soll ich es eine zunehmende Enthüllung der Substanz, des Wesens, als des Lebens aller schattenhaften Formen nennen? Nehme ich Nirvana-Bewusstsein als Beispiel, so scheint es mir, als hätte in meinem eigenen Wesen ein Vorgang von Transsubstantiation stattgefunden. Ich lebe noch in der äußeren Welt und wickle den Gang der Geschäfte des täglichen Lebens ab. Ich denke, fühle, handle und spreche. Ich gebrauche die Sinne meiner verschiedenen Körper. Dem Äußern nach bin ich durchaus nicht verändert. Man kann mich wie ehedem als George Arundale erkennen. Der oberflächliche Beobachter wird überhaupt keine Veränderung entdecken. Dennoch hat eine Transsubstantiation stattgefunden. Der alte Hintergrund hat einem neuen Hintergrund Platz gemacht. Eine größere Wirklichkeit ist als beseelende Kraft meines Wesens anstelle der geringeren Wirklichkeit getreten.

Beim Brot und Wein des Heiligen Abendmahls findet keine sichtbare Umwandlung der äußeren Form statt. Doch bewirkt in Beiden die Weihe das Einsetzen des Christusprinzips für die niedrigeren Prinzipien, die normalerweise diesen Substanzen eigen sind. Eine wunderbare Wirklichkeit trat an Stelle einer verhältnismäßig unbedeutenden Wirklichkeit. Die Einheit alles Lebens macht dieses möglich, ja sogar unvermeidlich. Das ganze Leben ist ein Vorgang allmählicher Transsubstantiation, und im

Heiligen Abendmahl wird uns diese wesentliche Tatsache in auffallender Weise in Erinnerung gebracht. Leider begreifen wir es im Allgemeinen nicht, dass die Zeremonie des Abendmahls ein Abriss der ganzen großen Zeremonie des Lebens ist. Das Leben stellt einen beständigen Prozess von Ersetzen und Umwandlung dar. Dieser Vorgang zeigt sich besonders klar auf jeder großen Stufe auf dem Pfad der Heiligkeit. Die Erweiterung des Bewusstseins, die bei jeder großen Einweihung stattfindet, ist nichts anderes als eine Transsubstantiation. Dasselbe gilt auch für alle geringeren Erweiterungen des Bewusstseins. In jedem Fall muss jedoch die vorhergehende Umwandlung erfolgen, ehe eine tiefere stattfinden kann. Die eine geht in die andere über so wie das Niedere mit all seinen potentiellen Möglichkeiten ins Höhere übergeht.

Ich beobachte in mir zahlreiche interessante Folgen von Transsubstantiation, die mit dem Erwachen Nirvanischen Bewusstseins verbunden sind. Ich bemerke zum Beispiel eine große Klärung dunkler Punkte. Viele Probleme des Lebens hören auf Probleme zu sein. Ihre Lösung liegt klar auf der Hand. Vieles, was ich tue, tue ich anders oder mit anderer Absicht. Das ganze tägliche Leben wird oder sollte wenigstens eine Opfergabe an das neu erkannte Höhere werden. Das tägliche Leben muss sich von den niederen Göttern abwenden, weil es neue, größere Götter gesehen hat. Ich habe auf verschiedenen Stufen meines Daseins entsprechend dem einen oder anderen Maßstab gelebt. Vielleicht habe ich meinem niederen Selbst oder den Menschen, einem Gesetz oder einem Glaubensbekenntnis gelebt. Von nun an muss ich für etwas leben, das jenseits von all diesem liegt. Wohl mag ich während all dieser Zeit für den Herrn gelebt haben, wenngleich natürlich zögernd und schwach. Nun aber muss ich für Ihn weniger zögernd und weniger schwach leben, denn Er geruhte mit mir in engere Verbindung zu treten und zwar durch einen wirklichen Vorgang der Transsubstantiation, was so viel heißen will als ein Vorgang der Selbstverwirklichung.

IV. KAPITEL.

EINE MEDITATION IN
DEN HIMALAYAS.

„ . . .   Nordwärts ragt empor
In fleckenlosem Weiß Himâlas Wall,
Vom Blau des Himmels scharf abzeichnend sich,
Weglos und ohne Grenzen, wunderbar;
Sein weites Hochgebiet, sein luftig Reich
Von Kamm und Klippe, Stein und Felsenbank,
Von grünem Hang und eilig starrem Grat,
Von jähem Abgrund und zerspaltner Schlucht
Ließ den Gedanken steigen hoch empor,
Und immer höher, bis er glaubt zu stehn
Im Himmel droben, und mit Göttern Red'
Und Wort zu tauschen. Dunkler Wälder Pracht
War unterhalb der schneebedeckten Höhn
Gebreitet und von niederdonnernd wild
Bewegten Katarakten eingefasst, —
Wie Schleier zogen Wolken drüber hin.
Noch tiefer grünten Roseneichen und
Ein Hain hochstämm'ger Fichten, wo der Schrei
Des Panthers und das Locken des Fasans
Im Echo widerhallte, im Gestein
Der wilden Schafe Fußtritt, und der Ruf
Des Aars, der droben seine Kreise zieht.
Doch unten lag die Ebn' in lichtem Glanz
Wie zum Gebet ein Teppich an dem Fuß
Des heiligsten Altars   . . .

                    Edwin Arnold. „Die Leuchte Asiens"
                    Verdeutscht von Konrad Wernicke.

Die Klärung der dunklen Punkte, von der ich vorher sprach,
findet wertvollen Ausdruck, indem sie jene Schatten meiner Na-

tur hervorhebt, die noch dem Licht weichen müssen. Ich vermeine, mich zu kennen wie nie zuvor, und während ich über meine Unwissenheit entsetzt bin, wächst mein Durst nach Wissen, oder eher nach Wahrheit mit zunehmender Heftigkeit. Wäre das nicht der Fall, so würde ich wohl verzagen, denn mein Wissen ist im Verhältnis so gering wie das im Vergleich zur mächtigen Erde kleinste Staubkorn. Wie wenig wirkliches Wissen besitze ich! Es ist durchaus keine Übertreibung, wenn ich sage, dass ich gar nichts weiß. Im bellen Fall besitze ich einige dürftige Hypothesen, von denen einige, so hoffe ich, auf jene Wirklichkeit aufgebaut sind, die das Wesen meines Daseins ist. Wie vieles gibt es jedoch noch zu erforschen und wie herrlich ist das Forschen an sich. Man hat das Gefühl eines begeisterten Edelsteinsammlers, der sich schon an der Suche ergötzt und triumphiert, wenn er einen Fund getan. Niemals befriedigt, aber stets voll Hoffnung und obwohl beständig unbefriedigt, so doch restlos zufrieden, da man mit dem vorhandenen Besitz vollauf zu tun hat. Auch hat man vor dem Sammler das Eine voraus, dass es weder innerhalb, noch außerhalb der Welt etwas gibt, das nicht des Sammelns wert wäre. Alle Dinge sind der Erfahrung wert. Nichts ist vorhanden, das nicht eine wertvolle Lehre enthalten würde. Die äußeren Lebensumstände sind deshalb von geringer Wichtigkeit; es kommt nur darauf an, die Kraft zu haben, den unser Wachstum bedingenden Lebensnektar, das aqua vitae, aus ihnen zu ziehen.

Hier bemerke ich abermals den scharfen Unterschied zwischen der Eigenart des Buddhischen Bewusstseins und des Nirvanischen Bewusstseins. Jenes stellt die Einheit fest, während dieses sie auslegt. Buddhi betont die Einheit, sie weist überall darauf hin, enthüllt den Einheitsfaden, der durch alles läuft und entschleiert auf diese Weise die Wahrheit. In Nirvana beginnen wir uns mit den Elementen, aus denen diese Einheit, diese Wahrheit besteht, zu vereinigen; Buddhi enthüllt den Plan; in Nirvana fangen wir an, der Plan zu sein. Dieses ist eine sehr einseitige Darstellung der Tatsachen. Sie mag indessen als beiläufige erste Andeutung über die allgemeine Unterschiedsrichtung dienen. Das Bewusstsein der Wahrheits-Einheit wird durch Buddhi allmählich gefestigt.

Der Everest

In Nirvana wird dieses Bewusstsein intensiver, und es beginnt ein Prozess, der seine Grundelemente auf eine transzendentalere Ursache zurückführt. Von den unteren Ebenen aus gesehen, mag Buddhi wohl als letzte Ursache erscheinen. Sobald wir aber auf dem Gipfel von Buddhi stehen, erblicken wir noch höhere Bergesspitzen. Wir erkennen mit wachsender Ehrfurcht und Bewunderung die zunehmende Unermesslichkeit des Höhenzuges manifestierten Lebens, in der die erhabene Bergesspitze Buddhis bloß ein kleinerer Gipfel ist. Wenn wir uns oben auf buddhischer Höhe befinden, können wir sein Wesen und seine Beziehungen zum ganzen Höhenzug nicht völlig erkennen, obwohl wir von ihr aus auf die untere Welt herabblicken und die der Landschaft unterliegenden großen Einheiten erkennen können. Früher, als wir noch darinnen wohnten, haben wir nämlich dort nur Schranken und Verschiedenheiten vermutet.

Durch Betrachtung des großen Himalayagebirges, des Bergmassivs der physischen Ebene, das die Innen- von der Außenwelt, das Wesen vom Schatten trennt, habe ich diesbezüglich viel gelernt. Ich saß in Meditation versunken, inmitten dieses gewaltigen irdischen Schattenbildes der spirituellen Landschaft des offenbarten Logos. Ich vertiefte mich in die erhabene Größe des Mikrokosmos der Pflanzenwelt, der Blumen, Bäume und Felsen, und des aufsteigenden Makrokosmos der Hügel, Gipfel, Berge und Bergketten bis zum vollkommenen Gebirge des Gaurisankar selbst. [1]) Diese mächtigen Himalayagebirge sind ein lebendiger Zeuge, ein lebender Wiederschein des großen Pfades der Heiligkeit, mit seinen herrlichen Buddhi- und Nirvana-Spitzen, und — soviel ich weiß — noch mächtigeren Erhebungen. Hauptsächlich in den Himalayas und in geringerem Maß auch auf anderen Gebirgen, lässt sich die innere Stimme der Stille in ihrer Majestät und Kraft vernehmen, die nur den Ohren erklingt, die das unaussprechliche Wort vernehmen können, das die Pforten zwischen Unwirklichem und Wirklichem öffnet. Auf diese Weise meditie-

---

1) Man hielt eine Zeitlang „Gaurisankar" für den landläufigen Namen des Mount Everest. Sorgfältige Forschungen jedoch bewiesen dieses als irrtümlich. Der Everest ist Spitze XV der Generalstabskarte, während der Gaurisankar Spitze XX ist. Manche sind der Ansicht, dass Gaurisankar, was Parvati und Shiva bedeutet, ein Name sei, der manchmal der ganzen Berggruppe gegeben wurde. Die Tibetaner nennen den Everest „Die weiße Frau der Gletscher."

rend, empfinde ich, wie wahr es ist, dass sich (amtliche Ebenen durchdringen. Nirgends ist Buddhi oder Nirvana dem Menschen näher, als in diesem physischen Buddhi und Nirvana der Himalayas. Für einen Menschen, in dem diese höheren Bewusstseinsgrade zu erwachen beginnen, ist es ein wundervolles Erlebnis, diese physischen Gegenbilder, in Erdenform gemeißelt, zu besuchen. Meine Erfahrungen erfolgten außerhalb des physischen Körpers, doch scheine ich durch sie zeitweise in eine wahrhaftige Kreuzform verwandelt zu sein, wohl noch unbedeutend, schwach und verzerrt, aber doch immerhin eine erkennbare Gestaltung von manifestierter Liebe. Ich erkenne, dass Buddhi hier auf Erden ein Widerschein der ewigen, allesdurchdringenden Stille ist, während in Nirvana unsere Ohren der Stimme der Stille geöffnet werden. Hier erhaschen wir einen Laut ihrer Sprache. In einer weit entfernten Zukunft wird es möglich sein, ein Wort der Macht zu vernehmen, später vielleicht einen Satz und eines Tages die mächtige Sprache der Götter!

Dies Bild des Himalayagebirges und seiner Beziehung zu diesen höheren Reichen des Bewusstseins, nimmt meinen Geist stark gefangen. Vermutlich nicht deshalb, weil sie eine wunderbare physische Widerspiegelung der gewaltigen inneren Regionen zu sein scheinen, sondern aus einem anderen, schwer fasslichen Grund. Wenngleich ich fühle, dass ich in der dunklen Erinnerung an die erhabenen Wunder des Kailasa-Gipfels den Schlüssel dazu besitze. Ich vermag mich selbst auf jenen Gipfeln zu sehen — ohne im Augenblick zu erkennen, in welchem Körper ich mich befinde. — Ich kann die geheimnisvolle, ehrfurchtgebietende, unbarmherzige Stille empfinden, die durchdringende Kälte, die äußerste Ferne, die wunderbaren Möglichkeiten der Manifestation, die unaussprechlichen Schattierungen der Ruhe und des Friedens. Ich fühle die Stille und den Frieden des Winters, Frühlings, Sommers und Herbstes, — jeden in seiner verschiedenen Schönheit und Verheißung, von der leisesten Unruhe bis zum wildesten, rasendsten, vernichtenden, verheerenden Sturm. Die Luft ist erfüllt von latenter Kraft, und ich stehe in ehrfürchtiger Scheu, in Demut verehrend, und doch mit meiner mir offenbarten innewohnenden Erhabenheit. Hier auf den Gipfeln scheint reine Potentialität vorzuherrschen, deren Spannung durch zeitweise Manifestationen von Friede und Sturm unterbrochen wird. Nicht, was ich sehe und empfinde, erfüllt mich mit Ehrfurcht, sondern das, was jenseits alles Schauens und Empfindens liegt, was der Logos selbst noch mit Gewalt zurückhält, jene unwiderstehliche Potentialität, die weit wunderbarer ist, als deren Ausdrucksformen.

Ich empfinde, wie ich in dieses gewaltige Bergbewusstsein untertauche, und mich überkommt ein nahezu erschreckendes Gefühl der Allmacht, das mich sozusagen überwältigt. Es würde mich auch tatsächlich überwältigen, wenn ich nicht plötzlich begriffe, warum ich dieser Erfahrung teilhaftig wurde. Ich begreife, dass mir der Gedanke der Entwicklung im Triumph ihrer wunderbaren Unvermeidlichkeit klar werden soll. In die Wirbel dieser erhabenen Glorie emporgerissen, erkenne ich sofort, dass höchste Freiheit das Erreichen des Unerreichbaren bedeutet, das Freiwerden, um sogar Wunder zu vollbringen. Wie aber ist das Unerreichbare erreichbar? Darin liegt doch sicherlich ein Widerspruch. Nicht doch, denn das Unerreichbare ist nur in der Zeit unerreichbar. Uns verbleibt die Ewigkeit, in der alle Dinge möglich sind. — Die Menschheit muss vom Gefühl der Beschränkung durchdrungen sein, sonst würde die Zeit ihren Lehrzweck nicht erfüllen. Wahnsinn ist die Folge, wenn Menschen sich von den Beschränkungen befreien wollen, deren wahre Bedeutung sie noch nicht begriffen haben. Ihr Wachstum liegt innerhalb dieser Beschränkungen. Dennoch gibt es ein höheres Wachstum, das all dieses übersteigt, ein Wachstum, das alle Menschen erreichen können, die gelernt haben, ihren kleineren Willen mit dem Willen Gottes zu vereinen. Das sind Wanderer, die in ihre wahre Heimat zurückkehren, nachdem sie die Lehren erkannten, die in der Flüchtigkeit zahlloser illusorischer Heimstätten liegen. Sie erreichen auf diese Weise eine Freiheit, die kraft ihrer Wesens-Allmacht sie befähigt, alle Beschränkungen zu überschreiten, denn wer könnte Gott etwa gebieten und lagen: „Du sollst nicht"? Sind wir nicht alle werdende Götter? Aber nur, wenn wir gelernt haben, dasselbe zu wollen, was Gott will, kann diese erhabene Apotheose der Freiheit in unsere Hände gelegt werden. Selbst in der äußeren Welt gibt es Dinge, die einigen Menschen erreichbar, anderen unerreichbar sind. Dasselbe gilt für alle Stufen der Entwicklung. Auf dem blendenden Gipfel des Everest jedoch erkenne ich, dass selbst das herrlichste Bild, das ich mit dem höchsten Aspekt meines Wesens erfassen kann, von dem ich weiß, dass es mir für nahezu unendlich lange Zeit noch unerreichbar ist, nur ein Schatten eines noch herrlicheren Schattens ist, hinter dem sich Herrlichkeit auf Herrlichkeit türmt. Ich machte diesen Bergriesen meinen Besuch, um eine Möglichkeit zu haben, die sonst unbeschreibbaren Wunder nirvanischen Bewusstseins vermittels eines physischen Bildnisses zu veranschaulichen. Ich musste die Erinnerung daran so klar als möglich meinem Wachbewusstsein einprägen, damit ich weiser würde im Dienste der Großen Wesenheiten. Ich benötige für meine jetzige und künftige Arbeit ein stets gegenwärtiges Gefühl von Nirvana, um aneifern, stärken und führen zu können. Das Eindringen nirvanischen Bewusstseins war für mich nötig, um in der Welt zu leben und trotzdem von ihren Fesseln frei zu bleiben, Fesseln, die ich anfangen sollte für immer abzuwerfen. Dieses ist eine notwendige Stufe der Vorbereitung für die letzte große Reise im Menschenreich, den Aufstieg zur Adeptschaft. Ein langer, einsamer, aber herrlicher Weg. Die Kraft Nirvanas wurde mir in die Hand gelegt, damit ich Kraft, Mut und Weisheit haben möge, meinen Weg zu diesem letzten Ziel des Menschen zu finden. Ich erkenne klar, dass ich diese alle brauchen werde, denn fast erschrecke ich beim Gedanken an das, was zu tun übrig bleibt. Nach dieser Erfahrung jedoch weiß ich, dass ich ans Ziel gelangen werde, wie unerreichbar es mir auch erscheint. Die Berge des Himalayas sind ja lebendige Zeugen für die Gewissheit der Herrlichkeit, die alles Lebende erwartet.

Ich bemerke, dass eine der Hauptlehren, die diese Erfahrung enthält, im auffallenden Gegensatz zwischen Wirklichem und Unwirklichem liegt, der erst durch sie so recht in Erscheinung tritt. Auf dem Gipfel des Everest badete ich in der Wirklichkeit. Das Bestreben, diese Wirklichkeit in ihnen festzuhalten, wirkt auf die niederen Körper nahezu vernichtend. Kaum vermag ich es unmittelbar nach meiner Erfahrung zu wiederholen, wenngleich ich später wohl imstande sein werde, den Geist der Himalayas in mein tägliches Leben zu übertragen. Ich erkenne klar, wie unendlich wahr es ist, dass man Gott und Mammon zugleich nicht dienen kann. Unter Mammon verstehe ich in diesem Fall alles, was zu den niederen Welten gehört, dem ich schon entwachsen sein sollte. Wenn sowohl der physische Körper, als auch die anderen Körper diese höheren Dinge festhalten sollen, wenn zwischen dem Höchsten und Tiefsten eine ununterbrochene Verbindung bestehen soll, dann muss man dafür sorgen, dass diese Leitungen nicht durch irgendeinen Plunder gehemmt werden. Selbst wenn die angehäuften Dinge an sich nicht schlecht sind, sollen sie den wertvollen Raum nicht einnehmen, der für die größeren Wirklichkeiten nötig ist. Ich muss die Kleider fortwerfen, die ich nicht mehr brauchen kann. Ich sehe, dass ich die Dinge umwerten, Arbeiten verrichten muss, die ich bisher noch nicht getan habe, und dass ich andererseits gewisse Dinge unterlassen muss, die ich ganz natürlich, normal und bisher auch richtig getan habe.

Aber diese große Erfahrung der Himalayagebirge dient nicht allein dem Zweck, mich durch ein physisches Beispiel zu befähigen, die Erinnerung an Nirvana mit größerer Genauigkeit dem Wachbewusstsein einzuprägen. Sie ist ein integrierender Bestandteil der eigentlichen Entfaltung des Nirvanischen Bewusstseins. Die Mysterien, Einweihungen und Bewusstseinserweiterungen sind immer mit „Bergen" in Verbindung. [1]) Gewisse Teile des Himalayagebirges, geheiligt durch Überlieferung und den Zusammenhang mit mächtigen Wesen, die Gegenstand tiefer Verehrung sind, zu denen Wallfahrten unternommen werden, besitzen als Wohnstätte hoch-spiritueller Wesen gewisse magnetische Eigenschaften. Dadurch eignen sie sich besonders als Orte zu dienen, wo Yoga verschiedener Art ausgeübt werden kann. Die Himalayas spielten sowohl in der inneren, als auch äußeren Geschichte Indiens und sogar in der ganzen Welt, eine bedeutende Rolle. Diese uralten Behüter der sich entfaltenden Welt, diese

---

1) „Und nach sechs Tagen nahm Jesus zu sich Petrus und Jakobus und Johannes, seinen Bruder und führte sie beiseite auf einen hohen Berg. — Und er ward verklärt vor ihnen, und sein Angesicht leuchtete wie die Sonnen und seine Kleider wurden weiß als ein Licht." Matth. XVII. V. 1, 2.

„Und er ging hinaus nach seiner Gewohnheit an den Ölberg und betete . . . Luc. XXII. V. 39. —41.

„Und er ging auf einen Berg und rief zu sich, welche er wollte, und die gingen hin zu ihm. — Und er ordnete die Zwölf, dass sie bei ihm sein sollten und dass er sie aussendet zu predigen." Marc. III. V. 13,14.

Monumente physischer Größe werden diese Rolle auch weiter spielen. Ihre physische Großartigkeit bildet für eine erwachende Seele eine edle Umrahmung. Mich dünkt, als ob in solchen Regionen Kräfte zur Hand sind, die man zur Entwicklung des sich neu entfaltenden Bewusstseins heranziehen kann. Die Regionen des Himalayas sind das reinste physische Abbild jener inneren Großartigkeiten, die sich in so vielen anderen Regionen nur in grober Verzerrung widerspiegeln können. Überall herrscht Wechselwirkung. In dieser Umgebung ausgeführte Experimente, gleichviel auf welcher Ebene, sind umso ergiebiger, da die Herrlichkeit der Himalayas sie umspielt.

Diese mächtigen Urtypen haben fast in jedem Land der Welt ihre bescheideneren Gegenstücke, wo sich das Tasten der Seele in kleinerem Maße abspielen kann. Die kleineren Einheiten können sehr wohl in den kleineren Bergketten empfunden werden und in solchen heiligen Friedensstätten im Tal oder auf dem Berge, die von den beschmutzenden Missbräuchen der Menschen noch unberührt sind. Noch ist es möglich, selbst in der Nähe von kleineren und größeren Städten, Einweihungen in erweiterte Bewusstseinszustände zu erleben. Wo Hügel und Berge sind, können einige der tieferen Mysterien des Lebens erforscht werden. Aber die Himalayas sind vielleicht für die größeren Verklärungen, die größeren Kreuzigungen, die größeren Auferstehungen und möglicherweise auch für die größeren Himmelfahrten vorbehalten.

Doch zurück von diesen Herrlichkeiten, zu dem Punkt, von dem ich abschweifen musste, — zurück zur Klarstellung meiner individuellen Natur. Wie nie zuvor, erkenne ich die Grunderfordernisse, die für den Weg notwendig sind, den ich in meiner Eigenschaft als Auserwählter für den Pfad des Stabes zu wandern habe. [1])

Weniger klar, aber dennoch deutlich, erkenne ich die Grunderfordernisse für andere Pfade. Es ist, als wäre bei dieser vierten großen Stufe eine wunderbare Auswahl von Pfaden vor mir ausgebreitet. Ehe ich nicht alle Pfade gesehen, darf ich auf keinem besonderen vorwärtsschreiten. Wie in einer Bildergalerie werde ich von einem Großen auf allen Pfaden der Reihe nach entlang

---

1) Siehe Anhang D.

geführt. Ich sehe ihre Schönheiten und Herrlichkeiten, ihre Schwierigkeiten und Einsamkeiten. Ob ich wohl imstande bin, ihre verschiedenen Landschaften zu beschreiben?

Nun wähle! Ohne Zögern, ohne Zweifel, ohne Unsicherheit. Wurde nicht die Wahl schon als ich anfing zu sein, getroffen? Jawohl! Jedoch muss ich in diesem erhabenen Augenblick meinem Innern treu bleiben, sonst wird die bewusste Wahl noch eine Weile zurückstehen müssen. Und während ich, ohne zu irren, den für mich einzigen Weg erwähle, verblasst er für einen Augenblick und die Herrlichkeit des Zieles enthüllt sich meinen Augen. Ich erblicke mich selbst, wie ich einstens früher oder später sein werde. Ich sehe mich geboren, getauft, verklärt, gekreuzigt, auferstanden und aufwärts gefahren zum Himmel. Ich erkenne die Herrlichkeit des Dienstes beim Stab und empfinde unendliche Zufriedenheit, unendlichen Frieden. Endlose Zeitalter mögen verstreichen, ehe ich diese Herrlichkeit erreiche. Sie muss jedoch kommen und zweifellos liegen dahinter noch weitere Stufen der Herrlichkeit. Die wundervolle Pracht, die ich in meiner Erinnerung undeutlich wahrnehme, ist mehr als genug.

Mit der Zukunft, die sich in einem unvergesslichen Augenblick vor mir enthüllte, erkenne ich deutlich die Art der Ausrüstung für diese Reise. Zunächst Wunschlosigkeit, dann Unpersönlichkeit und drittens Wahrheit. Wer sich nach dem Dienst beim Stab sehnt, muss sich in erster Linie frei machen von jeder Fesselung. Und das ist eine der schwersten Grunderfordernisse. Ein Mitbruder des Stabes gehört zu keiner und doch zu jeder Arbeit: an keinen und doch an jeden Ort, keiner Person und doch allen Menschen. Er wünscht sich, was auszuführen er zu einer gegebenen Zeit beauftragt wurde. Im Hintergrund dieses Wunsches jedoch steht Wunschlosigkeit. Er widmet sich der Pflicht, doch keiner besonderen Pflicht. Eine anvertraute Arbeit erfüllt er mit größtem Eifer. Ist aber diese einmal beendet oder wird er abberufen, so kümmert er sich nicht länger darum. Niemals kann er von einer bestimmten Arbeit so gefangen genommen werden, dass sie ihn beherrschen würde. Er gehört keiner bestimmten Richtung an, ein „Hans in allen Gassen". Er ist ein königlicher Meldereiter, der in der Welt hin und her und auch aus ihr hinaus geschickt wird, wie es der Wille des Königs heischt. Niemals kann er sagen: „Dieses ist meine Arbeit". Er kann nur sagen: „Dieses ist gerade jetzt meine Arbeit". Er ist ein anpassungsfähiger Mensch, wenngleich vielleicht kein Fachmann. Er besitzt die chamäleonartige Eigenschaft sich seiner Umgebung anpassen zu können, gleichviel ob an Leute oder Orte, an Engel oder Menschen, an diese oder eine andere Welt. Das Universum ist seine Heimat. Er kennt keine andere. Inmitten seiner Welt der großen Wunschlosigkeit hat er dessen ungeachtet den festen Willen, die Pflicht des Augenblicks zu erfüllen. Auf diese Weise folgt ein Wunsch dem anderen in einem Leben äußerster Wunschlosigkeit.

Dann kommt Unpersönlichkeit. Die Arbeit, die er verrichtet, ist nicht seine Arbeit. Höchstwahrscheinlich ist es die Arbeit eines Anderen, den er dabei vertritt. Die besondere Arbeit des Stabes scheint Koordination zu sein. Fragt man mich, was mein Lebenswerk ist, antworte ich, dass ich es nicht weiß und mich auch nicht darum kümmere. Ich kann nur sagen, was meine gegenwärtige Arbeit ist. Das genügt mir. Andere Beamte sind vielleicht in der Lage zu antworten, dass sie für Rasse, Nation oder eine Welt arbeiten. Sie mögen für gewisse Zwecke bestimmt sein, doch die Mitglieder des Stabes scheinen eher Liebhaber-Beamte zu sein, die für allgemeines Zusammenwirken zu Dienst stehen und so arbeiten, in Bereitschaft für plötzlich auftretende Schwierigkeiten. Es ist von höchster Wichtigkeit, dass Mitglieder des Stabes sich ausgesprochen davor hüten, sich mit irgendeiner besonderen Pflichtausübung zu identifizieren. Sie müssen bereit sein, eine angefangene Arbeit im Augenblick fallen zu lassen, ohne das geringste Bedauern, denn ihre Pflicht erfordert bereitwillige Arbeitsunterbrechung ebenso sehr als Aufnahme neuer Arbeit. Das erfordert einen hohen Grad von Unpersönlichkeit, der vielleicht umso schwerer zu erlangen ist, weil wir solange Zeit daran gewöhnt waren, durch unsere Persönlichkeit zu wachsen. Unpersönlichkeit um jeden Preis: nicht kalte, sondern brennende Unpersönlichkeit.

Das nächste ist Wahrheit. Wahrheit auf allen Pfaden ist natürlich ebenso notwendig, wie die anderen beiden Grunderfordernisse, die ich erwähnte. Doch müssen Mitglieder des Stabes besonders geschult sein, um die Wahrheit in jeder Form sofort zu erkennen und ihr zu folgen. Sie haben mehr mit universeller

Wahrheit und weniger mit einer bestimmten Wahrheit zu tun. Sie müssen sich fest an das Wesen der Wahrheit halten, damit sie fähig werden, sie in jeder Form zum Ausdruck zu bringen und wahrzunehmen. Ich weiß, dieses scheint auf alle Departments anwendbar zu sein und ist es auch in gewissem Sinne. Dennoch steht der Stab in einem ganz bestimmten Verhältnis zur Wahrheit, das zu erklären ich hier bemüht bin.

Ich erkenne, dass diese drei Grunderfordernisse mit ihrer sehr wichtigen Folgeerscheinung der Anpassungsfähigkeit, von mir ständige Aufmerksamkeit erfordern. Ich muss sie mitleidslos in mir entfalten, um mich desto eher als für das Amt geeignet vorstellen zu können.

⸺‹❈❈›⸺

Die Vertiefung in diese Abstufungen der Himalayakette regt in mir das Gefühl an, als lebte ich im gewöhnlichen Alltag der Außenwelt in drei, voneinander klar getrennten Bewusstseins-Arten. Mir ist, als hätte ich auf drei Stufen oder drei Bewusstseins-Dimensionen gleichzeitig zu leben, verbunden mit einer vierten Dimension, außerhalb meiner gegenwärtigen Reichweite, die aber für Wahrnehmung, wenn auch nicht für Gefühl, zugängig ist. Die erste Gruppe ist die der Individualität, wo das Bewusstsein in der äußeren Welt vorhergeht. Sie entspricht den Ebenen des Himalayas. Die zweite Gruppe ist die der Einheit. Sie entspricht dem Bewusstsein jener, an deren Horizont die Sonne der Brüderlichkeit aufgeht. Diese entspricht den Bergrücken mittlerer Höhe. Die dritte Gruppe ist die der Universalität oder relativ reines Dasein. Sie gleicht dem Bewusstsein jener, an deren Horizont die Sonne der Einheit aufgeht. Es sind die gewaltigen Bergesgipfel. In der ersten Gruppe lebt und regt sich der Durchschnittsmensch und hat dort sein Dasein. Er wird durch einen Kausalkörper begrenzt und lebt meistens im niederen Mental- und Astralkörper. Er bemüht sich aus egoistischen Gründen Gutes zu tun. In der zweiten Gruppe haben wir das aufdämmernde Buddhi-Bewusstsein, den Beginn, auf der Buddhi-Ebene zu leben. Das Buddhigefühl stellt sich oftmals vor der ersten großen Einweihung ein, doch ist es, soweit ich wahrzunehmen imstande bin, nur nach diesem großen Schritt möglich, ständig darin zu verweilen. Vor dem ersten großen Schritt tritt der Buddhische Funke nur sporadisch auf. Nachher jedoch neigt der Funke dazu konstant zu bleiben und sich zu einem blendenden Licht zu erweitern. Auf dieser Stufe ist der Mensch eifrig um das Wohl Anderer bemüht. Er hört allmählich auf an seine eigene Reinheit zu denken, denn diese ist ein für alle Mal begründet oder kann sich selbst überlassen bleiben. Er kann nicht anders als im landläufigen Sinn „gut" sein. So sollte es wenigstens sein und müsste anstandsgemäß so sein. Zur Ehre der Menschen sei es gesagt, im Allgemeinen trifft es auch zu. Nur ist die Menschheit leider selbst auf dieser Stufe der Entwicklung noch schwach. „Die Großen können selbst an der Schwelle noch straucheln", heißt es, und wir besitzen traurige Beispiele von Rückfällen, deren Ursache Eigendünkel und Ehrgeiz war. In einigen derartigen Fällen erkennt der Abtrünnige seinen Fehler und beginnt in aller Demut mit seiner Ehrenrettung. Bei Anderen wieder verschiebt sich ihr Bemühen auf ein künftiges Leben. Der gefallene Eingeweihte muss jedoch, ungeachtet seiner schrecklichen Leiden und Zeitverluste, schließlich wieder zurückkehren. Auf dieser Stufe beschäftigt er sich vorwiegend mit der Wohlfahrt Anderer, um den Funken ihrer Göttlichkeit zu hellerer Flamme anzufachen. Der Mensch trachtet auf der ersten Stufe dem äußeren Gesetz nach zu leben. Er begnügt sich mit allgemeiner, besonderer oder individueller Offenbarung und richtet seine Lebensführung danach ein. Dieses nennt man gut sein. Selbst dort, wo Offenbarung nicht mehr befriedigt, und das Verlangen nach Wissen einsetzt, geschieht es weniger um zu dienen, als um Wissen zu erlangen. Auf der zweiten Stufe jedoch hat die Offenbarung endgültig aufgehört, den Menschen zu befriedigen. Das Verlangen nach Wahrheit und nach Erfahrungen erwacht, nicht so sehr um ihrer selbst willen, sondern der Kraft wegen, die sie zum Dienen gibt. Dieses ist meiner Ansicht nach mehr als Güte. Es ist die heraufdämmernde Einswerdung mit der Wirklichkeit zum Unterschied von Erkenntnis der Wirklichkeit, was die späteren Perioden der ersten Stufe kennzeichnet, ebenso wie strenge Anpassung an Althergebrachtes, ein Kennzeichen noch früherer Stadien ist. Auf der dritten Stufe, während Erfahrung ihren Fortgang nimmt, wächst man über sie hinaus. Es ist nicht mehr eine Frage von bloßer Erfahrung, sondern alles ist eine Sache von Sein, und das Dienen ist zur zweiten Natur geworden.

Ich weiß nicht, ob man mich überhaupt verstehen wird, wenn ich sage, dass zwischen Erfahrung und Sein ein feiner Unterschied besteht. Erfahrung bedarf einer Person und eines Gegenstandes. Das Sein ist die vereinigte Veredelung von beiden. Erfahrung kann die ganze Zeit über stattfinden, aber auch das Dasein (in Ermangelung eines besseren Wortes), sobald dem Menschen die eigentlichen Daseinsebenen offenstehen und er zum vollberechtigten Bürger dieser himmlischen Welten geworden ist. In gewissem Sinne ist, allerdings jede Erfahrung Dasein, und jedes Dasein Erfahrung. Doch gibt es einen Unterschied im Wesen und in Feinheit. Erfahrung ist Dasein auf einer niederen Ebene der Manifestation.

Doch zurück zu unseren drei Kategorien. Auf der ersten Stufe dient man dem kleinen Selbst in kurzsichtiger, unbeholfener Weise. Mit der Zeit wird das Dienen intelligenter, weitblickender und man erkennt, dass die Befriedigung der Bedürfnisse dieses kleineren Selbstes von der in Einklangbringung dieser mit den Bedürfnissen anderer kleinen „Selbste" abhängt. Sobald die zweite Stufe erreicht ist, scheint das Glück des kleineren Selbstes von der Fähigkeit, anderen zu dienen, abzuhängen. Die Opferfreudigkeit wird immer vollkommener. Auf der dritten Stufe steigert sich die Apotheose des Opfers zu einer wunderbaren Selbst-Verwirklichung, die zu der Zeit vollkommen erscheint, im Laufe der Zeit aber als noch weit entfernt von Vollkommenheit erkannt wird. Wird sie wohl jemals vollkommen werden? Es genüge, dass sie den Menschen befriedigt und aneifert. Einen vorübergehenden Punkt der Befriedigung zu erreichen, ist eine „pro tanto"-Vollendung und noch befriedigender als wirkliche Vollendung. Gibt sie doch den Vorgeschmack einer innewohnenden noch tieferen Befriedigung, einer noch wundervolleren, wenn auch vergänglichen Erfüllung. Eine Vollendung, die weiter führt, die sozusagen zum Punkt wird, der sich neuerdings ausdehnt und seinen Zweck erfüllend, zum mächtigen Umkreis wird. Selbst das hellste Licht ist nur der Schatten noch größerer Helligkeit.

Ich sagte, ich habe das Gefühl, ich müsse in allen drei Zuständen leben. Ich darf die eine Bewusstseinslage nicht verlieren, wenn ich in die nächstfolgende eingehe. Die erstere muss in die nächste übergehen. Mein Leben muss einem doppelten Zweck dienen, auf dass Einigkeit herrsche zwischen mir und jenen, die auf jener besonderen Stufe leben, und damit Gott in mir Seine eigene Göttlichkeit erfülle. Nichts darf verloren gehen, nichts verworfen werden. Nichts gibt es, was wir gänzlich ein für alle Mal abgetan hätten. Nichts gibt es, was nicht das Leben Gottes wäre. Ich muss diesen drei Stufen eingedenk bleiben und um des Dienstes willen in ihnen allen leben. Ich muss imstande sein, vollkommen zu verstehen. Mehr denn je zuvor muss ich mit allem, was da ist, eins sein. Nie wieder darf ich mich abgestoßen fühlen oder schockiert sein. Ich muss verstehen. Je mehr ich vom Plan weiß, desto mehr muss ich erkennen, wie alles in den Plan hineinpasst. Indem ich also beginne von der dritten Stufe aus zu leben, muss ich auf den anderen beiden durchaus lebendig sein, ohne durch sie gefesselt zu werden, sondern um anderen zu helfen, durch diese Stufen hindurch zu schreiten. Nicht um von seinen Mitmenschen abzurücken empfindet man die Wunder Nirvanischen Bewusstseins, sondern um Kräfte zu bekommen, um ihnen und allen anderen Naturreichen weiser und wirksamer zu dienen. Ich will auf der dritten Stufe länger verweilen. Es ist die Stufe, wo die Sonne des Daseins aufgeht. Ich habe Nirvana-Bewusstsein, das zu dieser Stufe gehört, schon als Licht beschrieben: ein Licht mit der Sonne, unserm Herrn als Welt-Licht-Herz, das zugleich das physische Herz an einer bestimmten Stelle darstellt. Versenkt man sich jedoch hauptsächlich in den Licht-Gedanken, so dass unsere Vorstellung davon beherrscht wird, so gelangt man bloß zu einem sehr negativen, physisch begrenzten Begriff von Nirvana-Bewusstsein. Ich gebrauche das Wort „Licht" weniger um den blendenden Glanz (wenngleich er wunderbar genug ist), zum Ausdruck zu bringen, sondern um einen nahezu zauberhaften Vorgang der Neueinstellung zu bezeichnen, ein Austauchen von neuen Werten, ein neues Licht, das auf den Pfad fällt. Jede Erweiterung des Bewusstseins schließt eine Neueinstellung in sich, die anfänglich überwältigend, wunderbar und großartig ist. Später aber erkennt man, dass sie beständiger, sorgfältiger Entwicklung bedarf: eine der Neueinstellung entsprechenden Erneuerung jedes einzelnen Lebensbestandteils, auf dass sich diese erfülle und der Weg für eine weitere Bewusstseinserweiterung, die aus den unergründlichen Tiefen der Wirklichkeit hervorquillt, offen stehe. Das Aufschließen der in das Nirvanische Bewusstsein führenden Pforten von Buddhi gleicht dem Schütteln eines Kaleidoskops. Das vorhandene Lebensbild samt den geringsten Teilchen, aus denen es besteht, verschwindet. Ein neues Lebensbild formt sich, das man als eine Teil-Apotheose seines Vorgängers erkennt. Eine weitere Stufe zu einem noch vollkommeneren Bild.

Ich erkenne, dass diese Himalaya-Erfahrung einer Art magnetischen Bades oder einem Neueinstellungs-Vorgang gleicht. Das Untertauchen in die Himalaya-Atmosphäre — nicht allein der physischen, sondern auch anderen Atmosphären — bedeutet eine Taufe in die Wirklichkeit, die wegen der dort vorherrschenden physischen Bedingungen nur in den Himalayas stattfinden kann. Diese Taufe bewirkt nicht bloß ein Herabströmen von Kraft, sondern eine Harmonisierung der Vehikel, damit der Durchgangs-Verkehr sich glatter abwickeln kann. Der in Manor, bei Sydney (Australien) schlafende physische Körper ist mit den Zuständen der Himalayas magnetisch verbunden und wird selbst zu Ebenen einer mikrokosmischen Himalaya-Kette, von der der eine Bewusstseins-Gipfel der Nirvanische ist. Mir ist, als hätte ich in dieser Bergkette meines Daseins einen großen Bergkegel erklommen. Zweifellos ist es eine der kleineren Spitzen, dennoch von gewaltiger Statur und alle anderen Spitzen weit überragend, die ich bisher erklommen. Vor mir sehe ich den Berg Everest. Doch war der Gipfel, auf dem ich heute stehe, solange ich ihn nicht eroberte, für mich der Berg Everest selbst.

Der physische Körper sogar hat jetzt eine neue Verwandtschaft mit den feineren Körpern kennen gelernt. Er hat einen ausgesprochenen Wandel durchgemacht, weil Verbindungen mit bisher undurchforschten und unerreichten Bewusstseins-Gebieten hergestellt wurden.

Dieser dichteste Körper lässt sich mit den Ebenen am Fuß der Himalaya vergleichen. Auf einer bestimmten Stufe trennen ihn die dichten Nebel der Unwissenheit beinahe gänzlich von allen, außer den in unmittelbarer Nähe befindlichen, niedrigsten Hügeln. Diese Stufe gleicht einer in sich selbst geschlossenen

Welt, jenseits der mir die geringste Steigung angedeutet liegt. Langsam weichen die Nebel zurück. Ein neuer gewaltiger Aufstieg enthüllt sich in der Ferne, und die unten liegenden Ebenen erscheinen als die niedersten Stufen einer großen Landschaft, denen ihr Leben aus den Höhen zuströmt. Einige beginnt man zu erkennen, andere nur zu ahnen und viele sind noch unbekannt. Weiter noch weichen die Nebel zurück. Sie klären sich und zerrinnen, indem sie Schritt für Schritt die immer höher himmelstürmenden Gipfel enthüllen, bis schließlich die ganze Kette der Himalayas entschleiert dasteht. Die untenliegenden Ebenen sind nicht mehr eine Welt für sich, nicht länger eine Welt mit einer jenseits liegenden Hügelkette, nicht länger Teil einer großen Landschaft, sondern die Grundlage einer in den Himmel ragenden Welt, deren Leben von dem abhängt, was ihr von oben zuströmt. Diese Ebenen bilden nur die Füße der Himalayas. Sie leben von den Himalayas. Ihr Herz befindet sich in den Himalayas. Doch scheint die Sonne, unser Herr auf die Himalayas, die in Ihm leben, sich bewegen und ihr Dasein haben. Ohne Ihn würden sogar diese mächtigen Bergriesen in Staub zerfallen. Ohne Ihn würden Ebenen und Berggroßartigkeiten sterben und vergehen.

So verhält es sich mit meinem Körper. Er ist nur die Grundlage meines Seins. Mein Herz ist anderswo, ebenso die Sonne meines Lebens. Gleichwie ich die irdischen Himalayas erstieg, ebenso besteige ich jetzt die Himalayas meiner Welt: mächtige Gipfel von Buddhischem und Nirvanischem Bewusstsein. Lebe ich immer noch in den Ebenen meines physischen Körpers, oder habe ich mich auf meine Himalayas zurückgezogen? Ich wohne nicht mehr in meinen niederen Körpern, auf niederen Ketten oder in den Ebenen. Ich baute mir eine Wohnung auf einem mächtigen Bergesgipfel. Von da aus lebe ich.

Und dennoch befähigt mich von einem anderen Punkt aus gesehen gerade diese Himalaya-Erfahrung oder Taufe, selbst auf den niedereren Ketten und sogar in den Ebenen wahrer und wirklicher zu leben. Eine Wechselbeziehung ist eingetreten. Die Ebenen und niedereren Ketten sind den hochragenden Gipfeln beigeordnet worden. Die Welt meines Daseins ist zu einem mächtigen Ganzen zusammengeschweißt vereinigt worden. Ich lebe überall in unendlich vollerem Maße, obwohl mein Herz in den Himalayas ist, und nur dort erneuere ich meine Kraft. Auf niederen Ketten und in den Ebenen lebe ich in einer Welt der Widerscheine. Ich habe sie als solche erkannt, denn ich habe die Wirklichkeiten, die sie widerspiegeln oder sagen wir die wahreren Spiegelungen gesehen. Für Menschen, die nur die Widerscheine sehen können, sind diese die Wirklichkeit, und sie leben in ihr als solcher aber jene unter uns, die nach aufwärts und nach innen wanderten, sind sich über sie im Klaren.

Niemals kann ich die Lehre der Himalayas vergessen, wenngleich für größere Erleuchtung die ganze Erfahrung eher ein Symbol als eine Reise ist. Darauf kommt es nicht an. Betrachtet man es bloß als Symbol, so ist es das Sinnbild einer Reise. Nennt man es eine Reise, so bleiben die Himalayas das Sinnbild seiner Besteigung. Ich lebe in neuen Ausdrucksformen oder sagen wir neuen Gleichnissen. Ich bin mit den Himalayas verkettet. Mir sind sie eine heilige Bergkette, die in Fels, Erde und Gras, in Gebüschen, Blumen und Bäumen, in jedem Teil von Fauna und Flora, gleichsam in einem gemeißelten Kunstwerk die Wirklichkeit (bis zu einem gewissen Grad die Gesamtheit) meines Wesens wiederspiegelt. Habe ich an die Pforte der großen Himalaya-Bruderschaft gepocht, jener Bruderschaft, die weit fester und bestimmter mit den Himalayas verkettet ist, als es gewöhnlicher Verstand für möglich hält? Ich habe die Himalayas mikrokosmisch erobert. Makrokosmisch bin ich bloß in ihren Ebenen, ihren Vorhof vorgedrungen. Nun beginnt erst der große Aufstieg zu einem anderen geistigen Berg Everest. Die Auferstehung ist vollbracht und nun öffnet sich der Pfad, der zu der, besser gesagt zu „einer" Himmelfahrt führt. Wie es sich auch verhalten mag, ich weiß, dass ich mit dem Siegel der Himalayas gestempelt bin. Ihr Leben strömt durch mein Leben. Mein Leben geht in ihrem auf. Sicherlich bin ich mit ihren geistigen Gegenstücken verbunden und es will mir scheinen, die physischen Himalayas würden mich überschatten, hüten, führen und erheben. Mein physischer Körper wurde zu ihrem Kind. Ihr Geist überschattet ihn, ihr Leben durchströmt ihn und wahrlich durch alle anderen Körper, von denen Schlaf gewichen ist, um Wachsamkeit das Feld zu räumen. [1]

---

1) Siehe C. W. Leadbeater, Die Meister und der Pfad. — Neuauflage Verlag Edition Geheimes Wissen, Graz.

V. KAPITEL.

BETRACHTUNGEN.

Die Stadt, die nach Musik gebaut
Und deshalb nie gebaut wurde
Und deshalb für immer gebaut ist.

TENNYSON,
(*Gareth und Lynette*).

Ich glaube recht zu haben, wenn ich annehme, dass durch den Eintritt ins Nirvana-Bewusstsein jedes niedere Vehikel vom Buddhischen abwärts in bestimmter Weise irgendwie modifiziert wird, sodass (ich sogar der physische Körper verändert und im Lauf der Zeit noch mehr verändert wird. Ich stelle mir vor, es war mit allen vorhergehenden Bewusstseinserweiterungen ebenso, denn die Form hängt vom Bewusstsein ab. Äußere Formen sind Widerspiegelungen, Schatten innerer Wirklichkeiten. Für uns bedeutet Dichtigkeit: Beständigkeit, Permanenz, Wirklichkeit. Vom inneren Standpunkt aus betrachtet sind Permanenz, Beständigkeit und Wirklichkeit geringer, je größer die vorhandene Dichtigkeit ist. Ich fühle meinen physischen Körper nach diesem Eintritt in ein neues Daseinsreich entsprechend verwandelt. Allerdings weiß ich nicht, inwiefern auch andere Menschen diese Veränderung wahrnehmen, wenn überhaupt eine Veränderung vorhanden ist. Ich vermute, ein Hellseher würde die Neuanordnung bemerken. Das Leben in all seinen Einzelheiten, auf allen Ebenen wird reicher an wunderbarer Schönheit, Erhabenheit und Majestät, die alle Begriffe übersteigt. Man erkennt, dass selbst die kleinsten Dinge zur Erreichung großer Ziele beitragen. „Kein Sperling fällt vom Dach . . .“ Dieser Ausspruch erhält eine neue Bedeutung, die (ich in wundervoller Weise für das Leben als Ganzes bewahrheitet.
Was mich betrifft, so kann ich nicht durch den Garten auf

meinem Weg durch das Australische Dickicht zur Arbeit in die Stadt gehen, ohne alles um mich herum in Ausdrücken des mir bekannten Lichtes zu erblicken. Das wachsende Gras, die im Wind schaukelnden Bäume, die in den Lüften singenden und von Baum zu Baum fliegenden Vögel, die am Boden kriechenden Insekten, ja die Erde selbst, auf der ich schreite in all ihren verschiedenen Formen von Gestein und Humus, das Wasser, das am Abhang herunterrieselt, ja selbst die Luft, die ich einatme: alles ist in Banden liegende Herrlichkeit, jedem meiner Sinne heilig. Mehr denn je zuvor bin ich mit dem Zweck des Lebens in Harmonie. Ich sehe, wie Gott in allem, was mich umgibt, Seinen Plan ausarbeitet. Meine ganze Umgebung wird zu strahlendem Licht, zu nie ruhender, geordneter Bewegung des Wachstums. Farbe, Form, Ort, Sturm, Ton, Stille, Zeit, — alles ist Wachstum, weil das Licht ständig scheint. Das Wesen des Lichtes ist Scheinen, eine Tatsache, die der Mensch hier auf Erden manchmal mit den Worten ausdrückt „Gott ist Liebe", ohne deren Tragweite zu ahnen. Gott scheint, denn Er ist Licht und unsagbare Liebe.

Darf ich es nochmals wiederholen, dass Nirvana überall vorhanden ist? Wir brauchen nicht hinzugehen, wir brauchen es nur wahrzunehmen. Der Himmel umgibt uns in der Kindheit frühen Tagen, dem Kindheitsstadium unserer Entwicklung, nur sind wir uns dessen nicht bewusst. Ein Meister kann uns auf der Straße begegnen, selbst der verkörperte Himmel kann an uns vorübergehen und wir werden sorglos unserer Wege gehen, vielleicht gar nicht oder wenig davon beeinflusst. Die Wahrheit mag vor unteren eigenen Ohren ausgesprochen werden und trotzdem bleiben wir ihrer Sprache gegenüber taub für sie. Wenn wir bisher Nirvana noch nicht gehört haben, so ist es, weil unser Gehörsinn noch zu wenig entwickelt ist. Wenn wir Nirvana noch nicht gesehen haben, so ist es, weil unser Sehvermögen noch zu trübe ist. Nirvana umgibt uns überall. Halten wir jemals inne, um nachzudenken, welche Schwäche oder welcher Mangel an Wachstum vor uns die himmelsprächtige Vision verschleiert? Nirvana ist sogar in der Luft, die wir einatmen, in jedem uns (ich bietenden Anblick, ja in allen kleinsten Geschehnissen unseres täglichen Lebens. Ebenso verhält es sich mit Buddhi. Es ist so nah und scheinbar doch so entfernt. Wäre es nicht der Mühe wert sich zu befleißigen, unsere

Sinne zu verfeinern, damit sich diese Herrlichkeiten vor unsern Augen und Ohren entfalten? Aber wie? Es gibt dafür nur einen Weg, ein Weg, der in dem Buch „Zu Füßen des Meisters" in wunderbarer Einfachheit niedergelegt ist und die Worte eines großen Meisters verkörpert, wie Er sie seinem Schüler einprägte. Beginnet die darin enthaltenen Vorschriften zu befolgen. Es genügt, damit den Anfang zu machen, um alsbald diese Himmelsweiten kennen zu lernen. Möge es keine Menschen geben, die des Weges kundig, zu töricht oder zu faul sind, ihn zu wandeln.

An anderer Stelle sagte ich, es sei, um mein Gleichgewicht inmitten der neuen und blendenden Herrlichkeit zu bewahren, notwendig gewesen, zu wissen, dass es noch größere Herrlichkeiten jenseits dieser gäbe. Nun erkenne ich allmählich, dass ich auch des Vorhandenseins geringerer Herrlichkeiten eingedenk sein muss. Nur auf diese Weise kann rechtes Gleichgewicht bewahrt bleiben. Ich darf die Zeit nicht ignorieren, weil ich von Ewigkeit etwas gehört habe. Ich darf die Dunkelheit nicht ignorieren, weil ich etwas vom Licht weiß, darf die Verschiedenheiten nicht übersehen, weil ich etwas von der Einheit weiß. Ebenso darf ich die Menschen nicht ignorieren, weil ich von Gott gehört habe. Die Bedeutung von Ewigkeit, Licht, Einheit und Gott kann ich nicht anders erfassen als durch mein Wirken in ihren verschiedenen Schattenbildern, wie Zeit, Dunkelheit, Verschiedenheit des Menschen, und alles dessen, was hinauf zum Menschen führt. Nicht als ob ich mich zu bestimmtem Wachstum besonders verpflichtet fühle. Würde ich den Pfad wandeln, der zum Amt des Manu oder Bodhisattva oder Mahachohan führt, dann würde ich — so nehme ich an — Rassen oder Glaubensformen und der Welt viel näher treten, zu denen diese Großen Wesen so besonders gehören. Da ich jedoch zum Stab gehöre, wurde ich berufen, meine Lehre bei allgemeineren Funktionen zu absolvieren. Indem sich mir das Nirvana-Bewusstsein öffnet, scheint es mich sowohl dem großen Herrn unterer Welt, als auch unserem Herrn, der Sonne, dem Herrn unseres Universums näher zu bringen. Bisher musste ich in der Welt leben, weil ich in ihr und durch sie wuchs. Jetzt scheine ich nur deshalb zu dieser Welt zu gehören, weil ich zur Zeit dorthin gesandt wurde. Mitglieder des Stabes können überallhin gesandt werden, um auf anderen Ebenen zu wirken und um in irgendeiner Welt zu dienen. Herrlich ist der Dienst jener Boten unseres Herrn, der Sonne, der Mitglieder Seines Stabes. Ich bin nur der bescheidenste Lehrling in den Reihen dieser großen Körperschaft, obwohl ich schon seit vielen Leben auf diese Lehrlingsschaft hingearbeitet haben mag. Eines Tages, in ferner Zukunft, werde ich ein Wanderer durch die Räume, ein Bote des Weltall-Willens werden. Meine Heimat wird das Weltall sein, denn ich diene meinem Herrn, der Sonne, wohin Er mich auch zu senden geruhen mag.

Gegenwärtig habe ich mit der Masse zu tun, mit Volksmengen, mit größeren Gestaltungen. Doch scheint es nicht darauf anzukommen, ob die Masse menschlich oder untermenschlich, ob es eine Menschenmenge oder Gemeinden der niederen Naturreiche sind. Ich erlebe völlig unabhängig vom Endziel eine seltsame Freude in dem Gefühl ausgesandt zu sein. Vermutlich muss die Zuneigung des künftigen Manu und des künftigen Bodhisattwa zu jenen, mit denen sie in ferner Zukunft amtlich zu tun haben werden, wachsen. Jetzt schon scheinen sie ihre Völker oder Glaubensformen zu planen, trotzdem sich dieser Tatsachen nur wenige in ihrem Wachbewusstsein erinnern mögen. Man kann sagen, ihr wahres Lebenswerk beginnt schon mit dem Augenblick der Weihe zu diesem Amt. Natürlich verhält es sich mit uns, die wir zum Stab gehören, ebenso. Auch wir haben eine Zeremonie der Weihe. Doch sind unsere Ziele flüchtige Ziele und wechseln entsprechend der sich verändernden Notwendigkeit. Wir füllen Lücken aus, machen neue Wege, stellen Verbindungen her und verstärken sie. Wir beginnen Bewegungen, die die eigentlichen Herrscher später übernehmen und leiten. Wir werden eiligst auf gefährdete Stellen entsandt. Irgendeine Welt kann zeitweilig unsere besondere Welt, jede Ebene die besondere Ebene unserer Betätigung sein. Jede Rasse oder Nation kann unsere besondere Rasse oder Nation, jeder Glaube unser besonderer Glaube, jede Stelle unser Spezialgebiet sein, doch nur für eine Zeit.

Wir vom Stab leben im Willen des Herrn, bereit Seinen Befehl auszuführen. Wir ziehen als Seine Meldereiter aus und kehren zu Ihm zurück, sobald die Botschaft überbracht worden ist, ob sie nun in Form einer Arbeitsleistung oder als Kundmachung Seines Willens auszuführen war. Für uns gibt es keine große

Apotheose der Vollbringung, keine mächtige Vollendung. Wir können die Saat zu säen, sie zum Sämann zu bringen oder den Boden zu bestellen haben. Die größeren Ernten sind nicht unsere Sache. Wir gehen vielleicht wo anders hin, lange bevor die Felder, an denen wir arbeiteten, für die Schnitter reif sind. Ich sagte oben, wir vom Stab leben im Willen des Herrn. Doch leben in Wirklichkeit Alle im Willen des Herrn. Wie kann ich also den Unterschied zwischen der einen Lebensweise und einer anderen ausdrücken? Der einzige Vergleich, den ich machen kann, ist der mit einer Armee. Da gibt es einen Oberbefehlshaber. Er hat seine Generäle und seinen Stab, seine Offiziere und Mannschaft. Alle leben im Willen des Oberbefehlshabers, denn alle führen seinen Willen aus. Man sieht jedoch sofort den Unterschied zwischen der Arbeit der Generäle, die über das Gebiet des Feldzuges verstreut sind und den Offizieren des Stabes, die vom Hauptquartier aus Befehle überbringen, besondere, ihnen anvertraute Pflichten ausführen und dann wieder dorthin zurückkehren. Der Stab sind die persönlichen Stellvertreter des Oberbefehlshabers, die Generäle seine Agenten. In mancher Beziehung liegt auf dem Stab weniger Verantwortung als auf den Generälen. Die Generäle erhalten eine bestimmte Aufgabe, allenfalls einen allgemeinen Plan, die Durchführung jedoch müssen sie selbst ausarbeiten. Die Arbeit des Stabes hingegen ist in gewisser Hinsicht weit mehr besonderer Art, doch erfordert sie großes Anpassungsvermögen. Ein Mitglied des Stabes muss überall hingehen können und, was immer es auch sei, mit annehmbarer Tüchtigkeit erledigen. Vor allem aber muss es in völligem Gelöstsein von seiner Arbeit leben, wenngleich es mit ganzem Herzen bei der Sache ist.

Eine sehr interessante Entdeckung liegt in der Erkenntnis der Art und Weise, in der die große Gemeinschaft der Dienenden, [1]) von uns aufwärts, ein wundervolles Lichtzentrum bildet, — eine der Sonnen der Welt, deren Herz unser Herr, die Sonne ist. Die Gruppe der Dienenden, durch die Erweiterung meines Bewusst

---

1) Siehe Anhang D.

seins mit tieferem Verständnis betrachtet, wird zu einer immerwährenden Einheit. Ich weiß nicht recht, welcher Ausdrucksweile ich mich bedienen soll. Doch konnte diese Gruppe einer Filmrolle verglichen werden, deren einer Teil noch auf der Leinwand vorgeführt wird, ein anderer schon abgespielt ist und ein dritter sich erst abrollen soll. Zu irgendeiner gegebenen Zeit sind gewisse Mitglieder auf der physischen Ebene tätig. Andere sind noch nicht dabei, dafür aber auf anderen Ebenen tätig. Doch hier versagt die Analogie des Films, denn von einem bestimmten Standpunkt aus betrachtet, ist die ganze Gemeinschaft auf der einen oder anderen Ebene, zum Wohl der Gesamtheit, ständig in Tätigkeit. Dort scheint es keine besondere Vergangenheit, Gegenwart oder Zukunft zu geben. In der Gemeinschaft gibt es ebenso viel Zukunft wie Gegenwart oder Vergangenheit. Möglicherweise müssen noch andere als Mitglieder ihrer Vereinigung beitreten. Von einem gewissen Standpunkt aus gehören sie schon zur Gemeinschaft und werden von ihrer Kraft getragen. Natürlich gibt es verschiedene Grade in der Kraft der Leistungen. Doch ist die Gemeinschaft der Dienenden ein besonderer Typus, zu dem scheinbar bestimmte Monaden ab initio gehören, ohne Rücksicht darauf, wie lange dieser Typus gebrauchen wird sich im äußeren Bewusstsein des Menschen auszudrücken. Da die Monade den Entschluss gefasst hat, ist es eine Art von Vorherbestimmung

Dieses Lichtzentrum, wie schon erwähnt — durch die Gemeinschaft der Dienenden gebildet — ist ein Vorgang der Erweiterung des Welt-Bewusstseins. Es ist ein Welt-Netzgeflecht, Chakra, das an Lichtintensität zunimmt. Natürlich ist es nicht das einzige Zentrum. Es gibt noch viele andere, verborgene wie äußere. Zu den ersteren gehört das wahre Rosenkreuzertum. Zu den letzteren die großen Lichtzentren wie Adyar, Sydney, Ommen und Huizen, oder Ojai und Benares sowie andere Zentren von geringerer Lichtgröße. Tritt ein solches Zentrum ins Dasein, so findet eine Erweiterung des Welt-Bewusstseins statt. Als ob die ganze Welt durch eine Art von Einweihung hindurchschreiten und eine weitere Strahlung gewinnen würde, die dem inneren Auge deutlich sichtbar ist.

Eine andere Tatsache von großer Bedeutung ist, dass man als Meisterschüler oder auch nur als Mitglied einer Vorbereitungsschule eines Meisters, teilhat an einer sehr schönen, teilweisen Verschmelzung mit dem Lichte des Meisters. Vom ersten Augenblick an, wo der Mensch mit einem Meister verbunden ist, scheint dessen Licht in gewissem Maße durch ihn und in ihm. Beim „Sohn" des Meisters wird diese Verbindung unlösbar gemacht. Doch hängt auch dann das Maß, bis zu dem diese verbindenden „Drähte" eine gesteigerte Transmission ertragen können, von ihrer Kraft und Reinheit ab. Entweder glühen sie nur schwach oder in strahlendem Glanz.

Die Meister erklärten uns, dass diejenigen unter uns, mit denen sie in endgültigen und besonderen Verbindungen stehen, nicht bloß in außerordentlichem Maße Ihre Vertreter in den äußeren Welten, sondern auch die Vertreter unseres Herrn, der Sonne sind, dazu geweiht, um für Ihn und in Seinem Glanz die äußere Dunkelheit zu erhellen. Dieses ist doch sicherlich ein großes und wundervolles Vorrecht, das uns zuteilwurde. Es enthält eine feierliche und herzergründende Verantwortung, die umso erstaunlicher wird, wenn wir auch nur in geringem Grad wissen, Wer und Was Er ist. So wie Er Sein Licht gleichermaßen auf Gerechte und Ungerechte, Heilige und Sünder, Arme und Reiche, schwache und starke Anhänger aller Glaubensrichtungen und Völker scheinen lässt, so muss auch der Sonnenschein unserer eigenen Kraft, unseres Mitleids und unseres Verstehens als ein Abglanz Seiner Glorie auf alle herniederstrahlen. Wir müssen allen Menschen Alles sein. In den äußeren Welten müssen wir ein schwacher Widerschein dessen sein, was Nirvana zu einem so glorreichen Zeugen für die Liebe Gottes macht. Gleichwie die Sonne Ihrem Weltall alles ist, so müssen wir kleine Sonnen unsern Welten alles sein.

Nicht auf das kommt es an, was die Menschen uns tun. Nicht das ist wesentlich, was die Umstände für uns bedeuten. Die maßgebende Frage ist, was wir ihnen sind. Umstände und Menschen mögen bedrohlich sein, doch wir können darüber nur lächeln. Umstände und Menschen mögen uns verfolgen, lächerlich machen und ärgern. Wir aber können ihnen dies nur durch unser Wohlwollen entgelten. Wir müssen allen Menschen alles Gute sein. Eine harte Aufgabe für diejenigen, die gewöhnt waren, Böses mit Bösem, Auge um Auge, Zahn um Zahn, Schlag mit

Schlag, Kränkung mit Kränkung, Drohung mit Drohung zu vergelten. Wir aber haben es anders gelernt. Wir haben keine Macht mehr zu verletzen. Wir können nicht mehr hindern, sondern nur helfen und dienen, denn für nichts anderes haben wir nunmehr Sinn. Der Wunsch nach Befriedigung unserer niederen Natur auf Kosten Anderer hat uns verlassen. Wir können uns nicht mehr verletzt fühlen. Wir können nicht mehr ärgerlich sein. Wir können uns nicht länger abgestoßen fühlen. Uns kümmert nur, was wir für Andere tun können, nicht was Andere uns tun. Das ist ihre Sache. Mögen diejenigen, die etwas von der Großen Hierarchie wissen, bestrebt sein, klarer zu verstehen, was diese Hierarchie ist und aus was für Wesen sie besteht. Möge jedes Mitglied der Gesellschaft über diese größeren Sonnen am Firmament der Welt meditieren und sich mit Ihrem Glanz bis zur äußersten Grenze seiner Kraft vereinen. Möge jedes Mitglied fühlen, wie dieser strahlende Glanz in ihm aufwallt, in die äußere Welt strömt, sein Wesen durchflutet, und ihn in eine göttliche, scharf ausgeprägte überströmende Ekstase versetzt.

Wir wollen lernen, wenn die Gelegenheit es erfordert, die verschiedenartigen Glorien der sieben Strahlen widerzuspiegeln. Die Mitglieder Ihres Stabes von Arbeitern müssen imstande sein, ohne Rücksicht auf den Strahl, zu dem sie individuell gehören, zu Leitungen für jede beliebige Farbe des großen Strahlenspektrums zu werden. Wir müssen die verschiedenen Variationen dieser Strahlen über das Thema Licht-Herrlichkeit herausfühlen und an dem Beben unserer inneren Antwort erkennen, wie glutvoll das verschiedenartige Leben sein muss, das wir in die Welt ausstrahlen sollten.

Doch darf ich hier bemerken, dass es ganz unwesentlich ist, zu welchem Strahl wir gehören? Von einem bestimmten Standpunkt aus betrachtet, gehören wir und alle Dinge zu allen Strahlen. Was den vorhergehenden Strahl anbelangt, so ist es besser, je weniger wir uns darum kümmern. Wie ich bemerkte sind die meisten Leute, die über ihren Strahl sprechen, noch sehr wenig auf irgendeinem Strahl vorhanden. Solange wir viel über uns nachdenken, bleiben wir klein, denn wir sind der Mittelpunkt unserer Kreise. Sobald wir uns vergessen, und uns in der Arbeit verlieren, werden wir das Grübeln und neugierige Fragen aufgeben, denn wir werden Wissen erlangen. Lasst euch selbst in Ruhe und kümmert euch stattdessen um andere.

Ich beobachte als Tatsache von ganz besonderer Wichtigkeit, dass jeder Mensch, wie schwach auch immer, eine Widerspiegelung jener Entwicklungslinie ist, zu der er gehört, oder auf der er gerade arbeitet. Ungeachtet dessen, wer oder wo irgendein Lehrer ist, macht die Tatsache allein, dass er ein Lehrer ist, jeden Lehrer bis zu einem gewissen Grad zum Abbild jener Wesen, die dem Strahl des Lehrens dienen. Allerdings ist dieses Abbild nur zu oft verzerrt und kaum erkennbar, manchmal sogar noch schlimmer als eine Verzerrung. So wie jeder christliche Priester ein demütiger Vertreter Christi ist, so ist jeder Lehrer ein bescheidener Vertreter eines der Großen Oberhäupter der Lehr-Abteilung der Welt. Dieses Vorrecht gebührt ihm von Amtswegen und ist ganz unabhängig von allen Fragen bezüglich seiner Würdigkeit. Lehrer sein, heißt ein Vertreter der Großen Lehrer sein. Der Verantwortung kann man sich ebenso wenig entziehen wie dem Vorrecht.

Dasselbe gilt von allen Abteilungen. Die Regierenden, die Staatsmänner, Politiker, alle die mit Staatskunst beschäftigten sind — ob würdig oder unwürdig — demütige Vertreter der Großen Herrscher. Sie mögen das Amt entweihen und entwürdigen, es bleibt doch, was es ist, wie sehr man es auch beschmutzt. Dasselbe gilt für alle Unterabteilungen der verschiedenen Arbeitsfelder. All dieses geschieht in Übereinstimmung mit und als Ausdrucksform von der großen Einheit allen Lebens.

So wird man fähig, das Wirkliche in jedem zu sehen, wie sehr sich auch das Unwirkliche dazwischen drängen mag. Man erkennt die Wahrheit trotz der Verhüllung. Jeder Lehrer ist kraft seines Amtes ein Christus im Kleinen. Doch wie wenig begreifen die Meisten ihre Möglichkeiten und ihre Verantwortlichkeiten! Viele Lehrer sind nachlässig und oberflächlich, manche sogar unglaublich grausam. Trotzdem ergießt das Christus-Licht auf jeden von ihnen als Lehrer seinen Glanz, wie vollständig unbewusst er sich dieses Vorrechtes auch sein mag, und wie wenig diese Herrlichkeit durch ihn scheinen mag, gleichviel, ob die Fenster seiner Seele geöffnet oder geschlossen sind. Er ist zur Zeit jedenfalls ein Teil des himmlischen Lehrers, eine Verkörperung des Lehrprinzips im Leben.

Diese Tatsache auf ein begrenzteres Gebiet angewendet, erkennen wir, dass Mitglieder einer Kirche, die einem bestimmten Lehrer geweiht sind, Teile Seines Körpers, also Teilnehmer Seiner wesentlichen Natur sind.

Jene zum Beispiel, die durch die Weihe ihrer Kirche in Verbindung mit St. Alban stehen, sind dadurch mit ihm verbunden, werden zu Gliedern seiner Familie und können von Ihm Leben schöpfen. Er ist der Vater dieser Kirchenfamilie. Daher lohnt es sich sehr der Mühe sich alle verfügbare Kunde über St. Alban zu erwerben, über seine vergangenen Verkörperungen, seine Arbeitsrichtung, seine besonderen Eigenheiten usw. Als Glieder seiner Kirche wird es uns erleichtert ihn zu erreichen und die herrlichen Eigenschaften, die in ihm sind, auch in unserem Wesen zu entfalten. [1]) In der Zeremonie, durch die eine Kirche einem Heiligen geweiht wird, liegt viel mehr als auf den ersten Blick ersichtlich. Ebenso steckt auch hinter der Übernahme eines Amtes irgendwelcher Art, die Verantwortlichkeit gegenüber der äußeren Welt in sich schließt, sei es nun der Beginn der Laufbahn eines Lehrers oder Politikers, bei weitem mehr, als es anfangs den Anschein hat. Die Verbindung wurde nicht nur mit einem Älteren Bruder hergestellt, sondern auch mit Seinen Engeln, und mit allen anderen derselben Abteilung angeschlossenen Rangstufen. Die Tatsache, dass wir zu dieser Erde gehören, verbindet uns in wundervoller Weise mit dem Erden-Leben. Wir werden zu Vertretern des Erd-Geistes und des Erden-Bewusstseins. Es wäre besser, wir würden zum größeren Leben, das uns umgibt, endgültig in nähere Beziehung treten, damit wir zu wirkungsvolleren Werkzeugen und zu hemmungsfreieren Stromwegen werden. Habt ihr jemals über die Lebenskraft meditiert, die wir dem Erdball selbst entziehen und seinen verschiedenen Grundelementen, wie Erde, Luft, Feuer, Wasser und so fort. Überall finden wir Verwandtschaft und Wechselwirkung. Schon unser bloßes Dasein modifiziert die Welt und verleiht ihr Eigenschaften, die unserm Wesen entsprechen, auf dieselbe Weise, wie auch wir Geschöpfe und Kinder der Erde sind.

---

1) Siehe C. W. Leadbeater „Die Wissenschaft der Sakramente" — Neuauflage Verlag Edition Geheimes Wissen, Graz.

VI. KAPITEL

DIE ERWECKUNG ZU NIRVANA.

Tag!
Schneller und schneller
überschäumt endlich der Tag über den Rand der Nacht.
Er schäumt in reinstem Gold über den Rand der Wolkenschale,
wo er sprießend und verborgen lag,
Denn nicht einmal eine Schaumflocke berührte den Rand,
Jener Lücke im tiefen Grau
der Östlichen Wolke, innerhalb einer Stunde;
Doch tritt ein Wellchen, dann ein zweites sich kräuselnd hervor
Bis der ganze Sonnenaufgang, nicht mehr unterdrückbar,
sich rosig färbt und seine wogende Brust in den Schranken
aufflackert, goldig wird und dann die Welt überflutet.

BROWNING.

Indem ich versuche etwas zu beschreiben, das ich hier unten den Nirvana-Körper nennen muss, ist das einzige Wort, das mir als Ersatz für „Körper" in die Feder fließt: Strahlenglanz. Man könnte den Buddhi-Körper als Stern beschreiben, der seine Herrlichkeit ausstrahlt. Aber der Übergang nach Nirvana scheint meinen Stern so zu erweitern, dass weder Mittelpunkt, noch Umkreis bleiben und nur ein blendender Strahlenglanz vorhanden ist. Wäre ich fähig auf dieses Leuchten von einer Para-Nirvana-Region aus zu blicken, so könnte ich seine Grenzen vielleicht unterscheiden. Allerdings nicht so sehr eine räumliche Beschränkung als eine Umgrenzung im Strahlen-Glanz-Schema und in der Strahlenglanz-Intensität. Mein Glanz, wenngleich unbeschreiblich herrlich, ist offenbar erst noch im Werden. Wenn ich ihn mit dem Strahlenglanz meiner Rangälteren vergleiche, gewahre ich zuerst, dass das Nirvanische Licht darin nur eine embryonale Coordination in sogenannten groben Umrissen ist. Zweitens gewahre ich, dass dem eigentlichen Licht selbst, wenngleich es blendend ist, doch jenes Funkeln fehlt, das nur Zeit und Wachstum verleihen können. Ich bemerke, dass jene Wesen, die in diesen Regionen Nirvanas Meister sind und ihre sieben großen Gebiete oder Ebenen vollendeten, mit der Herrlichkeit noch größeren Glanzes scheinen. Ihr nirvanischer Strahlenglanz ist mit jenem noch höheren Schimmer übergossen und davon durchdrungen, den ich wohl fühlen, aber erst nach langen Zeiten erreichen kann.

Vom Standpunkt der niederen Ebenen, ist das Wort „Transzendenz" sogar angemessener wie der Ausdruck „Strahlenglanz", denn er deutet das Überschreiten jeder einzelnen Begrenzung an, die den darunter liegenden Ebenen anhaftet. Zeit, Raum und Form sind überschritten. Sie haben aufgehört sich zu offenbaren, obwohl sie als Möglichkeiten bestehen bleiben. Sonst könnte ich sie, wenn ich bei meinem Abstieg auswärts schreite, nicht wieder aufnehmen. Ich bin mir dessen wohl bewusst, dass so ein Überschreiten die Vernichtung alles dessen voraussetzt, was das Leben auf niederen Ebenen zur scheinbaren Wirklichkeit macht: das Ego, die Persönlichkeit, die Individualität. Was bleibt, wenn all diese fort sind? Sollte Nirvana schließlich doch die Vernichtung sein, wofür einige Philosophen es hielten?

Meine Antwort ist, dass all diese Dinge, wie wesentlich sie auch hier auf Erden scheinen mögen, wie sehr sie auch unser letzter Untergrund zu sein scheinen, doch nur Widerspiegelungen einer edleren Substanz sind, die ihrerseits selbst auf noch tieferem Untergrund ruht. Individualisierte Göttlichkeit lebt in Nirvana und zweifellos auch in Para-Nirvana, trotzdem ihre Widerspiegelungen als Zeit, Raum, Form, und als niedere Individualitäten, die wir als Ego, Persönlichkeit und Individualität kennen, nur unmanifestiert und potentiell vorhanden sind. Wir müssen lernen, dass man Individualität nicht unbedingt mit Ausdrücken von Zeit, Raum und Form, wie wir sie in den äußern Welten kennen, beschreiben muss. Individualität gibt es auch in anderen Ausdrucksformen, wie Nirvana-Zeit, Nirvana-Raum, Nirvana-Form, den Urtypen von niedriger Zeit, niedrigem Raum und niedriger Form. Ich fühle mich durch zunehmende Erfahrung versucht zu vermuten, dass Individualität, — der Zustand, an den wir uns in den niederen Regionen mit solchem Ungestüm klammern, —

an Wert und Wichtigkeit verliert, während wir durch die Maya-Ebenen hindurchschreiten. Es gibt etwas, das viel wichtiger ist als Georg Arundale, ein Etwas, von dem Georg Arundale im besten Fall nur ein schwaches Abbild ist. Wir personifizieren unwillkürlich. Sogar Theosophen personifizieren. Viele denken vielleicht sogar an den Logos als an einen König oder als an eine Person.

Wir können uns nicht dazu bringen, an das Verschwinden der Individualität zu denken, weil wir uns sonst, wegen Mangel an Erfahrung der Vernichtung gegenübergestellt finden, wodurch die Entwicklung überflüssig erscheint. Soweit ich es beurteilen kann, entschwindet uns vieles, an das wir uns in unseren niederen Körpern gerne klammern würden, ebenso wie der Verlust des Kausalkörpers beim Eintritt in die Buddhi-Ebene eine gewaltsame Trennung für uns bedeutet. Auf der Buddhi-Ebene jedoch beunruhigt uns der Verlust dieses Körpers nicht im Geringsten, ebenso wenig wie uns der Verlust des Buddhi-Körpers auf der Nirvana-Ebene beunruhigt. Warum nicht? Weil wir dem Wurzel-Samen aller Körper immer näher und näher kommen. Der Wurzel-Samen ist keiner der Körper selbst, vielmehr geht jeder Körper aus ihm hervor, während er seine Lebens-Schösslinge herabsendet. Schon nimmt die Monade auf der Buddhi-Ebene zum ersten Mal seit ihrer Individualisierung nach Beendung des Tierreichs, wenigstens für den Augenblick eine ihrer Wohnstätten ein. Auf der Nirvana-Ebene wird der Besitzer der niederen Körper schon dauernder, bis schließlich die Monade mit ihren niederen Körpern zu einer Einheit wird. Vor dieser Zeit ist natürlich das Ego selbst mit der Einnahme vorangegangen, indem es endlich seine — vielen Menschen sonderbar scheinende — Gleichgültigkeit abstreifte. Die Monade selbst jedoch tritt anstelle Ihrer zeitlichen Stellvertreter, sobald diese in höhere Ebenen aufsteigen, und nimmt die Stelle alles dessen ein, was bisher so vollkommen unentbehrlich schien. Georg Arundale ist im besten Fall nur ein Schatten des Wesens, das Georg Arundale ausgesendet hat. Georg Arundale mag kommen oder gehen. Er verliert an Wichtigkeit, und ich lerne, während dessen ich Nirvana zu meiner Heimat mache, Georg Arundale selbst im günstigsten Fall nur als Mittel zum Zweck zu betrachten, als ein Werkzeug, das seinen Tag hatte, und auch haben kann, das aber ebenso gut zu jeder beliebigen Zeit aufhören kann zu existieren. Dieses ist eine Erweiterung meiner früheren Erfahrungen in Nirvana. Doch bin ich keinesfalls sicher, ob ich mich verständlich gemacht habe. In keinem Fall gibt es einen Verlust, sondern immer nur Gewinn. Die Leiter bleibt bestehen, obwohl ich sie nicht mehr benütze. Wir stoßen die unteren Sprossen nicht fort, an denen wir aufwärts gestiegen sind. Und so wie die niederen Ebenen sich zu den erhabenen höheren Plänen verhalten, so verhält sich die Nirvana-Ebene zu den noch höheren Ebenen. Sie muss sicherlich von all den darüber liegenden Regionen die dichteste sein. Selbst ich vermag zu erfassen, dass die niederste Unterebene von Nirvana dicht ist (ein Ausdruck, der in Bezug auf Licht unangebracht erscheint), wenn man sie mit den höheren Unterebenen vergleicht. Ich kann nur wiederholen, dass individualisierte Göttlichkeit in Nirvana ebenso bestimmt oder besser gesagt noch entschiedener vorhanden ist als hier auf Erden. Überschreiten wir den Begriff *unserer* Zeit oder *unserer* Form, so ziehen wir nichts ab, sondern fügen Neues hinzu.

Es ist, als würde ein Mensch, der in einer kleinen Hütte lebte, plötzlich zum König seines Landes. Solange die Hütte seine Welt bleibt, würde ihm das Königtum wie eine Einschränkung erscheinen. Er würde sich darin verlieren. Sobald er jedoch für die Königswürde reif, mit seiner Hütte nicht mehr Eins ist, sondern sie nur benützt, verliert er nichts, wenn er König wird, selbst wenn er über die Hütten-Zeit, den Hütten-Raum und die Hütten-Form hinwegfehreitet. Er kann sogar nach Wunsch in der Hütte wohnen, wenigstens von Zeit zu Zeit, doch ist er durch sie nicht mehr beschränkt. Hat er etwas von seiner Individualität eingebüßt, als er König wurde? Der Unterschied zwischen der Königs-Individualität und der Hütten-Individualität ist ähnlich wie der zwischen Individualität auf Nirvana und der auf niederen Ebenen. Indem er König wurde, hat er etwas dazu bekommen, wie viel von der Hütte auch weggenommen wurde. Dem Hüttenbewohner ist es ein In-Abzug-bringen, dem König eine Hinzufügung.

Verfolgen wir einen Augenblick dieses Gleichnis vom König. Betrachtet den Unterschied zwischen König und Hüttenbewohner. Die größere Macht des Königs, seinen größeren Glanz, seine weitere Einsicht, sein tieferes Verständnis. Der König lebt in anderer Zeit, anderem Raum und Form als der Hüttenbewohner. Er kann in seiner Zeit bei weitem mehr arbeiten. Seine Zeit ist ausgefüllter, mächtiger. Sein Bewegungsgebiet weitaus größer. Er kommt mit so vielen Dingen in Berührung, die dem Hüttenbewohner notgedrungen unbekannt bleiben. Seine Form ist ganz anders als die des Hüttenbewohners. Er hat viele Gestalten, er muss vielen Menschen vieles sein. Er hat in seinem Staat vielerlei Funktionen auszuüben, die alle von seinem Königtum abhängen. Viele Dinge tut er, die auch der Hüttenbewohner tut. Er isst, trinkt, schläft, arbeitet. Nur tut er all das anders und zu größeren Zwecken. Der Hüttenbewohner lebt vielleicht um zu essen, doch der wahre König isst um zu leben. Der König lebt in einer anderen Welt, selbst wenn er und der Hüttenmensch in derselben Welt leben. Eine Gruppe von Werten gilt für den König, eine andere für den Hüttenbewohner, selbst in Bezug auf dieselben Dinge. Was diesem kostbar scheint, mag für den König wenig Wert haben, ebenso wie die vom König geschätzten Dinge für den Mann der Hütte keine Bedeutung haben mögen. Der Hüttenbewohner blickt auf die Welt mit den Augen eines Hüttenmenschen. Der König blickt auf die Welt mit den Augen eines Königs. Der Mann der Hütte, wie die Dichter so oft singen, würde sein Los mit keinem König tauschen, weil er in der weiteren Sphäre nicht glücklich sein könnte — er kennt nur begrenztes Glück. Doch der König, der wahre König, würde nicht lange zögern, sein Los mit dem des Mannes der Hütte zu tauschen, weil er in der Hütte ebenso königlich sein kann wie im Palast, ebenso königlich im Hüttenstaat, wie im Nationalstaat, über den er herrscht. Der Größere kann sich viel leichter begrenzen, als der kleinere sich ausweiten kann. Der König kann überall königlich sein, nur darauf kommt es ihm an. Er ist nur von sich selbst abhängig. Der Hüttenbewohner hängt von seiner Welt ab. Dieser Übergang von der Abhängigkeit äußerer Dinge zur Abhängigkeit innerer Königswürde bezeichnet das nach aufwärts strebende Wachstum. Nachdem ich in der Welt gelebt habe, werde ich zur Welt. Und eines Tages werde ich sogar diese überschreiten.

An dieser Stelle möchte ich die Tatsache betonen, dass wir

beim Eintritt in Nirvana dieses viel mehr in uns aufnehmen, als wir von Nirvana absorbiert werden. Man könnte denken, der Mensch, der einmal in der Herrlichkeit Nirvanas gebadet hat, würde sozusagen sein Sklave werden. Er würde sie nur mit Mühe verlassen können und eine wahre Vernichtung der niederen Welten bewirken, soweit irgendeine Freude, in diesen Welten zu leben, in Betracht kommt. Man könnte denken, er würde Nirvana-vertieft werden, sich ständig nach seiner Seligkeit sehnen, niemals glücklich, solange er nicht darin versunken. Meine eigene Erfahrung ist anders. Es mag natürlich sein, dass insofern ich vertrauter mit Nirvana werde, ich mehr darin aufgehen werde. [1])

Doch vom ersten Anfang der Berührung mit Nirvana-Bewusstsein empfand ich einen überwältigenden Eifer etwas von dessen Wirklichkeiten, den Welten, in denen ich mich so lange entfaltete, zu vermitteln. Die Berührung mit Nirvana gleicht dem Gefühl eines Schuldners, der sich plötzlich im Besitz unerwarteter Mittel sieht, mit denen er seinen Gläubigern einen Teil der Schuld bezahlen kann. Wir schulden der äußeren Welt so viel. Wir lebten darin seit Zeitaltern. Wir wuchsen darin. Wie sehr wir auch über sie hinaus wachsen, wir bleiben dennoch ihre Schuldner.

Gott Selbst zahlt seine Schulden aus fernen Zeiten in den von Göttlichkeit durchfluteten Systemen und Welten, deren Teile wir sind. Ist es unehrerbietig zu sagen, dass auch Er durch diese Abtragungen wächst gleich wie wir durch die unsrigen? Wahrlich nur wenn wir eifrig bemüht sind zu zahlen, fließen uns die nötigen Mittel dafür zu. Ich könnte Buddhi nicht berühren, wenn man nicht sehen würde, wie ich tatsächlich meine wahren Beziehungen in den niederen Welten erkenne. Ich könnte Buddhi nicht überschreiten, wenn man nicht sehen würde, wie ich die Kraft Buddhis freiwillig hingebe, gleichwie ich die Kräfte der niederen Ebenen hingab. Ein Überschreiten des Niederen ist unmöglich, solange wir es nicht denselben Zielen weihten, denen es Gott

---

1) Tatsächlich finde ich, dass ich wirklich mehr und mehr in Nirvana aufgehe, doch ist das gerade dasselbe, als würde ich sagen, ich werde immer mehr und mehr vom Leben angezogen. Doch keinesfalls nur vom Leben dieser irdischen Welt, sondern vom Leben aller Welten gleichermaßen. Vom Leben aller Planeten, Sonnen und Sterne. Ich bin in allen Welten lebendiger, in der physischen ebenso wie in jeder anderen.

schon vorher weihte. Wir müssen uns an Seine Hingabe Seines Lebens, zum Zweck Göttlicher Entfaltung oder Apotheose erinnern. Wir müssen den Stoff verwandeln, so wie Er stets den Stoff verwandelt, was in schlichten Worten heißt, dass wir in Ausdrücken der Brüderlichkeit leben müssen. An Stelle des kleineren Selbst muss Brüderlichkeit treten.

Meine Sehnsucht ist daher, Nirvana mit anderen zu teilen, nicht mich von der äußeren Umgebung für immer loszutrennen, sondern Nirvana überallhin — ganz gleich wohin — zu tragen. Auf andere Weise dürfte ich nicht wagen in Nirvana einzugehen. Ich bin überzeugt, ich würde sonst wahrhaftig eine Art von Vernichtung erleben. Sein Licht würde mich verbrennen. Ich kann Nirvana nur dann betreten, wenn ich bereit bin, zu erkennen, was Nirvana in Wirklichkeit ist, und wenn Nirvana bereit ist, in mir einen Neophyten anzuerkennen, der auf den niederen Ebenen einen Akt der Vollendung vollzog und dadurch das Recht erwarb, mit größerer Macht betraut zu werden, und von dem man erwarten kann, dass er sie in derselben Weise anwenden wird, wie die ihm bisher anvertraute Macht. In mir muss die Morgenröte der Wesensnatur von Nirvana sein, die nicht Vernichtung bedeutet, sondern ein unendlich tieferer Strahlenglanz, unendlich tiefere Weisheit, Macht und Liebe ist. Daher kann ich im Besitz solcher Morgenröte mit Sicherheit eintreten, denn ich werde dadurch nur in erhöhter Fülle leben.

Nirvana wurde in mir geboren. Es ist ein Bewusstseinszustand. Ich kann Nirvana durch nichts ausdrücken, das geringer ist als Nirvana. Doch kann ich es in der niedereren Materie andeuten, ich kann Formen ummodeln in engere Annäherung an seine formlose Majestät. Ich kann mich an Nirvana erinnern, kann mein tägliches Leben so leben, dass es Nirvana geweiht ist und auf Nirvana hinweist. Und dieses muss ich tun, denn ich selbst kann Nirvana nur erkennen, wenn ich andere dahin leite. Doch wenn ich sage, ich muss andere hinleiten, sollte ich es nochmals klarmachen, dass Nirvana schon in ihnen ist. Wie gesagt, Nirvana ist nicht irgendwo im Raum. Es ist ein Zustand unseres Bewusstseins, jenes Bewusstseins, das in jedem Menschen vorhanden ist. Was ich in diesen Seiten dargelegt habe, wartet darauf entweder in ähnlichen oder anderen Ausdrucksformen von allen dargelegt zu werden. Es braucht natürlich Zeit. Das Saatkorn wird nicht sofort zur Knospe. Aber es bedarf nur der Zeit. Einer kurzen Zeit für die Weisen, einer langen Zeit für die Unwissenden. Einer kurzen Zeit für die, in denen das Gefühl der Einheit des Lebens stark zunimmt, einer langen Zeit für Menschen, die noch viele Lektionen in der äußeren Welt zu lernen haben.

Doch möge keiner denken, dass irgendwie Vollkommenheit zum Einzug in Nirvana nötig ist. Es ist kein Zustand der Vollkommenheit. Ich kann seine niedrigsten Stufen erreichen, trotzdem mich noch viele Fesseln an das Menschenreich binden. Es ist ein Zustand des Seins und alle Zustände des Seins müssen notgedrungen unvollkommen und zeitlich sein, da sie Begrenzungen des Einen sind. Selbstverständlich kommt dieser Zustand der Vollkommenheit näher als alle geringeren Bewusstseinszustände. Auch dass größere Entfaltung darin ist, stimmt. Nirvana ist ein Zustand unbeschreiblicher Seligkeit und Kraft. Keineswegs jedoch der endgültige Zustand. Wer ihn erreichte, hat die Vorbereitungsschule des Lebens noch nicht lange verlassen.

Bei der Ersten der Großen Einweihungen beendete der Mensch endgültig die ersten Stadien, und nun, beim vierten großen Schritt wird er mit Hilfe der Kräfte des zweiten und dritten Schrittes für ernstere Dienstleistungen ausgestattet, für wirkliche Führerschaft in der äußeren Welt. Er geht in Nirvana ein mit Fesseln, die noch an ihm hängen — mit noch vorhandenen Beschränkungen, Schwächen und Unvollkommenheiten. Seite an Seite, wenn ich mich so ausdrücken darf, häuft das Bewusstsein von Nirvana zusammen mit all den anderen Bewusstseinsarten seines Wesens. Die niederen Arten jedoch haben die Neigung in der höheren unterzutauchen; denn die Aufmerksamkeit des Menschen ist dem Licht zugekehrt. Er ist nicht mehr der Sklave dieser niederen Bewusstseinsarten, denn er schlägt seinen Wohnplatz im höheren auf. Diese niederen Stufen sind nicht mehr die Herren. Sie werden zu Dienern, und der Mensch — auf diese Weise allmählich befreit — steigt in Nirvanas Reich höher und höher, von Unterebene zu Unterebene. Langsam wandelt dieses sich entfaltende Bewusstsein alle niederen Formen um, bis schließlich das Wachbewusstsein des Menschen ein entfaltetes

Nirvana ist, und alle anderen Bewusstseinsarten nur dann in Tätigkeit treten, wenn sie gerade benötigt werden. Dies und sicherlich noch viel mehr als dies, ist das normale Leben der Meister der Weisheit. [1])

1) Siehe C. Jinarajadasa „Die Okkulte Entwicklung der Menschheit" (Erschien in der Erstausgabe unter dem Titel: Die Grundlagen der Theosophie.) Mit 132 Fig., z. T. auf Tafeln, Frontispiz farbig: ‚Das Sonnensystem als Blume'. — Neuauflage Verlag Edition Geheimes Wissen, Graz.

VII. KAPITEL

DIE THEOSOPHISCHE GESELLSCHAFT.

Ich fühlte durch dieses ganze Gewand des Fleisches
Helle Schösslinge des Ewigwährenden hervortreiben.
HENRY VAUGHAN.

Mir scheint, als hätte ich wie im Blitzlicht ein Bild der Zukunft unserer Theosophischen Gesellschaft aufleuchten gesehen.
Sicherlich kenne ich in meinen höheren Körpern nicht nur ihre
Zukunft im Allgemeinen, sondern auch viele Einzelheiten. Doch
finde ich es außerordentlich schwierig, das Bild im Wachbewusstsein seilzuhalten. Vermutlich deshalb, weil das gesehene
Bild der Ausdruck des Willen Gottes ist, des Logos; in diesem
besonderen Zusammenhang einem stillstehen-den Blitzstrahl
gleich, das fast jeder Übersetzung mit Hilfe eines für solche
Übertragung ungewohnten Gehirns spottet. Die Wellenlänge Nirvanas ist fast zu sein für meine Gehirn-Maschine und das meiste
geht im Lauf der Übertragung verloren.

Ich erblicke die Gesellschaft in Ausdrucksformen des ewigen
Jetzt als eine gewisse Lichtbeschaffenheit, unabhängig von der
Existenz der Gesellschaft, nachdem diese nur das Licht in einer
besonderen Art der Manifestation ist, sozusagen eine Inkarnation
dieses Lichtes. Die Gesellschaft ist die Ausdrucksform einer großen Lichtbewegung — ohne Anfang und soweit ich sehen konnte,
ohne Ende. Ich sehe diese Bewegungen so wie ich die Leucht-
türme im Hafen von Sydney sehe. Bald leuchten sie der äußeren
Welt, bald nicht. Man wird verstehen, wie schwer es mir wird,
dieses Bild im physischen Bewusstsein festzuhalten, wenn man
sich die verschiedenen Perioden der Manifestation der Theosophischen Bewegung in der Außenwelt wie das Aufblitzen eines
Leuchtturms vergegenwärtigt, der periodisch seine Lichtstrahlen
aussendet. Ich sehe viele solche Blitze, die vermutlich am

Schluss jedes Jahrhunderts erscheinen und zeitweise die verdunkelte Welt erhellen. Zwischen jedem Blitz liegt eine Periode langsam abnehmender Dunkelheit. Daher ist der erste Eindruck hier auf Erden: Dunkelheit — Licht — Dunkelheit — Licht — Dunkelheit — Licht, wobei die Dunkelheit wundervoll, wenngleich nur allmählich, ins Morgengrauen des Tages des Herrn übergeht, an dessen Schwelle die Welt gegenwärtig steht.

Kann ich diesen Blitz zergliedern oder analysieren? Mit meinen schwachen Kräften nur sehr allgemein. Mir ist, als sehe ich die Theosophische Gesellschaft sich mehr und mehr, mit Konzentration ihrer Kräfte, bemühen, Wohlwollen auf allen Lebensgebieten Nachdruck zu verleihen. Das erste Ziel der Gesellschaft bleibt das Hauptziel. Das zweite und dritte Ziel bleibt ein integrierender Bestandteil der erklärten Grundsätze der Gesellschaft. Doch scheint sich der zweite Punkt bis zu einem gewissen Maß schon erfüllt zu haben, während der dritte zum besonderen Gegenstand der esoterischen Schule der Theosophie wird. Natürlich ist die esoterische Schule der Theosophie tatsächlich das Herz der Gesellschaft, weil sie das Bindeglied zwischen der Gesellschaft und der Großen Weißen Loge ist. Doch scheint sie zu einer homogeneren Tätigkeit zu werden, selbst im Vergleich zu ihrer gegenwärtigen, da sie als getrennte Organisation ihr eigenes Oberhaupt besitzt, obwohl sie mit der T. G. in größter Harmonie arbeitet. Die Esoterische Schule der Theosophie ist die Schule für die Jüngerschaft, die Theosophische Gesellschaft hingegen wurde weit mehr ein Teil der äußeren Welt, indem die Mitglieder auf jedem Lebensgebiet tätig Anteil nehmen. Einige arbeiten in der einen Richtung, andere in der anderen, vielleicht in ganz entgegengesetzter Richtung. Doch halten alle die herrlichste Kameradschaft fest, jene bindende Einheit, die über allen gegensätzlichen Verschiedenheiten steht. Mitglieder der Gesellschaft sind bekannt durch ihre aufgeklärte bürgerliche Stellungnahme, und ihren Äußerungen lauscht man mit Hochachtung, weil sie — wie bekannt ist — ebenso selbstlos als weise sind. Sie gewährleisten der Welt Sicherung gegen Kriege und Streitigkeiten aller Art. Jedes Mitglied, wo immer es sich auch befindet, ist für seine Umgebung ein beglaubigter Gesandter des Friedensfürsten und genießt die Hochachtung, die einem weisen älteren Menschen gebührt. Je mehr die Mitglieder der Gesellschaft tätigen Anteil an den weltlichen Angelegenheiten nehmen, desto mehr werden die selbst tätigen Menschen zur Mitgliedschaft herangezogen. Auf die Art wird dann die Gesellschaft eine erlesene Körperschaft idealistischer, praktischer und wirkungsvoller Pioniere, die zugreifen und auch Dinge vollenden, weil es ihnen ernst mit der Sache ist. Durch die Bemühungen der Mitglieder stirbt mancher Aberglaube aus, wenn auch einige nur eines langsamen Todes sterben. Der Aberglaube des Fleischessens, des Wein- und Alkoholgenusses stirbt aus. Der Aberglaube der Rassenüberlegenheit stirbt. Der Aberglaube von Unversöhnlichkeit der Klassen oder Sekten stirbt. Die neue Politik ist eher eine Politik der Verstärkung der Fähigkeiten, als ein Ausgleich von Verschiedenheiten. Die Verschiedenheiten — nimmt man an — werden sich von selbst ausgleichen, sobald die Fähigkeiten angeeifert und selbstlosen Zielen zugeführt werden. Allmählich bekennt sich die Welt zur Brüderlichkeit. Die Theosophische Gesellschaft aber, die noch immer existiert, wird zur großen weltweiten Organisation und als solche jede Bruderschaftsbewegung, jedes Volk, jeden Glauben mit Führern und tüchtigen Vorkämpfern versehen. Die gemeinsame Mitgliedschaft derselben innerhalb der Theosophischen Gesellschaft ist eine Garantie für die Welt gegen Disharmonie und widerstreitende Ziele.

Die meisten von uns sehe ich nicht bei all dieser Arbeit. Wir haben unsere Arbeit getan. Wir gehören stets zu Minoritäten und zu Anfängen, zu Experimenten, zu verlorenen Hoffnungen, zu unerforschten Wäldern und unbekannten Meeren. Wir haben all dieses möglich gemacht. Das war unsere Aufgabe, die wir ausführen mussten. Einige von uns sind in der Großen Gemeinschaft. [1]) Andere sind mit anderen Pflichten in dieser Welt oder in anderen Welten beschäftigt. So haben andere Leute unsere Plätze in der Theosophischen Gesellschaft oder wenigstens die Plätze vieler von uns eingenommen, und in dieser Periode repräsentiert die Gesellschaft die anerkannt besten Menschen der Welt. Ich denke einige frühere Präsidenten sind abwechselnd

---

1) Siehe C. W. Leadbeater / Annie Besant: „Der Mensch: woher, wie und wohin." Kap. VI, Rasse in Kalifornien. (Neuauflage Verlag Edition Geheimes Wissen, Graz)

neuerdings Präsidenten der Gesellschaft und bewahren auf diese Weise die hierarchische und apostolische Nachfolge. Die Mehrheit der Mitglieder jedoch besteht dann aus Menschen, die heute noch nicht ganz reif zum Beitritt sind.

Die Schwierigkeit des Sehens all dieser Dinge liegt darin, dass der ganze Eindruck sozusagen ein einziger Stoß ist, ein Anstoß, den man erst zergliedern muss. Zum Beispiel scheint mir, als fühlte ich die Erinnerung sämtlicher Präsidenten der Gesellschaft vom Anfang bis zu der Zeit, die ich beschreibe. Doch kann ich nur ganz unbestimmte Eindrücke bezüglich ihrer Personen erlangen. Es scheint eine Art von „Präsident-Mensch" vorhanden zu sein, in dem Sinn, wie wir vom „Himmlischen Menschen" sprechen. Die Präsidenten bilden zusammen einen besonderen Typus der Kraft. Jeder einzelne Präsident übernimmt das Amt, weil er oder sie die besondere Art von Kraft mitbringt, die im Augenblick notwendig ist. Die Wahl des Präsidenten ist eine ganz verwickelte, wissenschaftliche Angelegenheit, die die Handhabung vieler Kräfte erfordert. Ebenso verhält es sich mit der Wahl des Vize-präsidenten. Die Gesellschaft muss so weit wie möglich die Große Weiße Loge in der äußeren Welt widerspiegeln. In einer solchen Widerspiegelung spielen die obersten Beamten eine wichtige Rolle.

Ich sehe die Gesellschaft als den Licht-Kern der Kräfte, die aus ihr ausstrahlen, um die Bruderschaftstätigkeiten auf der ganzen Welt und auf vielen Ebenen zu kräftigen. Die Gesellschaft ist eine direkte Leitung für die Kraft der Großen Weißen Loge. In vieler Hinsicht sogar die allerdirekteste Leitung. Doch strömt die Kraft des Logos durch die Gesellschaft in viele Bruderschaftsbewegungen. Die Gesellschaft ist das Herz aller und der Anreger von den meisten, ob sie die Tatsache anerkennen oder nicht.

Ich sehe in dem Bild unsere Gesellschaft immer direkter den Weg zur Brüderlichkeit führen. Die Gesellschaft beginnt eine anerkannte Macht in Politik, Religion, Erziehung, Industrie und im Allgemeinen sozialen Leben zu werden. Immer mehr und mehr Mitglieder der Theosophischen Gesellschaft nehmen praktischen und tätigen Anteil an den Angelegenheiten der Welt, und im Lauf der Zeit nehmen einige derselben hervorragende und verantwortungsvolle Stellungen ein. Die Gesellschaft steht in allen Phasen des Lebens hinter Brüderlichkeit. Wohl bekennt sie sich nicht zu irgendeiner besonderen Form der Tätigkeit oder des Glaubens, denn ihre Mitglieder gehören verschiedenen Organisationen und Gedankenrichtungen an. Dennoch verursacht die gemeinsame Mitgliedschaft selbst unter verschiedenen und scheinbar antagonistischen Bewegungen ein starkes Kameradschaftsgefühl, so dass Mitglieder der Gesellschaft stets imstande sind, gegensätzliche Parteien zusammenzubringen, sobald die Opposition der Kommune als Ganzem gefährlich wird.

Logen der Theosophischen Gesellschaft neigen dazu, Zentren von Gemeinschaften zu werden, die zwar unabhängig für sich an den Peripherien der Städte wirken, aber Tätigkeitszentren in den Städten haben. [1]) Auf diese Weise werden die verschiedenen Logen zu praktischen, von der Welt bewunderten Beispielen der Brüderlichkeit, und bewirken dadurch große Zunahme an Mitgliederschaft. Die Mitglieder beginnen die beste Reklame für die Gesellschaft zu werden — was heute noch nicht allgemein der Fall ist — und eben aus diesem Grund neigt die Außenwelt zu hygienischer und humaner Lebensweise. Wie ich schon schrieb, beginnen Fleischessen, „Sport", wie er heute Mode ist, Vivisektion, industrielle Streitigkeiten, religiöse Gegensätze, internationale Debatten zu verschwinden. Dies geschieht teils infolge direkter Tätigkeit von Mitgliedern der Gesellschaft, teils weil die Gesellschaft ein indirektes Beispiel vom Gemeinschaftsleben gibt, und teils weil die Gesellschaft zu einem sehr mächtigen Netzwerk der Brüderlichkeit wird, dem die Welt schließlich nicht mehr entrinnen kann. Die Mitglieder der Gesellschaft werden wirkungsvolle Schildwachen gegen Anarchie, Revolution und alle anderen Formen zerstörender Unrast.

Ich sehe die Gesellschaft in engere Berührung mit der äußeren Welt treten. Feine Egos werden innerhalb ihrer Reihen geboren, angezogen von den unendlichen Möglichkeiten, die eine Mitgliedschaft der Gesellschaft bietet. Mitgliedschaft in der Gesellschaft wird immer wertvoller und auch mehr geschätzt denn je zuvor. Sie verleiht einen ausgesprochenen Stempel (Cachet).

---

1) Siehe Anhang E hinsichtlich eingehenderer Beschreibung.

Egos mit einem bestimmten Ziel erkennen, dass ein Heranwachsen innerhalb des Einflusses der Gesellschaft teils erzieherisch, teils als Ausgangspunkt für die Verbreitung ihrer Botschaft, sehr großen Vorteil bedeutet. Es scheint fast ein Ansturm zu sein, um bei Mitgliedern der Gesellschaft geboren zu werden, besonders mit dem wundervollen Ideal der Mutterschaft, das von der Gesellschaft so sehr gefördert wird.

Ich sehe diese Nebenbetätigungen fruchtbringend und sehr kräftig werden. Sie ordnen sich entschieden der Muttergesellschaft unter — im Sinne ehrfurchtsvoll dargebrachter Verehrung, doch gleichzeitig eigenartig unabhängig — und tragen zum Fortschritt der Welt eine ihnen besondere eigene Lebenskraft bei. Interessanter Weise sehe ich all diese Dinge in Ausdrücken von Farbe und Ton.

Liberalisierende und vereinende Bewegungen sind in jeder Religion durch Vermittlung der Theosophischen Gesellschaft an der Arbeit. Auch sehe ich andere Bewegungen in anderen Glaubensrichtungen ihren Platz einnehmen, Hand in Hand mit der Liberal Katholischen Kirche und der Hindu-Bewegung, diesen überaus machtvollen Organisationen, innerhalb eines großen Bundes der Religionen, die die Stelle der Welt-Religion einnimmt, für die die Welt noch nicht reif befunden wurde und noch unreif bleibt. [1]

---

1) Siehe J. L. Guttmann, „Adyar. Eine Stätte geistiger Höhenluft".

VIII. KAPITEL

DIE IMMANENZ DES LICHTES.

Paris, 7. März. Es war dunkel und ziemlich kalt. Ich war trübe gestimmt und ging spazieren, weil ich nichts zu tun hatte. Ich wanderte an ein paar Blumen vorbei, die in Brusthöhe auf einer Mauer standen. Darunter war eine blühende Narzisse. Sie ist der stärkste Ausdruck des Verlangens: der erste Duft des Jahres. Ich empfand all das Glück, das dem Menschen bestimmt ist. Diese unaussprechliche Harmonie der Seelen, das Phantom der Ideal-Welt stieg vollkommen in mir auf. Niemals empfand ich etwas so groß, so unmittelbar. Ich weiß nicht, welche Form, welche Analogie, welches Geheimnis der Beziehungen es war, das mich in dieser Blume unendliche Schönheit sehen ließ . . . . Nie werde ich diese Macht, diese Unendlichkeit, diese Form, die man mit nichts auszudrücken vermag, in einen Begriff bannen; dieses Ideal einer besseren Welt, die man fühlt, die aber scheinbar von der Natur nicht gemacht wurde.

De Sénancour.

Es ist interessant aus dem Fenster eine Szene draußen zu beobachten und von jedem gesehenen Gegenstand allmählich die verschiedenen Beziehungen auf den verschiedenen Ebenen zu abstrahieren. Dinge bestehen, ganz abgesehen von dem, was sie zu sein scheinen. Jeder Gegenstand, den ich wahrnehme, hat ein Dasein, das anders ist als mein Begriff, den ich mir von ihm gemacht habe. Er ist alles, was ich von ihm denke, oder er kann weniger sein, als ich mir vorstelle, indem ich ihm Eigenschaften zuschreibe, die er in Wirklichkeit nicht besitzt, (in dieser Beziehung missverstehe ich ihn wohl sehr). Doch ist er auch weit mehr, denn er repräsentiert ein Lebensprinzip, ein Entwicklungsgesetz, dessen Wesen ich auf meiner besonderen Stufe nur zum geringen Teil erfassen kann. Wenn ich aus meinem Fenster auf den Hafen von Sydney oder auf einen bestimmten Teil desselben blicke und meine gewohnten Ideen Verbindungen davon zurückziehe, ist das erste was mir auffällt, die Einheit von Allem. Alles gehört allem. Alles braucht alles und ist der Gefährte von allem anderen. Ich sehe den Teil des Hafens, der sich vor meinen Blicken ausbreitet, als ein zartes Ganzes, das fast aufschreit gegen den Vandalismus des Menschen, der es auflösen möchte in unabhängige, beziehungslose, oftmals antagonistische Elemente. Warum sollte jeder im Gegensatz zu jedem leben, wenn in Wahrheit alles voneinander abhängt und nur dann wirklich wachsen kann, wenn diese gegenseitige Abhängigkeit erkannt und gelebt wird? Ich bemerke, wie alles hilft alles zu vollenden, indem es zur gemeinsamen Zweckerfüllung beiträgt.

Das Schiff auf dem Meer hilft dem Meer in seinem Wachstum und das Meer hilf dem Schiff zu wachsen. Die auf den Abhängen verstreuten Häuser helfen dem Boden, auf dem sie erbaut wurden, gerade wie der Boden den Häusern hilft. Der kleinste Kiesel, der am Strand liegt, ist notwendig für den Strand, ist notwendig für das gewaltige Meer, das ihn scheinbar so hochmütig, so herablassend, so verächtlich behandelt. Wie könnte die Erde wachsen ohne ihre Erdwürmer, ihre Pflanzen, ihre Geschöpfe, die auf ihr leben? Wie könnten all diese wachsen ohne die Mitwirkung der Erde? Ich sehe überall Wesenheiten, lebende Wesen, mit mehr oder weniger Bewusstsein. Die Schiffe, Häuser, Bäume, Sträucher und Blumen, ja sogar die Kieselsteine, — alle sind Wesen. Der ganze Hafen ist ein großes Wesen, doch verschiedene Teile des Hafens sind auch Wesen.

Ich sehe alles auf diese Weise, jedes Wesen mit seinem eigenen kleinen Leben, jedoch eingehüllt in das eine Universalleben, ein Teil des einen Großen Ganzen, jedes Einzelne von allen Anderen abhängig. Ich sehe, wie jedes dem anderen zur Erfüllung hilft. Bei diesem Wort „erfüllen" halte ich inne und bemerke, dass diese verschiedenen Dinge einander keineswegs immer erfüllen, obwohl sie es tun sollten. Manchmal profanieren und entehren sie sich gegenseitig wie z. B. wenn ein hässliches Haus gebaut wird, wenn offene Gelände durch widerwärtige Gebäude irgendwelcher Art oder durch abscheuliche Unordnung und achtlose Selbstsucht des Menschen entweiht werden. Wenn und wo ein

Teil in grausamer Weise auf Kosten anderer lebt, dann ist dort keine Erfüllung, sondern eher eine Erniedrigung, wodurch eben wegen der sich entfaltenden Einheit alle notwendigerweise in Mitleidenschaft gezogen sind, gezwungen sind, teilzunehmen. Ich finde, dass ich für diese Besudelungen empfindlich werde. Abgesehen davon, dass sie mich besudeln und erniedrigen, beleidigen und betrüben sie mich, weil ich weiß, welch herrliches Ding diese Mutter-Einheit ist, der gegenüber sie sich so unkindlich benehmen.

All dies ist aber eine Folge des Zurückziehens aller niederen Beziehungen, an deren Stelle Buddhi tritt. Es ist eine wahre Transsubstantiation. Aber ich denke, ich kann einen Schritt weiter gehen und meine Landschaft in Begriffen von Nirvanischem Bewusstsein betrachten. Auf der Buddhi-Stufe fällt mir die wunderbare Zwischenrelation auf. Doch will ich dies Gefühl für Zwischenrelation auslöschen und noch weiter nach innen forschen. Ich mache eine mir höchst interessante Entdeckung. In Erwartung, alles als Licht-Ausdruck zu erblicken, finde ich, dass sich alles in Kraft-Einheiten auflöst. Ich gewahre in allem die Kraft, die mich nahezu erschreckt. Kaum bemerke ich die Formen. Doch scheint es nicht darauf anzukommen. Sie sind im Vergleich zur beseelenden Kraft nebensächlich. Und plötzlich beginne ich zu entdecken, dass diese Kraft gefangenes Licht ist.

Hier muss ich einen Ausdruck anwenden, der — wie ich hoffe — verständlich sein wird. Es ist der einzige Ausdruck, den ich finden kann: unbewusstes Licht. Dies ist in Materie gehüllt, damit es selbstbewusstes Licht werde. Die Kraft, die ich so heftig gewahre, ist die unwiderstehliche Potentialität des in unbewusstes Licht gehüllten selbstbewussten Lichtes. Kraft und Licht sind daher eins und dasselbe. Aber die Transsubstantiation vom Buddhischen zum Nirvanischen Bewusstsein schien das Licht als Kraft zu betonen, vielleicht weil das erste, was ich bemerkte, der Glanz des Lichtes war, das langsam, aber sicher seine Einkerkerung in allen Dingen überschreitet. Überall sah ich Sieg, überall wuchs das unbewusste Licht zum Selbstbewusstsein jener verschiedenen Stufen der Verstärkung, die wir Naturreiche nennen.

Während ich diese Strahlen der Licht-Kraft in allen Dingen gewahre, bemerke ich eine große, im Werden begriffene Harmonie. In der Auslegung, die der Buddhischen Ebene gemäß ist, würde ich diese Harmonie mit den Worten Zwischenbeziehung bezeichnet haben, weil jeder Gegenstand im Wesentlichen jedem anderen angepasst ist. Der Auslegung gemäß, die der Nirvanischen Ebene entspricht, beschreibe ich diese Harmonie mit Ausdrücken von alles durchdringendem Licht-Ton, wodurch der Gegenstand seine Objektivität verliert und an einer universellen Subjektivität teilnimmt. Auf der Buddhi-Ebene bleibt Objektivität bestehen. Auf der Nirvanischen Ebene verschwindet Objektivität und der Ur-Typus tritt an seine Stelle. Auf allen Ebenen der Auslegung bemerkt man natürlich die wachsende Harmonie doch — wie ich fürchte — nicht ganz ohne entstellende Dissonanzen. Doch sind die Harmonien auf der Budddhischen und Nirvanischen Ebene unendlich tiefer. In dem einen Fall wird die zugrunde liegende Einheit klar, während im anderen die nach Einheit strebende Kraft sich unserm Blick enthüllt. Unterhalb der Buddhi-Ebene ist Verschiedenheit sichtbarer als die Einheit, doch wird Wahrnehmung und Erkenntnis der Einheit erst möglich, wenn man inmitten der Verschiedenheit lebt. Wir können ohne Verschiedenheit nicht auskommen, denn Verschiedenheit, wenn wir dies nur wüssten, ist das wunderbarste Zeugnis unvorstellbarer Herrlichkeiten der Einheit. Glücklich sind diejenigen, deren Blick scharf genug ist, die Einheit ungeachtet der Ablenkungen der Verschiedenheit zu erkennen. Wer die Buddhische oder Nirvanische Eigenschaft des Bewusstseins erreicht hat, kann die Einheit niemals verlieren, was auch die Verschiedenheiten sein mögen. Ich fühle mich also in der Lage, sagen zu können, dass ich beim Schauen aus meinem Fenster in jedem einzelnen Gegenstand — in jedem Reich der Natur die Einheit Buddhis, die Kraft Nirvanas gefangen sehe, wenngleich noch sehr embryonal und unbewusst. Auch weiß ich, dass selbst die Einkerkerung eine Gabe Gottes ist, damit die Einheit eines Tages ihre innewohnende Kraft erkenne, mit der sie alle Fesseln sprengen wird. Das eine Leben mit all seinen Elementen, aus denen es besteht, durchdringt alle Dinge, und es gibt keine Region — wie hoch erhaben sie auch sei —, die nicht ihren Widerschein in allen Dingen hätte. Ich möchte hier einige Worte über Licht-Kraft hinzufügen. Sonderbar genug, während ich in allen Dingen Licht-Kraft und eine Einheit des Wesens wahrnehme, das sie umhüllt, so erscheint mir doch jeder besondere Gegenstand wie ein Kraft-Hauch innerhalb einer unendlich großen Wolke von Kraft. Das Wort „Strahl" scheint kaum entsprechend, um die Tatsachen auszudrücken, denn der Begriff „Strahl" deutet Bewegung an, während das Wesentliche in Nirvana Dasein ist. Gegenstände scheinen Wolkenbrüche innerhalb eines mächtigen Wolkenbruches zu sein, (das Wort Wolke ist natürlich nicht gut gewählt), ein Vorgang, der dem Schöpfungsakt entspricht, ein mikrokosmischer Hauch innerhalb eines makrokosmischen Hauches. Meine Gedanken in anderer Weise ausgedrückt, scheinen alle Gegenstände, von der Nirvana-Ebene aus betrachtet, Explosionen zu sein, mikrokosmische Explosionen, innerhalb einer makrokosmischen Explosion, — Explosionen, die sich wie Pulsschläge ausnehmen. Wir können sogar einen Schritt weiter gehen und die Gegenstände als zahllose Schläge des Universellen Herzes betrachten. Ob ihr wohl meinem Gedankengang überhaupt folgen könnt? Es ist so schwer diese Dinge auszudrücken, doch bemühe ich mich Individualität in Einklang mit Universalität zu bringen. Ich nehme natürlich Individualität wahr, doch ist Individualität nur eine Erscheinungsform des Allumfassenden. Wohl wahr genug, aber nicht die ganze Wahrheit.

Nichts gibt es, das nicht göttlich ist. Wir schreiten auf Göttlichkeit, wenn wir auf die Erde treten. Was wir auch berühren, was wir sehen, was wir hören, was wir fühlen, — alles ist göttlich. Aus diesem Grund hat sich meine Landschaft im neuen Licht erneuert. Jeder Gegenstand, aus dem sie besteht, offenbart eine bisher verborgene Göttlichkeit, hat folglich neue und reichere Werte. Diese Gegenstände, die Schiffe, die kleinen Boote, die Fähr-Dampfer, die Gebäude, die Laternenpfähle, die Läden und die darin seilgebotenen Gegenstände, die Bäume und Blumen, die Möbel in den Zimmern, — alle sind nun durchdrungen von neuer Bedeutung. Sie haben daher auch neue Ziele, neue Beziehungen untereinander, eine neue Botschaft, neue Berufung und neue Kameradschaft. In jedem ist viel mehr Relativität, jedoch nicht weniger Individualität als vorher. Ich scheine — was noch mehr ist — imstande zu sein, das Maß, in dem jeder seinen Urtypus wiedergibt oder verzerrt, viel bestimmter zu unterscheiden. Denn nichts existiert ohne Urtypus.

Möglicherweise gibt es in Ausdrucksformen von Ewigkeit keine Verzerrung; aber in Zeit ausgedrückt, gibt es diese oftmals, und uns fällt die Aufgabe zu, die Verzerrungen, die vom Standpunkt der Zeit-Welt bemerkbar sind, wieder in Ordnung zu bringen. Folglich bin ich jetzt mehr in der Lage zu beurteilen, was aus dem Einklang geraten und was harmonisch ist. Jeder Gegenstand ist eine Verkörperung von Licht-Ton, eine verkörperte Übertragung dieses Licht-Tones in unsere niedrigen Welten. Jeder Gegenstand ist eine bescheidene Miniatur-Sonne, ein winziger Stern, eine Welt, ein Universum. Jeder Gegenstand ist eine mikroskopische Harmonie. Doch kann auch jeder Gegenstand seine Elemente der Dunkelheit und des Missklanges haben, in denen seine wahren Licht- und Tonwerte durchkreuzt werden. Es ist mir nur interessant den Gegenständen zu lauschen, sie zu beobachten und mich zu bemühen, ihre verschiedenen Ton- und Licht-Formeln, ihre verschiedenen wesentlichen Merkmale und mystischen Akkorde nachzuempfinden. Ich bin eben nur am Anfang all dieser Dinge und kann jetzt nicht mehr darüber sagen. Erstens erkenne ich, dass das Nirvana, das ich an seinem Rand zu erkennen beginne, nicht nur ein Widerschein von Para-Nirvana — was immer Para-Nirvana sein mag — ist, sondern auch ein Widerschein eines kosmischen Nirvanas, dessen unmittelbare Darstellung es ist. Zweitens erkenne ich, dass sogar dieses Nirvana eine Wiederverkörperung jenes Nirvanas ist, das von unserm Herrn, der Sonne, auf Seinem nach aufwärts führenden Pfad, zu einer Zeit, die der Existenz unseres Systems voranging, erlebt wurde. Auch erkenne ich, dass jede Ebene ihren kosmischen Urtypus oder ihr Gegenstück hat.

Bei diesem Punkt angelangt, möchte ich die Theorie aufstellen, dass vor unermesslichen Zeitaltern unser Herr, die Sonne, mehr oder weniger denselben Pfad wanderte, wie ihn die heutige Entwicklung wandelt.

Stufe für Stufe stieg er empor, Fessel auf Fessel sprengte er entzwei, bis der Funke zum Feuer wurde, dessen Herz jener physische Himmelskörper ist, den wir die Sonne nennen. Nach vollbrachtem Aufstieg wurde die Gesamtsumme der auf jeder Ebene gemachten Erfahrungen sozusagen in Ausdrücken der Potentialität dem Gedächtnis eingeprägt. Er baute während Seines Wachstums in Sein Wesen Samenkörner eines Universums ein, ähnlich jenem Universum, dessen wachsender Bruchteil Er damals war. Er wurde selbstbewusstes Leben, war jedoch aus zahllosen Lebensschichten zusammengesetzt, die sich unter dem Selbst-Bewusstsein befanden. Ich, George Arundale, bin teilweise selbstbewusst, doch bestehe ich aus Leben, — aus mikroskopischen Universen und Welten, — die mehr oder weniger zum unbewussten Leben gehören. Der Vorgang des Wachstums ist ein Vorgang des Nach-innen-Wendens, des Einatmens. Der Vorgang der Erfüllung ist ein Vorgang des Nach-außen-Wendens, des Ausatmens. Dieser Vorgang ist es, den unser Herr, die Sonne, ausübt, soweit dieses Universum in Betracht kommt. Das Ausatmen, das Nach-außen-Wenden, besteht im Anfachen der zahllosen Funken zur Flamme jener Funken, die Er im Lauf Seiner Entwicklung vor Zeitaltern und Myriaden von Zeitaltern in Sich einbaute. Zweifellos findet auch bei unserm Herrn, der Sonne, ein Nach-innen-Wenden statt, nur weiß ich davon nichts. Auch wir, als werdende Sonnen, bauen in uns das Material ein, aus dem wir eines Tages zu Sonnen werden, auf das wir eines Tages so scheinen werden, wie die Sonne auf uns alle täglich scheint. Wo wir heute sind, war Er einst auch. Wo er ist, werden wir sein.

Jede Ebene ist auf diese Weise ein Nach-außen-Wenden einer Potentialität, die an sich die geerntete Frucht von Erfahrung und Vollendung ist. Unsere mannigfaltigen Berührungspunkte mit den verschiedenen Naturebenen sind nicht nur für unser eigenes Wachstum da, sondern damit in einer unermesslichen Zukunft in uns die Möglichkeiten eines Universums vorhanden seien und damit wir unsern Welten all das sein können, was unser Herr, die Sonne Seinen Universen und all Seinen Naturreichen ist.

Wurden wir einmal zu Mittelpunkten, zu Strahlen, zum Transzendentalen, und haben wir nach dem großen Ausatmen wieder eingeatmet, wird neuerdings ein Ausatmen bis zu Umkreisen, oder mit anderen Worten, eine Manifestation stattfinden. So wie unser Herr, die Sonne, in mächtigen Lebenspendenden Atemzügen atmet, werden auch wir es tun. Dieses scheint für alle Wesen Lebensgesetz zu sein, wenigstens für Alle, die wir erfassen können, denn für uns bedeutet Dasein: Pulsschlag. Möglich, dass es ein Sein gibt, dem diese Eigenschaft mangelt, doch scheint das in den uns bekannten Systemen nicht der Fall zu sein. Obgleich wir natürlicher Weise das Unmanifestierte als eine Apotheose des Einatmens annehmen und „reines Dasein" nennen, können wir doch als manifestierte Geschöpfe das Unmanifestierte ohne die Möglichkeit und die Saat einer Manifestation, nicht begreifen. Daher nehmen wir großes Ein- und Ausatmen und das Erlangen selbstbewusster Göttlichkeit als Apotheose des Einatmens an, doch erwarten wir ein ihm folgendes Ausatmen, gleich der dem Tag folgenden Nacht.

Da ich in meiner eigenen Natur eine Transsubstantiation des Bewusstseins begann, und das Nirvana-Bewusstsein allmählich zu meiner positiven Substanz zu werden beginnt, im Gegensatz zum bisherigen negativen, setze ich mein Bemühen in der Richtung der Verwirklichung einer ähnlichen Transsubstantiation mit Bezug auf die äußere Welt fort. Ich sage „Bemühen", denn es ist eben nur ein tastender, schwacher Anfang einer wunderbaren Umwandlung, die in entfernter Zukunft zum Bewusstsein des Adepten führt. Zunächst empfange ich einen allgemeinen Eindruck von der Welt, Nirvanisch betrachtet, und sofort verschwindet alle Hässlichkeit — der Pfad verliert sich im Ziel, und Vorgänge werden als ihre Resultate wahrgenommen. Ich idealisiere, daher realisiere ich. Als eine allgemeine Feststellung könnte ich sagen, Nirvana ist eine Vollendung, eine Apotheose, ein Urtypus der Welt-Zustände. Es mag seltsam klingen, die Worte „Vollendung" und „Urtypus" nebeneinander zu stellen, doch ist beides Nirvana. Es ist sowohl Saat als auch Blüte, — Saat in allen Dingen, Blüte in einigen wenigen, und eines Tages in allen Dingen. In der Außenwelt lebe ich in zahllosen Bedingungen, Zuständen und Ereignissen. Ich erforsche diese Außenwelt mit Nirvana — scheinbar bin ich dazu fähig, — und so erblicke ich das Wirkliche. Das im Werden begriffene Wirkliche, die Außenwelt, wurde zur Wirklichkeit, denn ich berührte sie dem Zauber des Ewigen Jetzt, das der Zeitbegriff Nirvana ist. Sofort gewahre ich eine neue Bedeutung der Redewendung: „Gott ist Liebe". Er ist unendlich viel mehr als Liebe. Er ist wir. Und jeder Zustand der Welt, in jedem Naturreich und auf jeder Ebene, ist eine Erfüllung Gottes, wie immer wir dieses Wort auch definieren mögen, — es ist eine Entfaltung Gottes, Seines Wesens. Wir sind Teile Seiner Substanz und die Heilige Eucharistie, ob beim Christentum oder bei irgendeinem anderen Glaubensbekenntnis, ist eine wirkliche Erinnerung an diese Höchste Wahrheit, ein Erklingen ihres unaussprechlichen Tones inmitten der Dissonanzen des Werdens und Wachsens.

Ich setze Gott als positiven (Begriff) anstelle von Gott als relativ negativen Begriff, wodurch die Welt selbsterklärt und gerechtfertigt dasteht. Ich habe Gott in allen Dingen gefunden. Es gibt nichts Gottloses, nichts das nicht Gottähnlich oder darf ich sagen „Gottvoll" wäre? Ich vermag ein gänzlich verschiedenes Entwicklungssystem zu erfassen, in dessen Lauf sich das Wachstum ohne Reibung vollzieht, ohne den schwingenden Vorgang, wenn ich ihn so nennen darf, zwischen den zahllosen gegensätzlichen Paaren — wie gut und böse, recht und unrecht, usf. Aber ich begreife, dass die Methoden und Vorgänge, die unserer besonderen Entwicklung auferlegt wurden, solchen Zielen, wie ich sie erfassen kann, vollkommen angepasst sind. Ob sie die möglichst kürzesten Wege zu diesen Zielen sind, weiß ich nicht. Man vermutet, dass das Beste gewählt wurde, und es ist unnütz, um nicht zu sagen anmaßend, darüber weiter zu spekulieren. Darf ich wenigstens sagen, dass das Leben eigentlich träge ist? Es wählt sich die Richtung des geringsten Widerstandes; niemals tut es etwas mit Anstrengung, was mit Leichtigkeit erreicht werden kann, und selbst sorgfältigst ausgearbeitete Komplikationen sind in allen Fällen die einfachsten der verfügbaren Mittel zur Erlangung des angestrebten Zieles. Das Leben ist wunderbar, aber auch mehr als wunderbar, denn es ist einfach. Wir nähern uns dem Leben und nähern uns Gott, indem wir Einfachheit anstelle von Verwirrung, Lärm und mühsam ausgearbeiteter moderner Künstlichkeit stellen, die man Zivilisation nennt.

Wenn ich nicht nur aus frommem Glauben oder aus Hoffnung und Sehnsucht, sondern auf Grund meiner Erfahrung sagen kann, dass Gott Liebe *ist*, so habe ich eine Umwandlung bewirkt, das heißt, ich habe die Wirklichkeit betont. Die Welt wird auf diese Weise in jeder Lage ihres Seins weit wirklicher. Im Wesentlichen ist natürlich alles wirklich, denn alles ist Gott. Doch gibt es, wenn ich so sagen darf, Abstufungen Gottes, vom Unbewussten zum Selbstbewussten. Die Umwandlung, die ich bewirke, ist, verhältnismäßiges Selbst-Bewusstsein, mit Nicht-Bewusstsein zu vertauschen, oder um den Vorgang mit anderen Worten auszudrücken, das Selbst-Bewusste im Un-Bewussten zu behaupten. Hier erkenne ich, wie nutzlos Worte und Sätze sind, denn im Licht Nirvanas scheint zwischen Beiden kein Unterschied zu bestehen. Wenn ich aber versuchen soll, es hier zu erklären, so kann ich nur sagen, ich bejahe das Wirkliche inmitten des Unwirklichen oder ich erkenne das Unwirkliche als Das Wirkliche. Folglich erklärt Nirvana: in die dunklen Stellen scheint sein Licht. Anderswo schrieb ich über die neuen Werte, die Nirvana den Dingen gibt, von der Neu-Einstellung, die Nirvana bewirkt. Diese Tatsache möchte ich hier anders fallen. Ich fange an in einer neuen Welt zu leben, das aber nichts weiter bedeutet als die alte Welt „realisiert" zu haben. Ich beginne alles zu „realisieren" so dass nichts unangebracht zu sein scheint. Alles erscheint unvermeidlich, wunderbar unvermeidlich. Ich wandte diese Worte vorher schon mit Bezug auf die Zukunft an, sie sind aber ebenso zutreffend auf die Gegenwart. Wir können daraus nicht einen einzigen Zustand entbehren.

Ich fühle, dass dieses sehr seltsam klingen muss, angesichts der schrecklichen Lage, in der sich die Welt heute befindet. Doch ist nichts schrecklich, insofern wir nicht verweilen statt vorwärts zu gehen. Nichts ist schrecklich, solange wir uns nicht daran klammern, nachdem es seinen Zweck erfüllte. Nichts ist unrecht, bis wir ihm nicht entwachsen sind. Das Böse ist nur ein abgetragenes Kleid, das wir noch immer tragen. Es lohnt sich der Mühe daran zu denken, dass das Abgetane, das man abwerfen sollte, für einen Anderen noch ganz gut ein neuer Anzug sein kann. Weltlich ausgedrückt: Die Wahrheit wächst, wie viel absolute und ewige Wahrheit es auch geben mag, — und wir müssen uns mit der Wahrheit entfalten. Die Wahrheit entfaltet sich und wir müssen uns mit ihr entfalten. Wir können und dürfen nicht warten. Wir dürfen keine Faulenzer sein. Stillstand ist Verfall, und das einzig wirklich Schreckliche in der Welt ist der Verfall, da er Stillstand bedeutet, das ist der Anfang des Rückgangs. Es gibt auch einen anderen edlen Verfall, der nur das ehrfurchtsvolle Beiseitelegen dessen ist, das seinem Zweck gedient hat. Der erstere ist gefährlich; gegen ihn muss die ganze Welt auf der Hut sein, damit sich die bittere Erfahrung der Vergangenheit nicht wiederhole.

Im Licht Nirvanischen Bewusstseins erblicke ich, wie schon gesagt, das Wirkliche in allen Dingen. Die sich wandelnde Welt wurde eine verwandelte Welt, und ich weiß, dass ein Verweilen nirgends unvermeidlich ist. Nichts ist so verhärtet, dass es sich nicht mehr bewegen kann. Seltsam mag die Behauptung klingen, dass selbst der große Krieg dazu beitrug die Härte zu lockern, obwohl ich damit nicht sagen will, dass sie nicht auch möglicherweise auf eine andere Art hätte gelöst werden können. Auf jeden Fall ist gerade das Kommen des Weltlehrers ein Beweis, dass die Welt Ohren hat Ihn zu hören. Bewirkt nicht sein Auftreten unter den Menschen eine Transsubstantiation für die ganze Welt? Eine wunderbare greifbare Wirklichkeit wird so anstelle der unendlich geringeren Wirklichkeiten treten, mit denen sich die Welt lange Zeit zufrieden geben musste. Er nimmt ihre Stelle ein. Selbst das Niederschreiben dieser Worte macht mich erbeben, denn sie verkörpern die wunderbare Tatsache, dass Er aufs Neue in innige Verbindung mit uns tritt, dass Er zu uns herunter kommt, in unsere kleine Welt eintritt, Seinen Platz in uns einnimmt, Sich Selbst an Stelle unseres höheren Selbstes stellt, was dasselbe bedeutet, als dass Er uns weit über unser normales Selbst hinaus hebt, oder dass Er unser höheres Selbst läutert und das Niedere mit dem Höheren in Einklang bringt. Im Licht Nirvanas sehe ich, wie sich all dieses vollzieht, denn Er ist verkörpertes Nirvana, das zu sehen, zu hören und zu erkennen der Welt gestattet werden wird. Nirvana wird greifbar!

Ich erblicke für alle Dinge das Nirvanische Gegenstück, doch hat dieser Anblick heute einen tieferen Sinn wie vor vielen Jahrhunderten. Die Welt steht im Begriff, einen neuen Frühling zu erleben. Schon erblicke ich die winzigen Schösslinge Buddhis, sich den Weg durch die dichteren Schichten der niederen Ebenen erzwingen. Wenn ich in die weite Ferne blicke, sehe ich, wie diese kleinen Schösslinge sich zu Knospen entfalten, die schließlich zur Buddhischen Blume erblühen werden. Wir müssen diese Schösslinge begießen, indem wir den Pfad der Gerechtigkeit wandeln, sonst werden sie zurück ins Unbewusstsein sinken.

Nirvana zeigt mir die Möglichkeiten innerhalb der Wirklichkeiten unserer Welten, wie ich sie vorher nie gesehen. Ich weiß, was die Welt tun kann. Aber die Welt darf nicht warten. Sie muss sich bewegen und alle Männer und Frauen, die guten Willens sind, müssen sie bewegen helfen. Utopie wartet darauf einzutreten, doch muss die Welt ihre Tore öffnen, und es ist mir vollkommen klar, dass nichts in der Welt diesem öffnen als unübersteigbares Hindernis im Wege steht. Ich scheine die Welt von einer großen Höhe aus zu beobachten. Ihre Not ist sehr groß. Sie schreit laut um Hilfe. Es ist der Schrei, den der Herr gehört hat und mit den Worten beantwortet: „Ich komme". Ich sehe eine vielversprechende Zukunft, wenn nur die Führer der Welt sie vom Streben nach Getrenntheit — sei es individuelle Getrenntheit oder die der Klassen, Nationen, Sekten oder Rassen, — wegführen und dem Streben nach Einheit und gegenseitigem Verständnis entgegenführen würden.

Nirvana ist noch nicht für die Welt, doch sollte die Sonne Buddhis für viele Menschen nicht so sehr weit unter ihrem Horizont stehen, und die rosigen Töne ihrer Morgendämmerung sollten beginnen die Nacht des Getrenntseins zu zerstreuen. Seid ihr je auf Bergeshöhe gestanden, um vor der Dämmerung den Aufgang unseres Herrn, der Sonne über der Welt zu beobachten? Seid ihr in Ehrfurcht gestanden vor dem Wunder wie eine Welt von Dunkelheit in eine Welt der zartesten Farben verwandelt wurde? Habt ihr die Herrlichkeit bewundert, die sich jedem Teil der Landschaft durch die zauberhafte Berührung der Sonnenstrahlen enthüllte? Habt ihr beobachtet, wie schön es ist, wenn alles wieder zu neuem mannigfachen Leben erwacht? Habt ihr die wunderbare Unschuld und Sehnsucht alles Vorhandenen bei seinem Erwachen beobachtet? Der große englische Mystiker Thomas Traherne gibt dem Erwachen der Kindheit auf physischer Ebene schönen Ausdruck. Für Kindheit auf irgendeiner anderen Ebene für das erste Erwachen höheren Bewusstseins könnten ähnliche Worte angewendet werden. Traherne erzählt uns:

„Gewiss hatte Adam im Paradies keine süßeren und sonderbareren Vorstellungen von der Welt, wie ich als Kind. Alles erschien zuerst neu und seltsam, unaussprechlich kostbar, entzückend und schön. Ich war ein kleiner Fremdling, den bei seinem Einzug in die Welt zahllose Freuden begrüßten und umringten. Mein Wissen war Göttlich . . . . Sogar meine Unwissenheit war vorteilhaft. Ich glich einem Wesen, das in den Zustand der Unschuld versetzt worden war. Alles war fleckenlos, rein und herrlich; ja, und mein grenzenloses Eigentum, voll köstlicher Freude. Ich wusste nicht, dass es irgendwelche Sünden, Klagen oder Gesetze gab. Ich träumte von keiner Armut, keinem Streit, keinem Laster. Alle Tränen, alle Streitigkeiten waren meinen Blicken verborgen. Alles war ruhevoll, frei und unsterblich. Nichts wusste ich von Krankheit oder Tod, Renten oder Forderungen als Steuer oder Lebensunterhalt. In Ermangelung dieses wurde ich wie ein Engel mit den Werken Gottes in ihrer Pracht und Herrlichkeit unterhalten und ich sah allen Frieden Edens. Himmel und Erde fangen meines Schöpfers Lob und konnten Adam keine schöneren Melodien ertönen lallen als mir. Alle Zeit war Ewigkeit und ein ständiger Sabbat. Ist es nicht seltsam, dass ein Kind Erbe der ganzen Welt sein soll und jene Mysterien sehe, die die Bücher der Gelehrten niemals enthüllen? Das Korn reiste mir zu unsterblichem Weizen, der niemals geerntet werden würde noch je gesät war. Ich dachte er stünde hier von Ewigkeit zu Ewigkeit. Staub und Steine der Straße waren kostbar wie Gold; die Tore bedeuteten anfänglich das Ende der Welt. Als ich die grünen Bäume das erste Mal durch eines der Tore sah, entzückten und berauschten sie mich; ihre Süße und ungewohnte Schönheit ließen mein Herz hüpfen, das fast toll vor Begeisterung war; so seltsam und wunderbare Dinge waren sie. Die Menschen! Oh welch ehrwürdige, ehrfurchtgebietende Geschöpfe schienen die alten Menschen! Unsterbliche Cherubime! Junge Menschen glichen schillernden und sprühenden Engeln und die Mädchen seltsam seraphischen Wesen voll Leben und Schönheit! Knaben und Mädchen, auf der Straße tollend und spielend, waren bewegliche Edelsteine. Ich wusste nicht, dass sie geboren wurden und sterben mussten. Doch blieben alle Dinge so wie sie waren in Ewigkeit an ihrem rechten Platz. Ewigkeit manifestierte sich im Licht des Tages und hinter allem erschien etwas Unendliches, das mit meiner Erwartung sprach und meinen Wunsch bewegte. Die Stadt schien in Eden zu stehen oder im Himmel erbaut zu sein. Die

Straßen waren mein Eigentum, mein waren der Tempel, die Leute, ihre Kleider, ihr Gold und Silber, wie ihre sprühenden Augen, ihre seine Haut und ihre frischen Gesichter. Das Himmelszelt war mein, auch Sonne, Mond und Sterne, und die ganze Welt. Und ich der einzige Zuschauer, der einzige Genießende . . . . So wurde ich denn unter viel Aufhebens verdorben und musste die schmutzigen Wege dieser Welt kennen lernen. Nun verlerne ich sie wieder und werde sozusagen neuerdings zum kleinen Kind, damit ich in das Reich Gottes eingehen kann."

Erblicken wir nicht im Morgenrot die Schönheit selbst in Dingen, die wir sonst hässlich nennen würden?

So stand ich am Berg Nirvanas. So stehe ich noch immer und beobachte die Welt sich neuerdings nach Buddhi in Bewegung setzen, während die Morgenröte Christi sich aufs Neue über sie ergießt. Vielleicht regt sie sich nur. Wie lange noch vor dem Erwachen? Ah, wer kann es sagen? Dennoch können wir dankbar sein, dass dumpfer Schlaf dem Träumen gewichen und dass aus diesem Träumen an der Schwelle des Erwachens ein leises Regen anhebt. Ich sehe natürlich, dass dies nicht das erste derartige Erbeben ist. Das Morgenrot vieler verschiedener Sonnen hat uns gegrüßt, und die Welt wuchs Schritt für Schritt. Es gab große und herrliche Morgendämmerungen, wenn große Heilande uns erleuchteten. Es traten auch schwächere Lebensregungen auf, wie in Zeiten der Renaissance, wie gegen das Ende jeden Jahrhunderts seit dem zwölften.

Dies bringt mich zu einer weiteren Vorstellung der Theosophischen Gesellschaft, als eine jener mächtigen Bewegungen, die nur Heilande allein hervorbringen können. Ich sehe die Theosophische Gesellschaft als lebenden Zeugen jenes Buddhi-Bewusstseins, das die Welt noch erst kennen lernen muss, nach dem sie sich jedoch teils bewusst, größtenteils aber unbewusst sehnt. Die Gesellschaft ist sozusagen der Prüfstein und Kernpunkt von Buddhi in der Außenwelt. Sie strahlt Buddhi oder Brüderlichkeit zurück, zeigt in ihren drei großen Grundsätzen den Weg zur Brüderlichkeit, erweckt Brüderlichkeit in der Welt in zahllosen Formen, in Unterstützung des höchsten Urtypus, wie es der erste Grundsatz offenbart. Menschen, die beginnen, für Buddhi reif zu sein, wenden sich unwillkürlich der Gesellschaft zu, als dessen Symbol und Ausdrucksmittel auf physischer Ebene. Ihr Antlitz ist der Morgendämmerung zugekehrt; sie finden in der Theosophischen Gesellschaft seinen Verkünder, sie vereinen ihre Stimme mit der Stimme der Morgenröte und rufen der Welt zu, sie möge zu einem neueren Tag erwachen.

Ich erblicke die Gesellschaft als eine Himalaya-Kette, mit ihren bevölkerten Ebenen in der Außenwelt, mit den kleineren Hügeln der Esoterischen Schule und mit den ansteigenden Gipfeln und Bergketten der Jüngerschaft, die ihren Höhepunkt in den hehren Übermenschen haben, die das innere Licht und Leben in der Theosophischen Gesellschaft sind. Ich sehe, was die Gesellschaft werden soll, — ein Stromweg für Buddhi, für das Buddhische Bewusstsein zu der Außenwelt. Obgleich das wahre Standmuster rechtschaffenen Lebens anderswo als unter der Menschheit ist, sehe ich doch die Theosophische Gesellschaft dieses Musterbeispiel widerspiegeln, und erkenne, dass unsere Bewegung den Zweck hat, eine Welt innerhalb der Welt zu werden, — eine der Zukunft entnommene Welt, die in der Gegenwart als lebendes Beispiel eines teilweise verwirklichten Ideals verweilt. Die Theosophische Gesellschaft muss ein Welt-Staat im Kleinen und ihre Mitglieder dessen Bürger werden. Das, was wir die Welt ermahnen zu tun, müssen wir selbst tun. Unser Buddhisches Bewusstsein muss auf jedem Gebiet des täglichen Lebens in Tätigkeit treten. Wir müssen im täglichen Leben, in Religion, in Politik, in der Industrie und Erziehung, in internationalen Beziehungen für Brüderlichkeit eintreten. Ich habe in meinem Artikel „The Australian Section: A Vision" (siehe Anhang E.) versucht, eine Ahnung von dem, was damit gemeint ist, zu übermitteln. Was ich dort über Australien schrieb, erachte ich als wahr für jede Sektion und für die ganze Gesellschaft. Unsere Vorschriften sind wertvoll, denn sie bedeuten ein Entschleiern der Wahrheit, die die Welt vergessen hat oder wissen muss. Ein auf diese Vorschriften aufgebautes Beispiel jedoch ist noch weit wertvoller, denn es ist besser Theosophie zu sehen als zu hören, so wie es besser ist sie zu leben als zu sehen.

Wenn wir nur *unsere* Theosophie in der Welt leben und die Welt daran gewöhnen könnten, diese freudig zu dulden, dann würde mit der Zeit die Welt auch bereit sein, freudig zu dulden, dass unsere Meister Ihre Theosophie in der Welt leben. Doch zu einer noch im Zwielicht befangenen Welt darf der Sonnenschein, um nicht schädlich zu wirken, nur ganz allmählich kommen. Möge die Theosophische Gesellschaft das Morgenrot sein, das den herrlichen Tag verkündet, an dem der mächtige Kreis der Bruderschaft sogar in der Außenwelt vollendet sein wird. Innerhalb der Gesellschaft dürfen keine solchen Probleme sein, wie jene, die die Welt entstellen. Innerhalb des Gesellschaftsstaates muss Kameradschaft in allen Dingen herrschen, ungeachtet großer Verschiedenheiten von Sitte, Meinung und Ausblick.

Die Theosophische Gesellschaft ist größer als ihre Mitglieder, denn ist der Schatten nicht kleiner als der Gegenstand, der Sonnenschein nicht weniger als die Sonne? Mögen wir niemals auch nur für einen Augenblick vergessen, dass unsere erste Treue der Gesellschaft selbst gehört, abgesehen von irgendwelchen Mitgliedern oder von irgendeiner Glaubensrichtung, zu der sie sich bekennen. Wir müssen erkennen lernen, dass wenn der Unwissende gewisse spezifische Lehren mit der Gesellschaft als Ganzes unter einen Begriff bringt, diese Identifizierung dadurch zu keiner Tatsache wird. Das wäre ebenso, als wenn Leute, die an einem großen Schloss vorbeigehen, und durch das offene Fenster ein Zimmer mit grünem Teppich, grünen Möbeln, grünen Tapeten und allgemeinen grünen Dekorationen sehen, nun erklären würden, das ganze Haus sei vollständig grün. Im Schloss der Gesellschaft sind viele Räume, jeder mit seiner eigenen Farbe, jedoch alle innerhalb des Hauses und einer Gemeinde zu eigen, wenngleich einige Mitglieder der Gemeinde in diesem, andere in jenem Zimmer wohnen.

Die Gesellschaft ist eine große Empfangsstation für Brüderlichkeit aus den inneren Welten. Manchmal überträgt sie diese ausdrücklich in Form von bestimmten Wahrheiten, ein andermal wieder im Allgemeinen als belebende Kraft. Durch letztere wird der Bruderschafsgeist in der Menschheit angefacht und findet seinen Ausdruck entsprechend dem Temperament des Menschen und dem Platz, den er in der Entwicklung einnimmt. Alle sind als Mitglieder willkommen, in denen sich Brüderlichkeit zu regen beginnt, ganz gleich welche Form sie annimmt. Die Gesellschaft strebt nach Brüderlichkeit ohne Einschränkung. Sie ermutigt alle

Bewegungen, jeden Einzelnen, der aufrichtig der Brüderlichkeit ergeben ist, ohne nach ihren Zielen zu fragen. Zweifellos ist es möglich Brüderlichkeit zu definieren. Jeder Einzelne sollte imstande sein, sich darüber mehr oder weniger klar zu werden. Auf jeder Bewusstseins-Ebene gibt es eine dieser Ebene angemessene Definition, wie ich sie in meinen Erklärungen des Buddhischen und Nirvanischen Bewusstseins angedeutet habe. Die Gesellschaft jedoch gibt keine bestimmte Definition. Sie verlangt von jedem seine Taten der Brüderlichkeit und überlässt es ihm, sie so zu definieren, wie er will und kann.

Ich musste dieses schreiben, weil es scheinbar eine Folge meiner nirvanischen Meditation über die Gesellschaft ist. Da die Gesellschaft nun einmal für die Außenwelt Buddhi bedeutet, ist sie sozusagen eine Art Haltestelle, die auf halbem Wege zwischen Nirvana und allem, was jenseits von Nirvana ist, zwischen dem Ideal, so wie wir es erfassen können (und allem, was jenseits unseres Erfassens sein mag), und diesen Naturebenen liegt, auf denen die Außenwelt normalerweise lebt. Das auf halbem Wege gelegene Rasthaus darf aber keinesfalls ein Hindernis für das Licht Nirvanas auf seiner Bahn zu den tiefer liegenden Ebenen der Außenwelt werden, obwohl die Strahlen auf ihrem Weg durch die dichtere Materie an Stärke verlieren müssen. Niemals dürfen wir vergessen, dass die Gesellschaft bloß dieses Rasthaus ist; bloß ein Stromweg dafür, wovon Brüderlichkeit selbst nur eine Modifikation ist, denn vor uns steht mehr als Brüderlichkeit, obgleich wir auch diese wohl erst noch erreichen müssen. Nur so können wir hoffen, unser großes Ideal unbefleckt zu erhalten.

Ich bemerke ganz besonders, dass die Probleme unseres äußeren Lebens in Nirvana nicht vorhanden sind. Nirvana mag seine eigenen Probleme haben, doch sind es sicherlich keine der unsrigen. Ich weiß nicht, ob ich zwischen einem Problem im Licht Buddhis, oder einem im Licht Nirvanas betrachtet, unterscheiden kann. Sicherlich wird jeder Umstand, der zur Hervorbringung eines Problems beiträgt, gelöst oder umgewandelt. Er hört auf ein Problem zu sein, weil die Elemente, die die Probleme schufen, verschwunden sind. Diese Elemente sind Produkte der trennenden Kräfte und Unwissenheit und können keinen Platz in den höheren Welten finden. Selbstsucht, die Wurzel-Ursache von Allem, hat ihre Fesseln gesprengt, da sie keine Daseinsberechtigung mehr hat. Die Welt muss erfüllt sein von Problemen, an denen wir Unterscheidungskraft, die Gottesgabe der Wahl, üben können. Aber immer weniger brauchen wir mit Überlegung zu wählen, weil die Wahl durch Erfahrung automatisch, instinktiv oder sagen wir, intuitiv wird.

In Buddhi erreichen wir die Einheit. In Nirvana sind wir das Licht, das Herz der Einheit, das Wesen ihres Seins. Die Welt wird daher in vieler Beziehung zu einem Ort, in dem es sich bei weitem einfacher und leichter leben lässt. Die Lösungen der Probleme sind so klar, wie schwer es auch für die Außenwelt als Ganzes ist, sie anzunehmen. Sie sind nicht nur klar, sondern auch einfach und leicht auszuführen, vorausgesetzt, dass wir großzügig genug sind, unentwegt an ihnen fest zu halten. Darin liegt natürlich die Schwierigkeit. Alles ist recht, was zum Licht führt. Alles was zur Dunkelheit führt, ist unrecht. Es ist nicht länger eine Frage des Glaubens, oder Farbe, oder Rasse oder Nation. Alles wird in größeren oder kleineren Licht-Begriffen wahrgenommen. „Es werde Licht!" wiederholen wir. „Mehr Licht!" rufen wir mit Goethe. Das wachsende Bewusstsein Nirvanas verstärkt das Licht unseres Seins — die Welt selbst wird leuchtender, wenn eines ihrer Kinder in Nirvana eingeht — und jede Art von Dunkelheit wird immer unnatürlicher. Wir schaffen die schwarze Farbe selbst bis zu ihren scheinbar unbedeutendsten Ausdrucksformen ab, wie zum Beispiel bei Tinte oder Kleidung, und gebrauchen sie nur im Notfall unter Protest. Weder in Nirvana, noch in Buddhi ist etwas Schwarzes. Das Leben ist viel einfacher als es erscheint. Verwicklung ist der Wirrwarr der Unwissenheit. Je mehr wir wissen, desto einfacher wird das Leben. Nichts ist schwer auszuführen, wenn wir es tun wollen. Selbst dann nicht, wenn wir es allein, gegen die Masse tun müssen, vorausgesetzt, wir wollen es tun. Wo ein Wille ist, dort ist auch ein Weg.

Es ist interessant ein besonderes Problem zu betrachten, sagen wir das Gewerbe-Problem. Welches ist seine Lösung? Offenbar Kameradschaft, vollkommene Gemeinschaft zwischen den beiden Klassen von Arbeitern, die wir hier Arbeitgeber und Angestellte nennen, — eine ziemlich verzerrte Terminologie, da die Angestellten den Arbeitgeber ebenso beschäftigen wie der Arbeitgeber die Angestellten. In diesen höheren Regionen gibt es diese Kameradschaft. Nichts anderes könnte dort existieren. In den niedrigeren Welten lässt sich diese schwer erreichen. In den höheren Welten kann sie unmöglich vermieden werden. Die Lösung des Gewerbe-Problems liegt in der Zusammenarbeit beider Gruppen als Einheit. Sie werden es früher oder später tun müssen. Man sagt uns, das ist leichter gesagt als getan. Doch sollte man es ebenso leicht tun als sagen können, denn es ist endgültige Wahrheit. Mit Brüderlichkeit auf beiden Seiten würde es zur vollendeten Tatsache. Mit auf beiden Seiten fehlender Brüderlichkeit wird es zur Unmöglichkeit. Kein Zwang von außen, irgendwelcher Art, keine Gesetzgebung, kein Schiedsrichter, wird es jemals herbeiführen. All dieses sind Kompromisse, Schacher zwischen Wahrheit und Falschheit und können nicht andauern. Es muss der innere Drang vorhanden sein.

IX. KAPITEL.

EINE WEITERE NEU-EINSTELLUNG.

Blicke ich auf mich herab vom Standpunkt Nirvanischen Bewusstseins, so interessiert es mich im höchsten Grad, zu sehen, dass mein erster Eindruck der eines Dynamos ist, dessen Kraftentwicklung ich beobachte, bei dem jedoch nur ein Teil der Maschinerie in Tätigkeit ist. Ich sehe unendliche Möglichkeiten, die sich noch entfalten sollen, da nur gewisse Kräfte tatsächlich in Betrieb sind — und selbst diese nur teilweise. Ich bin erstaunt über die Möglichkeiten, — Gewissheiten, sollte ich eher sagen, — der Zukunft, doch glaube ich über die Tatsache noch mehr erstaunt zu sein, dass ich ein ergänzender Teil unseres Herrn, der Sonne selbst bin. Ich glaube eine ununterbrochene Verbindungslinie zwischen der Sonne und mir, wie zwischen der Sonne und allen Dingen zu sehen. Diese Verbindung ist jedenfalls eine physische, denn obwohl es eine Lichtverbindung ist, so besteht doch selbst dieses Licht aus Partikeln und übt ziemlich merkliche physische Veränderungen sowohl auf meinen physischen Körper, wie auf meine anderen Körper aus. Licht hat Gewicht, Masse und Geschwindigkeit. Daher bin ich ein Kernpunkt von Kraft innerhalb größerer Kraft-Kernpunkte, innerhalb eines Himmlischen Menschen, innerhalb der Sonne selbst, gleichwie Sie ein Kernpunkt von Kraft innerhalb eines noch größeren Systems ist. Von einem bestimmten Blickpunkt aus ist daher das ganze System, dessen Herz die Sonne ist, ein fester Körper, dessen verschiedene Teile untereinander so eng verbunden und verwoben sind, wie die verschiedenen Teile unseres physischen Körpers.

Folglich bin ich ein Sonnensystem im Kleinen mit einer Zentralsonne, mit Planeten, mit dem ganzen, uns bekannten Apparat des Sonnensystems, — in embryonaler Kleinheit. Bringe ich in mir die Bewegungen eines Sonnensystems hervor? Drehen sich Teile von mir um meinen Mittelpunkt? Dreht sich auch mein

Mittelpunkt? Auf alle Fälle dreht sich mein ganzes Ich, denn ich drehe mich wenigstens mit der Welt, deren Teil ich bin. Wenn ich nicht irre, so gibt es verschiedene Kreisläufe. Ich scheine mich selbst als eine zusammenwirkende Masse von verschlungenen, sich drehenden, Welten zu sehen, die mich an eine Anzahl Feuerräder in einer Feuerwerk-Schaustellung erinnern. Es scheint mir, ich sehe die verschiedenen großen Zentren (Chakras) sich in zusammenwirkender Bewegung um ein Zentral-Herz drehen. Scheinbar ist dies nicht das Herz-Chakra, sondern ein unsichtbares Chakra, vielleicht die Monade, — insofern wir die Monade überhaupt ein Zentrum nennen können. Wenn es nicht zu seicht klingt, möchte ich sagen, ich sehe mich selbst als eine Art verherrlichten Feuerwerks, als ein Teil von noch herrlicheren Feuerwerken, mit dem Universum als eine erhabene Schaustellung von Feuerwerken unvorstellbaren Umfanges. Doch spielen diese Feuerwerke ständig und verpuffen nicht.

Was mich mehr als alles andere in Erstaunen setzt, ist die über alle Worte erhabene Möglichkeit selbst in dem winzigsten Teile meines Wesens. Ich starre auf den Himmel mit seinen Myriaden von Konstellationen und sehe all diese in jedem Atom meines Wesens sich widerspiegeln. In jedem Atom ist genug Möglichkeit vorhanden, um alles, was ich um mich sehe, aufzubauen. Ein Atom ist ein Universum mit seinem Zentral-Kern, um den sich seine wesentlichen Planeten drehen, ein Universum im Kleinen, das in sich jedes einzelne Element enthält, das für die Entwicklung sämtlicher Ebenen aller Naturreiche notwendig ist. Dieses klingt vielleicht wie eine abgeschmackte Übertreibung. Dennoch ist es wahr, — augenscheinlich wahr, denn jedes Atom ist gefangenes Sonnen-Leben, dasselbe Leben, das unser Universum mit all seinen wundervollen zusammengesetzten Vielheiten ins Dasein rief. Schau in den Himmel und erblicke die Herrlichkeiten Gottes. Betrachte dich selbst und es wird dir scheinen, du blicktest auf ein Spiegelbild dieser Unendlichkeiten. Du blickst auch tatsächlich auf ihr Spiegelbild. Der menschliche Körper hat ebenso seine Astronomie wie die Sterne und von Nirvanischer Bewusstseinsebene aus betrachtet, kann man die wesensgleiche Übereinstimmung zwischen der Astronomie des Mikrokosmos, — meinem Ich, — und der des Makrokosmos, — der Himmel, —

erkennen. Ich erblicke ganz sicher Nirvana-Möglichkeit in jedem einzelnen Atom meines Wesens. Ich sehe tatsächlich den Mittelpunkt meines Wesens zu Nirvana-Möglichkeiten erwachen, so dass die Atome meines Körpers von den Atomen eines anderen Menschen, der noch nicht so weit entwickelt ist, deutlich zu unterscheiden sind.

Ferner gewinnen meine Emanationen, meine Ausstrahlungen, meine Schwingungen, soll ich sagen, „mein Hauchen", infolgedessen merklich höheren Glanz, als sie auf allen niederen Stufen der Bewusstseinserweiterung hatten. Verfolgen wir diese Tatsache bis zu ihrem logischen Endergebnis, so fügt jeder gute („Gutsein" ist natürlich ein relativer Begriff) Gedanke, jedes gute Gefühl, jedes gute Wort und jede gute Handlung sowohl dem Individuum als Ganzes als auch seinen Ausstrahlungen seinen eigenen Glanz hinzu. Die ganze Welt ist um der winzigen Guttat willen heller, (was dem Bewusstsein nur auf der entsprechenden Stufe der Sensitivität bemerkbar ist), das heißt, sie ist heller, wenn ein Teil des kleineren Willens auch nur die geringsten Anstrengungen macht sich mit dem Welt-Willen mehr und mehr in Einklang zu bringen.

Wie ich gewahre, bedeutet das Erwachen des Nirvana-Bewusstseins im Mittelpunkt zugleich ein Heben der Bewusstseinsebene in jedem Teil meines Wesens. Jeder Teil macht im Bewusstsein einen Schritt aufwärts oder nach innen. Eine neue Verfeinerung hat in jedem Körper und in jedem Teil jedes Körpers begonnen. Nicht nur dieses ist wahr, sondern ebenso wahr ist, dass die ganze Welt einen merklichen Fortschritt in Bewusstseinsausdehnung macht und dass in jedem kleinsten Atom aus dem die Körper bestehen, mehr Licht und mehr Einheit vorhanden sind. Offenbar muss das so sein, im Hinblick auf die innige Verbindung zwischen allen Teilen und auf die Identität allen Lebens, inmitten der zahllosen Verschiedenheiten seiner Erscheinung. Daher ist eine Dienstleistung selbst für den kleinsten, mikroskopischen Teil der Welt, ein Dienst für die ganze Welt und vice-versa. Diese Wahrheit ist natürlich auf schlechte Dienste ebenso anwendbar.

Scheinbar wird mir eine neue Bedeutung für die Redensart: „Kümmere dich um deine eigenen Angelegenheiten" klar. Ich habe mich um ein ganzes Weltall zu bekümmern, für das ich der bescheidene Vertreter unseres Herrn, der Sonne, bin. Ich muss so viel wie möglich nach dieser meiner Welt sehen, besonders wenn ich bedenke, wie mächtig sie alle anderen, mich umgebenden, Welten beeinflusst. Möglicherweise kann es meine Pflicht sein, eine Zeit lang einer oder mehreren Welten in meiner Nachbarschaft beizustehen und mich dann auch um ihre Angelegenheiten ein wenig zu kümmern. Doch muss dies mit der allergrößten Achtung geschehen, da ich von diesen anderen Welten nur sehr wenig wissen kann — so viel weniger als ich von meiner eigenen weiß, — und wie wenig weiß ich von meiner eigenen! Meine Hauptbeschäftigung, wenn auch in keiner Weise egoistisch, muss sich daher meiner Welt zuwenden, ihrer Reinheit und Leuchtkraft, so dass sie an sich zur Freude wird und daher auch eine Freude für andere Welten.

Die neue Auffassung vom Leben — meines eigenen, und allen anderen Lebens, — die ich durch die Vorstellung meines Ichs nicht nur als Welt sondern als Universum von Welten erlange, bildet in der Tat eine wunderbare Aussicht für Forschung. Ich glaube nicht, dass ich überhaupt die eindrucksvolle Bedeutung der Verbindung zwischen dem „Ich" als Mikrokosmos und dem äußeren Makrokosmos erfasste, bis ich nicht beide mit Begriffen Nirvanischen Bewusstseins betrachtete. Diese Bedeutung zeigt sich in zwei hervorragenden Richtungen. Erstens als Herrlichkeit, zweitens als Verantwortung. Was die erste betrifft, so hoffe ich, dass es mir möglich war, wenigstens etwas von der Herrlichkeit Nirvanas zu übertragen, wenn auch nur in der mangelhaften Beschreibung, die ich darüber in vorangegangenen Seiten zu geben wagte. Was Verantwortung anbelangt, so werde ich mir ihrer durch die Erkenntnis bewusst, dass ich, — der Sonne gleich, die die Herrlichkeit ihres Weltalls ist, — lernen muss, die Herrlichkeit meiner Welt zu werden. Ich bin in der Tat eine Sonne in mikroskopischer Kleinheit. Ich bin die Sonne meines Seins. Ich bin der bescheidene Vertreter unseres Herrn, der Sonne. Ich blicke zu Ihm empor. Ich sehe einen kleinen Teil dessen, was Er für alle Welten ist. Und ich sehe, dass ich meinem Weltall das Höchste sein muss, so wie Er Seinem Weltall das Höchste ist. Wir alle sind Seine Sonnen, mit Welten, um die wir uns kümmern und sie allmählich entfalten müssen, so wie Er die Seinen aufs Herrlichste entfaltet hat. Die äußere Welt ist das verkörperte Versprechen der Erfüllung für alle kleineren Welten, die Sein Wesen bilden. Ich blicke zur Sonne empor und vor meinen Augen erscheint wie ein Bild aus der Zukunft die erhabene, unvermeidliche Verherrlichung meines Ichs.

Die Sonne vervielfältigt sich in uns. Und ich weiß nicht, dass jenseits unserer herrlichen Sonne noch herrlichere Sonnen sind? Welche Grenze ist also der Entfaltung des Menschen gezogen? Er ist vom unendlich Kleinen aufgestiegen und soll zum unendlich Großen emporsteigen. Die Himmel um uns sind Bürge und Zeuge dafür. Jedes Gesetz, das die Astronomie für das Weltall als Ganzes aufstellt, gilt ebenso für jeden seiner Teile. Es gibt keine einzige Tätigkeit im größeren Weltall, die nicht ein Gegenstück im Kleineren hätte. Wenn wir lesen, wie ein Weltall ins Dasein tritt, mögen wir bedenken, dass wir die — wenngleich natürlich ganz unzulängliche — Beschreibung eines Großen, Gott-Werdenden Wesens vor uns haben, das das mächtige Opfer beginnt. Von einem anderen Standpunkt aus, ist es der Beginn einer neuen Ausdehnung Seines Wesens, wo alle Teile Seiner Natur, die noch hinter Seinem vollkommenen Selbstbewusstsein zurückblieben, zu selbstbewusster Göttlichkeit geleitet werden, ohne Rücksicht darauf, auf welcher Stufe geringeren Bewusstseins sie noch stehen. Gott vervielfältigt sich durch jeden Teil Seines Selbst, und das Ergebnis ist Gott, selbstbewusst in jedem Teil. Jedes Samenkorn wird zur vollkommenen, ewigen Blume, zugleich ein Blatt einer noch mächtigeren Blüte.

Das Gleichnis von der Eiche und den Eicheln kommt mir in den Sinn. Gott ist die Eiche und jeder Seiner Teile ist eine Eichel. Wie jede Eichel wächst, so wächst auch die Eiche; einige Eicheln sind auf dieser, andere auf jener Stufe des Wachstums. Es gibt eine Eichen-Welt von Eicheln, und wenn die eine Gruppe von Eicheln die reine Eichelstufe überschritten hat, tritt eine andere Gruppe an ihre Stelle. So haben wir eine endlose Reihe von Wachstum auf allen Stufen und der Eichen-Vater wächst ebenso, wie sein nach Außen gesandtes Leben; wie viele Eicheln auch da und dort niederfallen und von den Winden hin und her gefegt werden, das eine Leben verbindet Eltern und Kinder, und das

Wachstum des Einen wirkt auf alle anderen. Nach und nach werden einige Eicheln ebenfalls zu Eichen, die selbst Eicheln hervorbringen. Die Eiche wird zum Wald. Unser Herr, die Sonne, wird ein Wald von Sonnen. Dies ist die Erfüllung des Wesens der Eiche; dies ist Gottes Erfüllung Seines Wesens; dies ist die Erfüllung unseres Wesens. Die Eiche hat ihre Jahreszeiten zum Hervorbringen der Eicheln. Hat auch Gott Seine Jahreszeiten?

Oder ist bei Ihm der Prozess der Manifestation ständig, ein endloser Lebensstrom, der aus Seinem Wesen hervorgeht? Nirvana scheint sich mir zu nähern, oder treibt vielleicht mein Mittelpunkt endgültig — wenn auch langsam — zum Nirvanischen Plan, so dass ich beobachte, wie ich jede Phase und Form der äußeren Welt zu ihrem Nirvanischen Urtypus oder Gegenstück in Beziehung bringe. Ich bin zu dem Schluss gekommen, dass innerhalb oder außerhalb dieser Welt nichts ist, das nicht in gewissem Grad ein Widerschein Nirvanas wäre. Die äußere Welt ist schließlich Nirvana vergegenständlicht, Nirvana verdichtet, der Schatten von Nirvana. Jeder untere Plan ist der Widerschein der oberen oder aller oberen Ebenen. Die Vergegenständlichung, die Verdichtung, der Schatten und der Widerschein mögen eine Verzerrung sein, doch vermutlich nur, — wie ich an einer anderen Stelle angedeutet, — wenn sie ihren Zweck erfüllten. Es gibt keine absolute, nur relative Verzerrung. Beim Wort „Verzerrung" muss ich daher eine Form annehmen, die für die Stufe der Entfaltung, die das besondere, allenfalls in Frage stehende Leben erlangte, unzulänglich ist. Was unzulänglich ist, ist auch unrecht. Was entsprechend, oder vielleicht mehr als entsprechend ist, ist auch recht. Während ich dieses schreibe, frage ich mich, ob es in der Außenwelt Dinge gibt, die von Grund aus unrecht sind, oder ob sie im schlimmsten Fall unvermeidlich sind, wenn gewisse Bedingungen geboten werden, die an sich vielleicht nicht vorhanden sein sollten. Nehmen wir als Beispiel einen Schnapsladen. Nach erster Überlegung bin ich geneigt, mich nachdrücklich dahin zu entscheiden, dass ein Schnapsladen von Grund aus schlecht ist. Aber dann frage ich mich, ob ein Schnapsladen nicht vielleicht der einzige Ort, unter obwaltenden Umständen sein könnte, wo gewisse Menschen Dinge vergessen können, die sie nie nötig gehabt hätten zu wissen. Das Leben ist für Viele recht grau. Sie müssen von Zeit zu Zeit das Graue vergessen, wenn sie es nicht ändern können. Das Wirtshaus löst zeitweilig in schauderhafter Weise die Lebensprobleme vieler Menschen. So mögen Schnapsläden insoweit einmal „recht" gewesen sein. Aber brauchen sie noch weiter recht zu sein? Dürfen sie noch länger recht sein? Wir sind noch immer auf einer sehr niedrigen Entwicklungsstufe, wenn sie noch immer recht sind. Ich meinerseits halte sie für außerordentlich unrecht. Wehe denjenigen von uns, durch die diese Schäden kommen! Bis wir jedoch imstande sind etwas Besseres an seine Stelle zu stellen, wird das Wirtshaus bleiben. Verletze ich wohl die Gefühle meiner Leser oder entsetze ich sie, wenn ich sage, dass das Wirtshaus einen erbarmungswürdigen Versuch des Menschen darstellt, jene herrliche Selbstverwirklichung widerzuspiegeln, nach der sich jeder von uns in seinem Herzen sehnt? Schande über uns, dass wir eine solch abscheuliche Verzerrung in unserer Mitte dulden; und noch weit mehr Schande über uns, die wir dieses dulden, als über die, die dahin getrieben werden.

Dies bringt mich zu dem Punkt, den ich feststellen möchte. Jeder von uns muss ständig danach streben, seinem höchsten Richtmaß entsprechend zu leben und nicht gemäß dem konventionellen Richtmaß; das weniger als das höchste repräsentiert, wenigstens soweit diejenigen in Betracht kommen, denen die theosophischen Lehren etwas zu sagen haben. Die Notwendigkeit hierfür zwingt sich mir mit Gewalt auf, zu einer Zeit, wenn Richtmaße, die mir bisher genügten, nicht länger genügen dürfen. Die Konventionen meiner alten Welt sind nicht die der neuen Welt und ich muss sie demgemäß ändern. Ist es nicht wahr, wenn man sagt, die Konventionen der Vor-Kriegs-Welt sind nicht die der Nach-Kriegs-Welt, oder sollten es wenigstens nicht sein, und die Welt sollte sich dementsprechend ändern? So verhält es sich auch mit mir. Die Vor-Nirvana-Welt ist gänzlich verschieden von der Nirvana-Welt. Es gibt kaum etwas im Leben, das nicht neueingestellt werden müsste, weil alles in neuem Licht — buchstäblich in einem neuen Licht — enthüllt wurde.

Ich bin besonders betroffen von dem außerordentlichen Unterschied in den Werten der Worte. Das Wörterbuch ist mir ein neues Buch, denn jedes Wort darin hat — ich wollte sagen eine neue Bedeutung, sicherlich aber — eine neue Kraft. Worte sind Kraft-Welten, Kraft-Atome, die explodieren, wenn man sie ausspricht. Die Kraft in ihnen wird frei und geht an ihre Arbeit. Haben gewisse Worte böse Aufgaben und andere gute? Liegt in einigen die Kraft, die nach Gerechtigkeit strebt, während in anderen eine Kraft enthalten ist, die relative Gottlosigkeit schafft? Ich muss diese Frage noch prüfen. Inzwischen bin ich nahezu entsetzt über die Kraft der Sprache und über die Tragweite des sorglosen Gebrauchs der Worte. Bis wir nicht wissen was wir tun, wird uns vielleicht vergeben werden. Wenn wir aber anfangen zu wissen, was wir tun, gibt es keine Rechtfertigung für eine Vergebung, die entweder bedeutet, dass infolge des schwachen Willens, der hinter der Äußerung liegt, das Ergebnis mehr oder weniger unbeachtet bleibt, oder dass gegenwirkende Kräfte eingreifen, die die Wirkung neutralisieren. In dem einen Fall kommt die Vergebung von innen, im anderen von außen.

Gegenwärtig bin ich damit beschäftigt die Misstöne zu beobachten, die sowohl durch meine eigenen Äußerungen entstehen wie durch das, was ich von den Lippen meiner Umgebung vernehme. Gewisse Worte verletzen mich schrecklich. Ich muss sie sorgfältig vermeiden. Ich frage mich, warum sie mich vorher nicht störten? Die Tatsache aber, dass ich durch mich selbst so verletzt werden kann, nehme ich als ein gutes Zeichen. Es bedeutet, dass ich von Zeit zu Zeit außerhalb meines niederen Selbst zu leben vermag und das größere mit dem kleineren vergleichen kann. Auch bedeutet es, dass ich — als Sache rein persönlichen Erinnerns — verstehen kann, wie andere Leute von dem nicht berührt werden, was noch vor kurzer Zeit auch mir durchaus nicht als Misston erschien. Ebenso darf ich nicht erwarten, dass sie erschüttert werden, oder darf nicht ungeduldig sein, weil es sie nicht stört, nur deshalb, weil ich jetzt zufällig durch etwas in Aufregung gerate, was mich bisher überhaupt nicht erschütterte. Ich sehe klar, dass es wenig Wert hat, Nirvana-Bewusstsein zu erlangen, wenn dieses Erlangen nicht Vereinigung anfacht. Wahres Erreichen, in welcher Sphäre oder Abteilung des Lebens es auch sei, ist Erlangen tieferer Vereinigung, und die Wirklichkeit der Vollendung kann an der zunehmenden Stärke der Vereinigung gemessen werden. Was endgültig Einheit fördert, ist Ausbildung, was dies nicht bewirkt, ist überhaupt kein wahrer Gewinn, wie die Außenwelt es auch nennen mag. Dies neue Nirvana-Element beeinflusst nicht nur aufs Höchste meine Wertschätzung der Sprache, sondern ebenso auch meine Wertschätzung aller anderen Dinge, wie Menschen, Landschaften, Städte, Tiere, Geschäft und Vergnügen. Das neue Element Nirvanischen Bewusstseins dringt in alles ein, oder besser gesagt, wird plötzlich in allen Dingen, — auch in mir selbst, wahrgenommen, und zwar mit der Wirkung, dass man auf eine Welt blickt, die man vorher nie gesehen. Wie ich schon andeutete, werden die mir bekannten Sprachen zu neuen Sprachen, denn jetzt enthalten die Worte bisher unbemerkte Bedeutungen und Beziehungen.

So auch die Bücher. Ich glaube nicht, dass die Veränderung des Bewusstseins gegenwärtig irgendwo auffälliger ist als hauptsächlich in Büchern. Kürzlich ging ich in einen unserer größten Buchläden und ich befand mich inmitten eines unheimlichen Babels von Tönen. Jeder Band tönte. In jedem Buch sprach der Verfasser seine Botschaft — in einigen Fällen machtvoll, klar und erhebend, in anderen Fällen im anderen Extrem, unbestimmt, ziellos, vielleicht ordinär, oftmals gemein oder manchmal in wohlgemeißelter Form, aber betrübend leer und zwecklos. Jedes Werk war ein Ton-Schema, oft ein sehr misstönendes Ton-Schema, doch manchmal eine schöne Symphonie. Ebenso war jedes Buch ein Licht-Schema, ein trübes Licht-Schema, ein düsteres Licht-Schema, ein helles, klares Licht-Schema, hin und wieder ein prächtiges Licht-Schema. Ich konnte diese Entdeckung nicht weiter verfolgen, aber ich wusste, dass Bücher lebendig sind, dass einige sich im Zustand des Wilden befinden, und von da an einen stufenweisen Aufstieg in der Entfaltung bis zu Gott-Büchern durchmachen, wie die Heiligen Schriften und andere geringere, aber dennoch große Bücher. Ich kann dieses faszinierende Gebiet nicht weiter verfolgen, man wird es aber klar erkennen, dass von nun an Bücher nicht mehr bloß Bände sind, sondern Lebewesen, für die ihre Schöpfer schwer verantwortlich sind. Lebewesen, die sprechen und ihren Einfluss um sich her verbreiten. Ein Buch in einem Zimmer ist ein Faktor, mit dem wir zu rechnen haben; eine Bibliothek ist eine gewaltige Kraft. Eine der ehrfurchtgebietendsten Wirkungen, die vom Erwachen des Nirvana-

Bewusstseins herrührte, war in Verbindung mit der Zelebrierung der Heiligen Eucharistie. Als ich die Ehre hatte, dieses große Sakrament in der St. Albanus-Kirche in Sydney zu zelebrieren, nachdem ich meine Entdeckungsreisen in die Reiche des Lichts begonnen hatte, fand ich, dass ein außerordentlicher Wandel vor sich gegangen war. In jedem Fall ist die Zeremonie äußerst eindrucksvoll, aber nie zuvor war ich mir ihrer Macht so sehr bewusst, und ich war bemüht, dies neuerwachte Bewusstsein bis zu seinem Ursprung zu verfolgen.

Dies wunderbare Sakrament schien mir zu allen Zeiten und auf allen Ebenen vor sich zu gehen. Wenn wir es hier unten zelebrieren, bringen wir uns bloß für eine Zeitlang in bewusste Verbindung mit seinen ewigen Vorgängen und werden zu ungehinderten Leitungen für seinen Ausdruck in und durch uns. Ich denke es ist klar, dass der Akt der Zelebrierung auf der physischen Ebene ein ausgesprochenes Sammeln der wesentlichen Kräfte der Heiligen Eucharistie ist, damit sie in besonderem Maß die Umgebung beeinflusse, in deren Mitte die Zeremonie stattfindet.

Ich sah aber auch, dass die Heilige Eucharistie der Ausdruck eines Gesetzes des sich entfaltenden Lebens ist. Folglich sind Eucharistische Vorgänge stets an der Arbeit, gleichwie die Vorgänge aller anderen großen Sakramente. Sakramente sind Opfer, Ausdrucksformen für das ewige, fortwährende Opfer Gottes. Wir selbst und alles was lebt, sind verkörperte Akte des Gottesopfers, und die Eucharistie ist eine Form des Wachstums für alle Dinge. Ich war mir dessen während der Zelebrierung in wunderbarer Weise jeden Augenblick bewusst. In erster Linie war ich mir deutlich bewusst, die Eucharistische Kraft auf einem anderen als auf dem physischen Plan zum Ausdruck zu bringen, zu erwecken und sie zu handhaben, so dass die physischen Worte und Handlungen nur ein Echo der wirklichen Töne zu sein schienen und ich die tatsächlichen physischen Bewegungen wie im Traum ausführte.

Bei den Worten „Der Herr mache mich rein auf dass ich würdig seinen Dienst verrichte" war es, als ob diese Läuterung die Gestalt einer Übertragung meines Ichs in eine andere Sphäre, — tatsächlich in Nirvanisches Bewusstsein, — angenommen hätte und auf jener Ebene eine besondere Leitung für das Eucharistische Licht bildete, um in die Materie der physischen Ebene herabzusteigen, alle dazwischen liegenden Ebenen zu durchdringen und überall eine besondere Konzentration der schon vorhandenen Eucharistischen Tätigkeit zu bewirken. Ich bemerkte, wie jeder physische Akt von Anfang bis zu Ende dazu beitrug, die physische Ebene zur Aufnahme der gewaltigen Kräfte, die sich anderswo so herrlich regten, vorzubereiten.

Auf der einen Ebene hörte ich das allmähliche Zusammenfließen schöner Klänge in eine wunderbare Symphonie der Töne, die beim Akt der Transsubstantiation von Brot und Wein eine wunderbare Apotheose erreichte. Sie vollzog sich in jedem von uns beim Akt der Kommunion wieder und wiederholte sich ebenso schön, aber auf verschiedene Art, am Schluss während der zwei großen Segnungen.

Auf einer höheren Ebene, der Nirvanischen, begann eine unbeschreibliche Wechselwirkung von Licht, mit durchdringendem Aufleuchten herrlichen Glanzes auf jeder der großen Stufen. Ich weiß nicht, ob ich auf mehreren Ebenen gleichzeitig bewusst war, oder ob es sich um schnelles Übergehen von einer zur anderen handelte. Wie es auch sein mag, auf der physischen Ebene schien jedes gesprochene Wort, jede vollzogene Handlung, jeder getane Schritt voll lebendiger Kraft mit großen ausströmenden Kräfteschwingungen, die nach allen Richtungen aufwallten.

Was mich betrifft, so war ich — soweit die physische Ebene in Betracht kommt — in einem Traum, weil sich der Mittelpunkt meines Wachbewusstseins anderswohin übertragen hatte. Doch war dieser Traumzustand keineswegs ein Zustand verminderter Wirksamkeit auf physischer Ebene. Im Gegenteil, ich wusste, ich war weit wirkungsvoller als normalerweise, gerade wegen dieses Traumzustandes, der ein Zeichen der herabgeminderten statischen Interferenz des physischen Körpers gemäß der Dichtigkeit seiner Zusammensetzung ist. Der physische Körper war bis zum äußersten Maß verseinert und konnte die auf höheren Ebenen geschaffenen Kräfte umso leichter übermitteln. Der Traumzustand stellte eher das Ergebnis eines sehr bewussten inneren als äußeren Wirkens dar. Der physische Körper bildete bloß die Flussmündung, die sich in das Meer des äußeren Lebens öffnet. In weiter Ferne aber rauschten jene mächtigen Berg-Ströme, die den Fluss bildeten und ihn ins Meer aussandten.

Ob ich wohl überhaupt die Wirkung des Zurückziehens des Bewusstsein-Mittelpunktes von einer äußeren zur inneren Ebene klar machen kann? Ich vermute, die Wirkung jeder Einweihung ist nicht allein eine Erweiterung des Umkreises des Bewusstseins, sondern auch eine sehr bestimmte Modifikation im Mittelpunkt des Bewusstseins, scheinbar eine Art des Zurückziehens in eine innere Region. Man befindet sich nach jedem Schritt, von einem Standpunkt aus betrachtet, mehr in einem neuen wie in dem alten Bewusstseinsgebiet. Dies neue Feld ist ein erhabenes, mehr urtypisches Gebiet, und das scheinbare Zurückziehen nach dem Innern des Mittelpunktes des Bewusstseins beruht auf der Tatsache, dass die alte Welt des Bewusstseins etwas von ihrer hohen und ausschließlichen Bedeutung verloren hat. Sie kann nicht mehr den Löwenanteil der Aufmerksamkeit beanspruchen. Sie muss ihren Platz zwischen anderen Welten einnehmen, einen Platz, der ihrer Stellung im Leben entspricht. Sie kann nicht mehr den ganzen Vordergrund des Bildes einnehmen. Andere Welten fordern sehr bedeutend ihren Platz und die alte Welt muss ihnen Platz machen.

Die erste der großen Einweihungen fällt mit dem Beginn des Zurückziehens des Mittelpunktes des Bewusstseins auf die Buddhi-Ebene, der Ebene der Einheit, zusammen. Dieser Vorgang wird im Lauf der zweiten und dritten Einweihung verstärkt. Es scheint, der Mittelpunkt des Bewusstseins müsse fest in Buddhi eingebaut sein, ehe die Zeit kommt, wo die Früchte dieser Stufen eingesammelt werden. Dann, bei der vierten Großen Einweihung, trachtet der Bewusstsein-Mittelpunkt sich noch weiter nach innen zu bewegen, und beginnt, sich auf der Nirvana-Ebene eine Heimat zu machen. Ein Vorgang, der auf der Schwelle der fünften Großen Einweihung vollendet sein sollte.

Im Licht meiner eigenen Erfahrung ist es gewiss richtig, von einem Zurückziehen oder Zurückholen des Bewusstsein-Mittelpunktes zu sprechen, wenn wir auf den Vorgang nur von einer Seite blicken. Ich bin in der Lage, mit Bestimmtheit zu sagen, dass Nirvana jetzt meine wahre Heimat ist, obgleich ich eben erst von meinem neuen Wohnort Besitz ergriffen habe und ihn noch erforschen muss. Aber ich lebe in Nirvana, ohne Rücksicht auf die Ausflüge, die ich nach äußeren Regionen unternehmen mag. Ich werde meine alten Heimatorte öfter besuchen, aber in keinem derselben wohnen, höchstens vorübergehend. Sollte ich doch in ihnen wohnen wollen, so tue ich es „von" dieser neuen Heimat aus. Ich kann die Orte meiner „Kindheit", meiner verschiedenen „Kindheiten", regelmäßig besuchen, doch sie werden aufgehört haben so „wirklich" zu sein wie einst. Wenn ich daher diese neue Heimat bewohne, sind alle äußeren Welten von einem Gesichtspunkt aus: Traumländer. Diesen Gesichtspunkt weiter verfolgend, bedeutet die Rückkehr zur physischen Ebene eine Reihe von „in Schlaf verfallen", durch die man hindurch muss. Ich verfalle von der Nirvanischen zur Buddhischen Ebene in Schlaf. Ich verfalle von der Buddhischen zur mentalen Ebene, von der mentalen zur emotionellen, von der emotionellen zur physischen Ebene „in Schlaf". In einem Sinne kann man daher über mich sagen, ich würde auf dieser äußeren Ebene in Tiefschlaf verfallen, selbst wenn man — gewöhnlich gesprochen — annimmt, ich würde aufwachen. Das allein jedoch würde eine sehr ungenaue Beschreibung der Tatsachen sein. Wohl sind alle äußeren Welten, verglichen mit den inneren: Schattenwelten. Mir ist die Nirvanische Welt die höchst wirkliche Welt, obwohl für jene Großen, die auf höheren Ebenen leben, selbst nirvanische Herrlichkeiten nur wie Schatten von etwas noch Größerem erscheinen müssen. Diese physische Welt ist mir in vieler Hinsicht weit mehr ein Traumland, als sie je zuvor war. Ich habe einen neuen Gegensatz entdeckt. Ich kannte diesen Gegensatz schon zwischen der Buddhischen und physischen Welt. Nun beginne ich ihn zwischen der nirvanischen und physischen Welt zu kennen, und der erhöhte Glanz muss unbedingt die Schatten verstärken. Indessen ist selbst die äußerste Welt in der Tat eine Welt der Wirklichkeiten. Die dichteste Materie ist nicht weniger göttlich als die allerfeinste, der Unterschied liegt nur im Grad des Selbstbewusstseins. Die Außenwelt mag ein Traumland sein, eine Welt der Schatten, aber sie ist doch Gottes Traum, Gottes Schatten; und Gottes Träume werden zur Wahrheit. Von diesem Gesichtspunkt aus wird daher das Traumland zu einem sehr wirklichen Land, in dem wir glücklich sein müssen zu arbeiten, selbst wenn wir anderswo leben, denn wir haben die herrliche Aufgabe die Traumwelt wahr zu machen. Wir blicken aus unserem nirvanischen Fenster auf die äußere Welt. Wir sehen, wie unendlich viel weniger schön alles ist als die Heimat, in der wir leben. Aber wir sehen auch, wie schön sie werden kann. So verlassen wir also unsere nirvanische Heimat, nehmen die Erinnerung daran mit uns und im Licht dieser Erinnerungen bemühen wir uns, das Wirkliche aus jenem Traum der Wirklichkeit zu formen, den wir aus Bequemlichkeit das Unwirkliche nennen. Wenn wir sagen:

„Leite mich aus der Unwirklichkeit zur Wirklichkeit!
Leite mich aus der Verfinsterung zum Licht!
Leite mich vom Tod zur Unsterblichkeit!"
(*Übersetzung von Hübbe-Schleiden*).

so sagen wir in Wahrheit:

„Leite mich vom Unbewussten zum Selbstbewussten
Leite mich vom Traum zur Wahrheit,
Leite mich vom Anfang zum Ende."

Das Unwirkliche ist das Versprechen des Wirklichen. Dunkelheit ist der Schatten des Lichtes. Tod ist das Tor zur Unsterblichkeit. Hilf mir im Unwirklichen das Wirkliche finden. Hilf mir in der Dunkelheit das Licht finden. Im Tod mache mich reif, die Unsterblichkeit zu erkennen.

Es ist nur natürlich, besonders auf den ersten Stufen Nirvanischer Erkenntnis, dass die äußeren Welten mehr nach ihrem Traumaspekt als nach ihrem wirklichen Aspekt betont werden. Gegenwärtig mag die Traumwelt mehr denn je wie eine Traumwelt scheinen. Es mag mancher Grund dafür sein, sich nach Nirvana zu sehnen, während man sich inmitten der physischen Ebene bewegt. Einem Kind kann man wohl verzeihen, wenn es erfüllt von Eifer über seine wundervolle neue Entdeckung, der gewohnten Umgebung gegenüber vorübergehend gleichgültig wird. Aber wir leben unter dem großen Gesetz der Neuordnung, und wir sollten in nicht zu langer Zeit zu der Schlussfolgerung kommen, dass wir selbst in dieser Traumwelt die freudige Aufgabe haben sie wahr zu machen. Wir beginnen zu verstehen, dass gerade unser Erleben von Nirvana von unserer Arbeit in der Traum-Welt abhängt.

Ich vermute, es ist möglich, Nirvana zu erkennen, ohne tatsächlich auf der physischen Ebene zu wirken, aber man kann es nicht erkennen, ohne irgendwo zu arbeiten. Nicht darauf kommt es an, wo wir wirken. Warum sollen wir also nicht helfen, die Schuld abzutragen, die wir der physischen Ebene und allem was darauf ist, schulden? Während ich diese Worte schreibe, werde ich an die Tatsache erinnert, dass wir in der reizenden Auffassung vom Weihnachtsmann, der den kleinen Kindern Geschenke bringt, eine der schönsten Wahrheiten haben. Jeder Heiland der Welt ist ein Weihnachtsmann, dessen Hände mit guten Dingen für Seine Welt beladen sind. Jeder gute Mensch nimmt dieselbe Stellung in seiner Welt ein. Jeder von uns, der der Wahrheit einen Schritt näher kam, muss ein mit Wahrheit beladener Wohltäter werden. Mehr denn je muss auch ich, wegen der neuen, mir erteilten Gaben, ein immer mehr begeisterter Austeiler in meiner Welt werden. Die Welt ist wie das kleine Kind, gespannt, was ihm Weihnachten bringen wird, das vielleicht sogar dies oder jenes erhofft, und von all diesen wundervollen Dingen träumt, die es an seinem Bett finden wird, wenn es morgens erwacht. Manchmal mag es Enttäuschung geben. Manchmal wird es wohl eher was ihm gut ist, als was es sich wünscht, bekommen. Manchmal erhalten wir, was wir uns wünschen, damit wir lernen können, dass das, was wir uns wünschen, nicht immer gut für uns ist. Manchmal erhalten wir, was wir brauchen, weil unser Wunsch richtig ist. Mögen unsere Wünsche immer nach dem Guten und Wahren streben, damit diese unsere Traumwelt zur Wahrheit werde und so vollkommen wie möglich die höheren Welten, deren physischer Körper sie ist, widerstrahle. Wir müssen in Träumen leben, damit sie wahr werden können, denn der Traum ist das Samenkorn der Wirklichkeit, so wie das Wirkliche die Zukunft der Saat in einem Ewigen Jetzt ist.

X. KAPITEL

WEITERE GEDANKEN.

„Ich sah das Licht als einen Fluss von Strahlen
Glanzwogend zwischen zweien Ufern ziehn,
Und einen Wunderlenz sie beide malen;
Und aus dem Strom lebendge Funken sprühn;
Und in die Blumen senkten sich die Funken,
Gleichwie in goldne Fassung der Rubin.
Dann tauchten sie, wie von den Düsten trunken,
Sich wieder in die Wunderfluten ein,
Und der erhob sich neu, wenn der versunken.
„Dein heißer Wunsch, in dem dich einzuweihn,
Was deine Blicke hier auf sich gezogen,
Muss mir, je mehr er drängt, je lieber sein.
Doch trinken musst du erst aus diesen Wogen,
Eh solch ein Durst in dir sich stillen kann."
So sprach die Sonn aus der ich Licht gesogen.
„Der Fluss und diese Funken", sprach sie dann,
„Und dieser Pflanzen heitre Pracht, sie zeigen
Die Wahrheit dir voraus, wie Schatten, an.
An sich ist ihnen zwar nichts Schweres eigen,
Sie zu erkennen fehlt nur dir die Macht,
Weil noch so stolz nicht deine Blicke steigen."
Kein Kind, das durstig langer Schlaf gemacht,
Kann sein Gesicht zur Brust so eilig kehren,
Wenn's über die Gewohnheit spät erwacht,
Als, um der Augen Spiegel mehr zu klären,
Ich mein Gesicht zu jenem Fluss bog,
Dort strömend, um der Seele Kraft zu mehren.
Und wie der Rand der Augenlider sog
Von seiner Flut, da war zum Kreis gewunden,
Was sich zuvor in langen Streifen zog.

Dann, Leuten gleich, die sich verlarvt befunden,
Verändert erst wenn sie ausziehn das Kleid,
Worin sie unter fremdem Schein verschwunden;
Verwandelten zu größrer Herrlichkeit
Sich Blumen mir und Funken, und ich schaute
Die Himmelschaaren beide dort gereiht.
O Gottes Glanz, o Du, durch den ich schaute
Des ewig wahren Reichs Triumphespracht,
Gib jetzt mir Kraft, zu sagen, wie ich schaute
Licht ist dort, das den Schöpfer sichtbar macht,
Damit er ganz sich dem Geschöpf verkläre,
Dem nur in seinem Schaun der Friede lacht.
Es dehnt weithin sich aus in Form der Sphäre,
Und schließt so viel in seinem Umkreis ein,
Dass es zu weit als Sonnengürtel wäre.
Und einem Strahl entquillt sein ganzer Schein,
Rückscheinend von des schnellsten Kreises Rande,
Um Sein und Wirkung diesem zu verleihn.
Und wie ein Hügel an der Wogen Strande,
Sich spiegelt, wie um sich geschmückt zu sehn
Im blütenreichen grünenden Gewände;
Also sich spiegelnd sah ich in den Höhn
In tausend Stufen, die das Licht umringen,
Die von der Erd in jene Heimat gehn.
Und kann der tiefste Grad solch Licht umschlingen,
Zu welcher Weite muss der letzte Kranz
Der Blätter dieser Himmelsrose dringen?
Mein Aug ermaß die Weit und Höhe ganz
Und unverwirrt, und konnte sich erheben
Zum Was und Wie von diesem Wonneglanz.
Nicht fern noch nah kann nehmen dort noch geben,
Denn da, wo Gott regiert unmittelbar,
Tritt fürder kein Naturgesetz ins Leben.
Ins Gelb der Rose, die sich immerdar
Ausdehnt, abstuft, und Duft des Preises sendet
Zur Sonne, die stets heiter ist und klar,
Zog, wie wer schweigt, doch sich zum Sprechen wendet,
Beatrix mich und sprach: „Sieh hier verschönt

In weißem Kleid, die dorten wohl geendet.
Sieh, wie so weithin unsre Stadt sich dehnt,
Sieh so gefüllt die Bank in unsrem Saale,
Dass man jetzt hier nach Wenigen sich sehnt." . . .

Dante: Paradise, Canto XXX

Natürlich denke ich ständig über oder darf ich sagen „in"
Nirvana nach. Mein verhältnismäßig geschäftiges Dasein lässt
genügend Raum für solch Nachdenken, denn in Nirvana zu leben
bringt weniger eine Mehrbelastung mit sich als vielmehr der Ta-
gesarbeit von einem neuen Mittelpunkt aus nachzugehen. Ich lerne, mein Leben „Nirvanisieren", das heißt, ich bin bei allen Dingen bemüht, mich ihnen im Geist Nirvanas zu nähern. Dadurch
erlange ich allmählich eine neue Daseinsform.

Die vorhergehende Betrachtung konzentriert sich unvermeidlich um das Kommen des Herrn. Dass Er gekommen ist, weiß ich,
nicht nur, weil man es mir sagte, sondern weil die ganze Welt
sichtbar und hörbar verändert ist. Ein neuer Farbenreichtum erfüllt sie, neue Melodie durchdringt sie, weil der Herr Nirvanas,
der Herr der Seligkeit, über Seine Welt meditiert und sich mit
dem wunderbaren Yoga physischer Verkörperung beschäftigt, so
dass Er unter Seinen jüngeren Brüdern lebt wie Er das seit über
zweitausend Jahren nicht getan. Es gibt kein einziges Lebewesen
ohne Unterschied des Naturbereichs, das nicht neueren, wahreren
Wert hätte, denn der Herr des Glücks erweckt alles Leben zu
neuem Glück. Und was ist dieses Glück anders als der helle
Schatten und Widerschein von Nirvanas Seligkeit? Das Kommen
des Herrn ist ein Abstieg, ein Erwachen Nirvanas, der Wohnstätte des Glücks. Wie ich schon sagte: die Welt kann Nirvana noch
nicht erkennen, sie kann ihr nur näher kommen. Sie kann sich in
Anbetung vereinigen, und auf diese Weise etwas von der Herrlichkeit gewinnen, während der Hohe Priester des Glücks das
große Rituale der Transsubstantiation auf den Altären der Men-
schenherzen zelebriert. Christus der Herr, der Jagat Guru, der
Bodhisattwa — man nenne ihn nach Belieben bei verschiedenen
Namen — ist zur Welt gekommen, zu allen Dingen, die darin leben. Er wurde zum Priester in den zahllosen Tabernakeln, in denen in dieser Welt der Formen Leben wohnt, gleich dem Herrn

Shri Krishna, der sich in huldvoller Anerkennung der selbstlosen Hingabe Seiner Gopis vervielfältigte. Er ist in uns allen verkörpertes Nirvana. Nirvana ist zu uns gekommen. Könnt ihr nicht alles was ich schrieb, — und hoffentlich noch viel mehr als ich geschrieben habe, — fühlen und verstehen, weil Sein Licht scheint, wie es vorher in der ganzen Welt kaum je geschienen? Bedenket, dass obschon der Körper, den Er für gewisse Aspekte Seiner Wirksamkeit erwählte — insoweit diese äußere Welt in Betracht kommt — der Kernpunkt sein kann, Er doch in Wahrheit gegenwärtig ist. Habet ihr, meine Leser, den Gast, Der an eure Türe klopft, schon willkommen geheißen? Ist er zu euch gekommen, da ihr Ihn willkommen hießet?

Ich könnte über die innere universelle Transsubstantiation, die durch die nähere Gegenwart des Herrn, die wie ein neues Licht auf alle Dinge und daher von allen Dingen ausstrahlt, wirksam wurde, ausführlich schreiben. Aber ich wünschte, meine Leser würden dieses selbst empfinden und den Herrn von Angesicht zu Angesicht im Allerheiligsten ihres Seins finden können. Dann werden sie im Aufleuchten von Erkenntnis und Verehrung mehr von Nirvana erkennen als irgendeine Feder zu beschreiben, irgendein Pinsel zu malen oder eine äußere Musik mitzuteilen vermag.

Um mich aber einem geringeren Thema zuzuwenden, möchte ich fragen, ob ich in aller Bescheidenheit meine stets zunehmende Überzeugung kundtun darf, dass Gravitation weniger als eine spezifische und spezialisierte Eigenschaft von, sagen wir der Sonne oder von einem Planeten ist, wie vielmehr eine der gesamten Materie innewohnende Eigenschaft? Heutzutage sagt man, glaube ich, dass die Sonne auf einen Planeten keine Gravitation ausübt, und ich halte diese Behauptung für durchaus wahr, die Tatsache ausgenommen, dass je seiner der Körper, desto größer die Macht der spirituellen Schwerkraft, und je größer die Masse, desto stärker die Eigenschaft physischer Schwerkraft, so dass der Gravitations-Koeffizient der Sonne als Körper größer ist als die irgendeines anderen Körpers in diesem Universum. Das Gesetz der Anziehung ist für alle Ebenen und für alle Arten des Bewusstseinsgesetzes, denn es ist das Gesetz der Brüderlichkeit, das Gesetz der Wesens-Einheit. Wie schon gesagt: die Sonne ist überall und dem Wesen nach in allen Dingen, so dass das Gesetz der Anziehung tatsächlich nicht mehr und nicht weniger ist, als der Ausdruck einer Lichteigenschaft. Im Licht von Nirvana erblicke ich eine transzendentale Gravitation, die ich mit dem Wort „Sein" ausdrückte. In diesem Wort wird eine Apotheose der Gravitation enthüllt. „Sein" hält Universen zusammen, ebenso wie Gravitation. Ich will darüber nicht weiter nachgrübeln, man wird aber sehen, dass sich einem in dieser Richtung verlockende Wege für Studien eröffnen.

Indem ich das Thema wechsle und eine andere Richtung der Meditation verfolge, finde ich, dass das Nachdenken wohl ein Vorgang des Wachstums ist: in den pararationellen Regionen von Buddhi und Nirvana hingegen gibt es andere Einheits-Maßstäbe. Nachdenken ist ein guter Diener, aber ein schlechter Meister. Denken hilft uns ein wenig auf userm Weg, doch nur bis zu den Grenzen des niederen Verstandes. Sind diese einmal überschritten, kann uns Nachdenken nichts mehr helfen. Welches sind also diese neuen Einheitsmaßstäbe? Ich vermag sie nur mit einer Redewendung zu beschreiben: ein Gefühl von innewohnenden Wesenswerten. Es ist, als würden wir von nun an die Dinge nicht in Ausdrücken der Logik, sondern in Ausdrücken der Einheit oder des Seins bewerten. Größere Einheit, größerer Wert. Größeres Sein, größerer Wert. Geringere Einheit, geringeres Sein, geringerer Wert. Und was noch wichtiger ist, insoweit die niederen Welten in Betracht kommen, je größer die Einheit, das Sein, umso folgerichtiger, was auch immer unsere sogenannte Logik sagen mag. Auf dem Weg der Logik kommen wir zu einem bestimmten Schluss. Ist die Logik genau, müssen wir zum selben Schluss gelangen, als wenn wir den Maßstab der Einheitswerte und Sein-Werte anwenden. Wie unendlich vorsichtiger müssen jene von uns sein, die diese feineren Präzisions-Instrumente einigermaßen kennen gelernt haben, um nicht voreilig zu urteilen, um Wertfehätzungen der Außenwelt nicht blindlings anzunehmen, und um selbst unsere rühmliche Logik im schärferen und durchdringenderen Licht von Einheit- und Sein-Maßstäben zu prüfen. Die Dinge, wie sie zu sein scheinen, enthüllen oft wenig von dem, was sie sind. Indem wir Buddhische und Nirvanische Einheits-Maßstäbe anlegen, bewerten wir unsere Welten aufs Neue und erreichen oftmals überraschende Resultate. Dazu gehört, dass nicht selten Menschen, die in den Augen der Welt an erster Stelle stehen, in Wahrheit die Trägen sind, während andere, die die Welt am wenigsten schätzt, dem Reich der Gerechtigkeit am nächsten stehen — worauf Große Lehrer hingewiesen haben. Hier besitzen wir eine andere Richtung für wertvolle Meditation. Ich möchte hinzufügen, dass es wohl scheinen mag, als wären diese mehr elementaren Maßstäbe kaum geeignet, um bei Vorgängen angewendet zu werden, die gänzlich im Bereich von Forschung und Schlussfolgerung liegen, dass sie aber tatsächlich eben in diesem Bereich mit größtem Erfolg benützt werden. Der logische Vorgang schreitet Schritt für Schritt vorwärts. Er ist ein Prozess der Ableitung von Voraussetzungen zur Schlussfolgerung oder ein Vorgang der Folgerung von Individuen zu Verallgemeinerungen. Andererseits haben Einheit und Maßstäbe des Seins mit Stufen oder Deduktion und Induktion nichts zu tun. Sie prüfen qualitativ. Sie bestimmen die Richtung. Sie hören auf Motive und vergleichen sie mit dem Göttlichen Motiv. Sie erforschen Farbensysteme und vergleichen sie mit dem Göttlichen Farbensystem. Sie bleiben schon bei den Voraussetzungen stehen. Die Schlussfolgerung wird sich von selbst ergeben. Sie ist das Kind der Voraussetzungen. Daher kommt es auf die Voraussetzungen an. Mögen sie mit den inneren Maßstäben in Einklang stehen, dann muss die Schlussfolgerung richtig sein. Ebenso verhält es sich mit Argumenten und Vernunftgründen. Ihre Geltung und ihr Wert hängen von dem Grad ab, inwieweit sie zu Einheit und Sein führen. Hat man einmal Buddhi und Nirvana berührt, kann einen kein geschriebenes Wort, keine Heilige Schrift, kein Dogma, keine Lehre in hergebrachter oder anderer Form mehr befriedigen. Für Menschen, die in diese inneren Regionen eingetreten sind, genügt es nicht mehr, darüber eines Sinnes zu sein, dass diese oder jene Theorie allgemein aufgenommen wurde, oder dass die Heiligen Schriften diese oder jene Behauptung aufstellen und sich daher diese oder jene Sache so verhält. Denn sie beginnen zu verstehen, dass sie lernen können und müssen, selbständiges Wissen zu erlangen. Sie sind keine Krüppel mehr, die nur mit Hilfe äußerer Gesetze gehen können. Sie sind nicht mehr orthodox oder was diese betrifft heterodox. Sie lernen wahr zu sein.

Um noch eine andere Betrachtung zu verzeichnen, führe ich an, dass die Art und Weise, wie man durch Nirvanisches Bewusstsein aus der Herrschaft von Raum und Zeit herausgehoben wird, einen ständig zunehmenden Eindruck auf mich macht und Vergangenheit, Gegenwart und Zukunft freien Zutritt gewährt. Einstein hat uns schon von der Sklaverei bezüglich Zeit und Raum befreit. Wir lernen aus diesen Begriffen einen an sich relativen Raum-Zeitbegriff formen, und betonen unsere Befreiung aus der Knechtschaft von Raum und Zeit, indem wir über Raumähnliche oder Zeitähnliche Zustände sprechen. Sogar auf der Buddhischen Ebene beginnen wir das bewusste Überschreiten von Raum und Zeit, während diese Begriffe auf der Nirvana-Ebene für uns nahezu keine Bedeutung mehr haben. Raum und Zeit wurden bloß „erfunden" um zu zeigen, dass über beide hinaus noch etwas vorhanden ist. Der Wert der Begrenzung liegt nicht im Leben innerhalb derselben, sondern vielmehr im Bestreben, über sie hinaus zu kommen. Buddhi und Nirvana sind ein Jenseits, auf das sie hinweisen, wie es die Wissenschaft heute schon tastend wahrzunehmen beginnt. Auf der Nirvana-Ebene des Bewusstseins kann man zu gleicher Zeit überall sein, oder wenigstens beginnen, überall zu sein. „Überall" bedeutet allerdings noch immer einen begrenzten Flächenraum, aber ein Überschreiten von Raum und Zeit wie wir diese hier „unten" wahrnehmen. Der Wert von Raum und Zeit steht in Verbindung mit Objektivität. Tische und Stühle verdanken jene Art des Seins, die wir mit Tisch und Stuhl bezeichnen, den Zeit-Raum-Erwägungen. Wir brauchen Zeit-Raum, um zu Tischen und Stühlen zu gelangen, denn wir benötigen hier auf Erden Gegenstände. Zeit-Raum verschafft sie uns. Man sagt uns, Gegenstände sind in Zeit-Raum Begebenheiten. Ein Tisch ist eine Begebenheit. Im Nirvana-Bewusstsein befassen wir uns jedoch nicht mit Gegenständen. Wir bekümmern uns um jene Subjektivität, deren Ausdruck in den niederen Welten sie sind. Daher verlieren die Begrenzungen von Zeit und Raum ihr Dasein, sobald wir uns mit ihren subjektiven Wirklichkeiten befassen, trotzdem sie für objektive Existenz auf niederen Welten angebracht und notwendig sind. Es ist sogar bis zu einem gewissen Maß durch Übung möglich — ich weiß nicht wie weit — diese Subjektivität in Verbindung mit den Gegenständen selbst aufrecht zu halten. Man nimmt sie gewissermaßen ohne ihre Zeit-Raum-Eigenschaften wahr und vereinigt derart Subjekt und Objekt oder — soll ich sagen — verschmilzt das Objekt mit dem Subjekt und behält dennoch einen Schatten von Objektivität zurück. Ich fürchte mich etwas verworren auszudrücken, doch kann ich nur hoffen, meine Leser werden bis zu einem gewissen Maß erfassen, worauf ich hinaus will. Ich verstehe was ich meine. Das ist aber wenig ermutigend für Menschen, denen man vorerst begreiflich machen muss, dass das Ganze einen Sinn hat, den es zu erfassen gilt. Vielleicht kann ich mich etwas verständlicher machen, indem ich vorschlage, man versuche das Experiment, einen Stuhl oder einen Tisch zu verallgemeinern und ihn zu subjektivieren, während man gleichzeitig solange als möglich die Objektivität festhält. Ich rate nicht zu anstrengende Versuche zu machen. Man mache sie gemächlich und in aller Ruhe. Dann wird man zu verstehen beginnen, was ich damit meine, ungefähr so viel, wie ich selbst verstehe, was ich damit meine. Dieses ist — man möge mir glauben — trotzdem manche spotten werden, keinesfalls alles.

Wir können aber nicht nur die Zeit- und Raumbegriffe den gewöhnlichen Gegenständen der Außenwelt entziehen. Wir können dieses mit Religionen, Nationen, Rassen und Völkern tun. Vom Nirvana-Standpunkt aus ist das Wesen des Lebens Universelles Sein, was dasselbe ist wie Universelle Wahrheit oder Universelles Gesetz. In Nirvana gibt es kein Christentum, keinen Hinduismus oder Buddhismus, keinen Islam oder kein Zoroastertum. Diese sind Zeit-Raum-Begriffe, bis zu einem gewissen Punkt von höchster Wichtigkeit, doch jenseits dieses Punktes nichts anderes als eine Anzahl Gegenstände, die von einem universellen Subjekt abhängen. Das Subjekt geht durch ein Spektrum hindurch. In diesem werden Gegenstände reflektiert. Das Sehvermögen der meisten Menschen vermag das Spektrum nicht wahrzunehmen, daher erscheint ihnen nur ein einziger Gegenstand als wahr. Sie sind sich dessen nicht bewusst, dass er nur einer der vielen Reflexe ist. Aber Buddhisches Bewusstsein enthüllt das Vorhandensein des Spektrums und befähigt uns, auf das dahinter liegende Subjekt zu folgern. Nirvana-Bewusstsein nimmt uns ins Reich des Subjektes selbst, obwohl es völlig klar ist, dass eines Tages der Zeitpunkt kommen wird, wo das Nirvanische „Subjekt" nur als eine Art einer noch wesentlicheren Einheit wahrgenommen wird. Wie viel glücklicher wäre die Welt, wenn wir wenigstens die Subjektivität erkennen könnten, die allen Glaubensformen gemeinsam ist, wie sehr wir auch in unseren niederen Körpern eine besondere Reflexion, eine besondere Objektivität vorziehen würden. Es gibt eine Subjektivität, die sie alle umfängt. Ich möchte jedoch Forschern empfehlen, sich vor der sehr wirklichen Gefahr zu hüten, die Objekte außeracht zu lassen, sobald sie sich eine Vision des Subjektes errungen haben. Geben wir der Sache eine verständlichere Form: Ein internationaler Geist ist wohl eine sehr wertvolle Eigenschaft, doch dürfen wir niemals auf Kosten nationaler Pflichten international sein. Patriotismus ist durchaus nicht unvereinbar mit dem Geist der universellen Brüderlichkeit. Im Gegenteil, die Tugend universeller Brüderlichkeit kann in Wahrheit nur so ausgeübt werden, wenn wir die kleineren Pflichten des nationalen Bürgers erfüllen. Wir legen Buddhi nicht ab, wenn wir Nirvana aufnehmen. Wir legen das Christentum oder irgendeinen anderen Glauben nicht ab, wenn wir Theosophie aufnehmen. Wir erfüllen unsern Glauben, wir erfüllen unsere Nationalität, wenn wir Theosophen werden. Wir werden weiser und nicht weniger eifrig.

Ich möchte nun zeigen, wie der Eintritt ins Nirvana-Bewusstsein uns befähigt, über die Zeit hinauszugehen. Ich vermag dieses nicht besser zu tun, als mit Zuhilfenahme folgender Anführung aus Camille Flammarions „Populäre Astronomie":

„Ein Mensch, ein Geist, der die Erde in diesem Jahr durch den Tod oder auf eine andere Weise verlässt und in einigen Stunden oder Tagen in eine große Entfernung befördert wird, würde die Erde früherer Zeiten sehen, und sich selbst wieder als Kind erblicken, denn dieser Aspekt der Erde würde erst nach geraumer Verzögerung dorthin gelangen, wo er sich befindet."

Nun nimmt Flammarion hier einen besonderen derart vorherbestimmten Ort an, dass eine Gleichzeitigkeit zwischen dem Menschen, wie er jetzt ist und wie er selbst damals war, bewirkt wird, sodass sich Gegenwart und Vergangenheit treffen. Vom Standpunkt Nirvanas jedoch braucht es keine Beförderung und keinen Ort. Alle Zeiten und Orte sind Daseinsformen. Es handelt sich daher nur darum, einen universellen Formbegriff in der verschiedensten Weise zu behandeln. Zweifellos bewegt sich das Licht. Wenigstens behaupten wir es, obwohl ich darüber meine Zweifel habe. Aber niemals bewegt es sich so weit, dass es verloren gehen könnte. Das Licht, das die Zeit-Raum-Form gestaltete, die ich meine Kindheit nenne, gehört vom Nirvanastandpunkt aus nicht zur Vergangenheit. Es hat sich nicht in eine Entfernung fortbewegt. Es ist immanent. In Nirvana ist alles immanent, und hätte Flammarion Nirvana-Bewusstsein erfahren, wäre es nicht notwendig gewesen, sich die Mühe zu nehmen, den Menschen oder Geist an einen anderen Ort zu befördern. Er hätte ihn einfach seine Bewusstseinsform ändern lassen. Was für die Vergangenheit gilt, gilt auch für die Zukunft. Auch diese ist immanent. Ich hatte hin und wieder Gelegenheit es zu erfahren. Es ist außerordentlich schwierig zu erklären, wieso die Zukunft ebenso immanent ist wie die Vergangenheit oder Gegenwart. Aber es könnte von Nutzen sein, die Annahme aufzustellen, dass Gott mit der Zukunft anfing und Seine Entfaltung so organisierte, dass sie unfehlbar dorthin führen musste. So ist sozusagen allen Dingen der Stempel ihrer Zukunft mit auf den Weg gegeben. Alle Dinge sind in die Gussform der Zukunft gegossen worden, ohne Rücksicht auf die Länge der Zeit, die nötig sein wird, bis sie die Formen wirklich ausfüllen und zu deren vollkommenen Ebenbildern werden. Nirvana ist eine Abteilung von Gottes Laboratorium, in der einige Seiner Pläne aufgestapelt sind und Modelle — nein mehr als Modelle — von den relativen Vollkommenheiten enthalten sind, die jetzt in den niederen Welten aus den großen Rauen Steinen des Lebens gemeißelt werden. Gibt es nicht eine vollkommene Licht-Geschichte der Welt, geschrieben in der Sprache des ewigen Jetzt? Was anders sind die Akasha-Aufzeichnungen als so eine Weltgeschichte? Selbst wir gewöhnlichen Geschöpfe können Licht-Geschichte in Form von Filmen herstellen. Wir können dieses für Vergangenheit und Zukunft anfertigen. Ist es denn so schwierig sich vorzustellen, dass Höhere Intelligenz für die Zukunft, wohlverstanden eine rein objektiv betrachtete Zukunft, dasjenige schaffen kann, was gewöhnliche Menschen für andere Erscheinungsweisen von Zeit-Raum tun können?

Neuerdings bin ich unvermeidlich durch meine Kontemplation über unsern Herrn, die Sonne, entzückt. Für mich ist das Lesen einer astronomischen Abhandlung über die Sonne vielleicht die allergenussreichste Art Lektüre. Bei jedem Punkt halte ich inne, um sowohl zu bewundern, als auch die verschiedenen Beschreibungen mit ihren nirvanischen Gegenstücken zu verbinden. Ich las zum Beispiel kürzlich irgendwo die folgende Stelle:

„Was von der Sonne und allen Quellen des Lichts und der Wärme ausgeht, ist daher, genau gesprochen, weder Licht noch Wärme, (denn dieses sind nur Eindrücke), sondern Bewegung — außerordentlich rasche Bewegung. Nicht Wärme ist im Raum verbreitet, denn die Temperatur des Raumes ist und bleibt überall eisig. Noch ist Licht im Raum, denn in diesem ist ständige Dunkelheit, wie wir sie um Mitternacht sehen. Es ist Bewegung, eine rapide Schwingung des Äthers, die sich bis ins Unendliche fortpflanzt und solange keine wahrnehmbare Wirkung ausübt, bis sie nicht auf ein Hindernis flößt, durch das sie umgewandelt wird."

Ohne dem Autor in seinen Beobachtungen bezüglich Raum folgen zu können, bleibt doch die bedeutsamste Tatsache bestehen, dass man Licht — nirvanisch ausgedrückt — als die urtypische Substanz der niederen Welt betrachten kann, ferner, dass dennoch das Licht an sich seinen eigenen Urtypus hat, für den wir das Wort „Bewegung" anwenden. Licht kann unser höchster urtypischer Begriff der Göttlichen Bewegung der Dinge sein, dennoch ist die Göttliche Bewegung selbst, die wir hier auf Erden Licht oder Ton nennen können, etwas anderes als diese seine Ausdrucksformen. Wir beginnen dieses zu erkennen, wenn wir über den wunderbaren Schatten der Wirklichkeit kontemplieren, der im Hinduismus als Lord Shivas Tanz dargestellt wird. Selbst Bewegung lässt mich unbefriedigt. Ich weiß, dass dieses Wort eine Beschränkung ausübt, und dass unser Begriff, den wir uns von Bewegung machen, wie erhaben er auch sei, bloß ein Zerrbild der Göttlichen Bewegung ist. Es ist aber immerhin schon etwas, sich eine Vorstellung, wenngleich eine schwache, von einer Transzendenz des Lichtes, jenseits selbst des Lichtes, jenseits des stillstehenden Blitzstrahles zu machen! Mich interessiert der letzte Teil des Schlusssatzes, — „und solange keine wahrnehmbare Wirkung ausübt, bis sie nicht auf ein Hindernis trifft, durch das sie umgewandelt wird." Dieses ist eine wunderbare Darstellung der ständigen Transsubstantiation, die zwischen Höherem und Niederem, Innerem und Äußerem stattfindet. Die ganze Entwicklung besteht aus Göttlicher „Reibung" zwischen Subjektivität und Objektivität. In Wahrheit gibt es natürlich keine Hindernisse. Die Schwingungen der Gottheit begegnen keinen Hindernissen. Sie ordnen sich bezüglich ihrer eigenen Partikeln neu ein. Es ist eine Neuordnung, die fortwährend stattfindet, nichts als stets erneutes Adjustieren. Dann gibt es noch eine andere Stelle, die ich hier anführen möchte:

„Die Sonne kommt zu uns in Form von Wärme, — sie verlässt uns in Form von Wärme. Aber zwischen Ihrer Ankunft und Ihrem Abgang hat sie die verschiedenen Kräfte unseres Planeten zur Welt gebracht . . . (obzwar) die Erde auf ihrer Bahn nur den Zweitausend Millionstel Teil der gesamten Ausstrahlung aufhält. . . ., fangen alle Planeten des Sonnensystems nur den 227 Millionstel Teil der Ausstrahlungen auf, die vom Zentralstern ausgesendet werden. Das Übrige geht an den Welten vorüber und scheint verloren zu sein . . ." wird aber, im Gegenteil zu Zwecken benützt, von denen wir uns keinen Begriff machen können.

An diesem Punkt angelangt, berühre ich abermals eine Allgemeinheit jenseits der Grenzen irgendeines individuellen Systems. Ich weiß, dass *a*-Centauri und 61 Cygni, die für uns nächstliegenden Sonnen, obwohl sie 25 und 43 Millionen Meilen, oder je 4,35 und 7,2 Lichtjahre von uns entfernt sind, in dem wunderbaren System gegenseitigen Durchdringens und kosmischer Anpassung, mit der sich einige der Größeren Älteren Brüder unserer Welt befassen, mächtige Wirkung auf uns ausüben. Sie erreichen uns, beeinflussen uns, verändern uns durch das universelle Licht, an dem der ganze Kosmos teilhat. Denn tatsächlich, obwohl der Ton mehr als drei Millionen Jahre brauchen würde, um uns von *a*-Centauri zu erreichen, so wird er uns dennoch erreichen und kann von jenen gehört werden, die Ohren haben zu hören. Wie in Wahrheit gesagt wurde: „Das Licht befördert uns ins unendliche Leben. Es befördert uns auch ins ewige Leben." Hier möge der folgende schöne Ausspruch Flammarions hinzu gefügt werden:

„(Es ist die Wärme der Sonne), die die drei Zustände der Körper erhält: fest, flüssig und gasförmig . . . Die Sonne ist es, die in der Luft bläst, die im Wasser fließt, die im Sturm stöhnt, die in der unermüdlichen Kehle der Nachtigall singt. Sie heftet sich an die Seiten der Berge, die Wasserfälle, und die Lawinen stürzen mit einer Energie hernieder, die sie von Ihr gewinnen. Donner und Blitz sind ebenfalls eine Manifestation Ihrer Kraft. Jedes brennende Feuer und jede scheinende Flamme, erhielt ihr Leben von der Sonne . . . . und dennoch ist alles dies nichts, oder beinahe nichts, verglichen mit der wirklichen Kraft der Sonne!"

Eine schöne Beschreibung der Immanenz, die aber doch nur den kleinsten Teil Wahrheit widergibt, denn die Sonne *ist* alles, überall.

XI. KAPITEL.

MUTTER-LICHT.

Nirvana gab mir keine herrlichere Vision als die Apotheose, — oder muss ich neuerdings lagen, eine Apotheose — von Weiblichkeit. Der Begriff Gottes des Vaters ist uns vertraut, wenig aber ist uns bezüglich Gottes, der Mutter, bekannt. Wir kommen jedoch der letzten Wahrheit näher, wenn wir allmählich das Mutter-Prinzip als gleichewig mit dem Vater-Prinzip zu empfinden trachten; als gleich-existierend mit ihm, die beide aus einem unerklärlichen Quell hervorkommen. So weit mir bekannt, findet das Mutter-Prinzip in jeder großen Glaubensform edlen und wundervollen Ausdruck. Vielleicht in Form von unpersönlichem „Machtopfer", „ehrfurchtgebietend" im wahren Sinn des Wortes, oder vielleicht als Reinheitsopfer einer Ideal-Frau, wie zum Beispiel der Jungfrau Maria, Unsere liebe Frau, im Christentum.

Mir ist, als gewahre ich — in Nirvana-Begriffen ausgedrückt — ein Mutter-Licht und ein Vater-Licht. Jedes ist ein Bestandteil des stillstehenden Blitzstrahls. Ob ich die beiden wohl unterscheiden kann? Das Mutter-Licht lässt mich vor allem das Gefühl von Einfachheit, Majestät und Würde, von Würde der Unverschleierten Wirklichkeit, von Würde der Heiligkeit empfinden, das sich mit Zurückhaltung, reservierter Kraft, Zuflucht und Beschirmung wundervoll vermengt. Mir ist, als sehe ich innerhalb der herrlichen Verkörperungen dieses großen Mutter-Lichtes in der äußeren Welt ein strahlendes Meer von Licht. Das Bild weiter Ausdehnung eines stillen, schweigenden Ozeans ersteht vor mir, der im sanften Licht des Vollmonds Perlmuttergleich leuchtet und sein leichtes Wellenspiel endlos schimmern lässt. Man bedenke, was das Meer ist und erinnere sich seiner ungeheuren, unwiderstehlichen Kraft. Aber dieses Meer des Mutter-Lichts wird nie vom Sturm gepeitscht — es bleibt immer friedevoll, immer ruhig, unergründlich, von einer Tiefe jenseits aller

Worte sie zu beschreiben, doch schimmernd und funkelnd im Liebe-Licht, jenem mächtigen Berggipfel des Weisheits-Erbarmens. In diesem großen Meer von Mutter-Licht lebt jedes Weib der Welt in allen Welten. Sein Licht durchdringt es, und sein Meer trägt es, so dass es darin ruht und sich darin entfaltet. Wie still ist dieses Meer von Licht, wie völlig sicher und wunderbar umgibt es jedes Weib in allen Welten! Jedes Weib ist eins mit diesem mächtigen Ozean, ja es ist tatsächlich eine heilige und geheiligte Leitung, durch die es nach auswärts strömt, um zu erzeugen und alles Leben zu befruchten: *Mater Generatrix.* Gleichwie das Mutter-Licht über allen Akten der Erneuerung in jedem Naturreich schwebt, so sollte jedes Weib sich als Priesterin dieses Gottes-Lichtes in jedem Naturreich fühlen. Welch eine Sendung! Welch herrlicher Beruf! Das Weib, das Feuer der Schöpfung. [1])

An dieser Stelle lasse man mich für einen Augenblick ihm das Vater-Licht gegenüber stellen. Welchen Unterschied gewahre ich? Tätigkeit? Ein Aufblitzen? Darf ich sagen ein Sturmgepeitschtes Meer, in gewaltigen Ausbrüchen pulsierend? Es ist die positive Ergänzung des Negativen. Die zwei mächtigen Pole des manifestierten Seins. Indem ich in das Wesen dieser zwei großen Lichter eingehe, sehe ich das Eine. Fast beginne ich das Eine zu verstehen, denn während ich beobachte, (oder ist es während ich mich verwandle?) erblicke ich, wie sich die Licht-Beschaffenheit in scheinbares — nicht wirkliches Nichts — auflöst und ein Mehr-als-Licht zurückbleibt, dem selbst das Licht sein Dasein verdankt. Mehr vermag ich nicht zu sagen. Aber ich erkenne, wie sowohl Vater-Licht, als auch Mutter-Licht zusammen dieses Mehr-als-Licht ausdrücken müssen, während es den Schatten der Manifestation annimmt.

Ich kehre zur Betrachtung des Mutter-Lichts zurück. Sogleich erscheint das Bild der gewaltigen Pallas Athene vor meinem inneren Blick. Sie scheint auf wundervolle Weise eine vollendete Gestaltung des Mutter-Lichts zu sein, unendlich majestätisch, ehrfurchtgebietend, ein Heiligtum, in dem die Betrübten Zuflucht suchen und stark und unerschrocken daraus hervorge-

1) Siehe Dr. J. J. van der Leeuw, „Das Feuer der Schöpfung." Mit einem Vorwort von C. Jinarajadasa. (Neuauflage Verlag Edition Geheimes Wissen, Graz).

hen, eine große Ermutigerin, Königin der Helfenden Mächte des Himmels. Ihre alten Statuen überliefern uns etwas von Ihrer Herrlichkeit. Während ich auf sie blicke, vollzieht sich ein Wunder. Ich sehe Myriaden Ihresgleichen. Einen Augenblick lang frage ich mich, was geschehen ist, aber fast unmittelbar darauf erkenne ich, dass ich sie in der gesamten Weiblichkeit in allen Naturreichen widergespiegelt sehe. Jedes Weib ist ein funkelnder Edelstein des Mutter-Lichtes, seine Herrlichkeit einschließend, um sie auf ihrem Weg zu befreien und zu fördern. Die ganze Welt sollte von diesen Edelsteinen funkeln, viele jedoch sind stumpf, leblos, durch Entweihung getrübt.

Wo sind die Frauen, die der Weiblichkeit ihren herrlichen Glanz wiedergeben? Wo sind die Frauen, die alle Frauen sämtlicher Völker auf einen großen Kreuzzug führen, um ihr Erbe wieder zu erobern und zur Erfüllung zu bringen? Wie lange wird es noch dauern, bis sich die Frauen darauf besinnen, dass ihre Körper Allerheiligste Schreine des Mutter-Lichts sind, bei denen sie ihre Andacht mit Hilfe von mächtigen Sakramenten verrichten können, wie die der Ehe und Mutterschaft? Wie lange soll es noch dauern, bis Kinder in heiligen Tempeln anstatt in Höhlen der Lust geboren werden? Wie lange soll es noch dauern, ehe der Körper des kleinen Kindes in voller Wahrheit die heilige Erfüllung der Verschmelzung von Mutter-Licht und Vater-Licht ist, edlen Zielen geweiht, weil in heiliger Sehnsucht empfangen?

Vermutlich klingt dieses für moderne Begriffe von Mutterschaft, Weiblichkeit und Kindheit gänzlich fremd. Aber ich verbrachte eine Weile im Wirklichen, ich lebte in der tiefen Sehnsucht der Welt-Mutter, dass Ihre Kinder sich Ihr nähern mögen, damit Sie sie an Ihr Herz pressen könne. Wo Trauer, Kummer, Verzweiflung und Qual vorhanden, dort ist die Welt-Mutter, pflegend, liebkosend und trottend, wie so manche schmerzdurchwühlte Mutter und so manches einsame Kind es wissen. Doch könnte Sie so viel mehr tun, wenn sich nur die Frauen Ihr zuwenden würden. Christus ist zurückgekehrt in Seine Welt. Viele von uns wissen es und bereiten unserm Gast und Vater ein Willkommen. Wissen wir aber, dass mit Ihm auch die Welt-Mutter kommt? Vielleicht nicht in Ihrer eigenen herrlichsten Gestalt, so doch wohl in Körpern, die für Ihren Gebrauch besonders geweiht wurden. Sie kommt dessen ungeachtet, und Ihre Botschaft an die Frauen der Welt soll sie an die Herrlichkeit der Frauenschaft erinnern, sie zusammenrufen, um die Welt zu führen und ihr große Männer und Frauen zu schenken und sie zu beschwören, Weiblichkeit der Verehrung wert zu machen, so wie sie die Männer beschwören wird, das Frauentum zu verehren. Wir bitten die Welt, ihren Christus willkommen zu heißen. Wir bitten die Welt, ihre Mutter willkommen zu heißen, da sie mit Ihrem Sohn wiederkehrt, der Ihr König ist.

Wie deutlich erkenne ich die Nirvanische Herrlichkeit des Frauentums, das hier auf Erden so verzerrt und missgestaltet ist. Frauentum in excelsis! Und ich sehe in dieser Wiederkehr des Christus den Himmel, der Nirvana ist, die Erde küssend und ihr wieder ihre Herrlichkeiten verleihend, von denen keine größer ist als das Mutter-Licht. Das Mutter-Licht scheint hernieder durch jede Welt-Mutter, die die Erde jemals gekannt hat. Wieder nähern Sie sich der Welt, die Sie früher schon bemutterten. Wieder erwecken Sie das Herz jeder Frau, Sie anrufend, das Opferfeuer im Tempel ihres Daseins wieder zu entfachen. Viele rufen Sie zum Sakrament der Ehe und individueller Mutterschaft. Doch rufen Sie sie alle zu jener größeren Mutterschaft, deren die Welt in diesen modernen Tagen so verhängnisvoll beraubt ist, wo Männer und Frauen gleichermaßen auf den wahren Platz der Frau im Leben vergeilen haben.

In einem Artikel der Augustnummer des „The Liberal Catholic" von Sydney, Australien, (1926), wagte ich einen kleinen Streifblick zu beschreiben, den ich von Unserer Lieben Frau im Licht von Nirvana gewann. Ich gebe ihn hier wieder als die Verkörperlichung des Aufblitzens, in dem ich Sie das erste Mal kennen lernte, soweit ich Sie eben zu verstehen vermag. Ich sah ein Licht. Dieses Licht kleidete ich in schwache Worte:

„Es gibt keine schönere oder geheimnisvollere Wahrheit in der Welt als die Wahrheit, die uns in jenen unendlich rührenden Worten: „Unsere Liebe Frau" übermittelt wird. Wir finden diese Wahrheit in jeder Glaubensform. Sie ist beinahe das Herz jedes Glaubens. Jede Religion hat ihre Macht, ihre Weisheit und ihre Liebe. In allen Dreien eingeschlossen liegt Mutterschaft, — die Macht leitend, die Weisheit erleuchtend, die Liebe verschönend.

Unsere Liebe Frau, Herrin des Schlosses der Welt, wundervoll als die Mutter Jesu, wendet sich an alles, was in uns das Edelste ist. Jesus, das Vehikel unseres Herrn, des Christus. Unsere Liebe Frau, Christi Weg zu Seiner Welt. In Ihrer Heiligkeit ist Sie weit von uns entfernt. In Ihrer Mutterschaft ist Sie uns „näher als Hände und Füße".

„Aber Sie ist sogar noch mehr als die Mutter Jesu, mehr als Ihr Symbol in jedem Glauben, denn wir finden Sie auf jeder Naturebene, in jedem Reich der Natur. Ich ersteige die höchsten Regionen, die zu erreichen ich imstande bin und da finde ich Sie —, strahlendes Licht, ein Licht, das erlesen unterschiedlich ist von allem anderen Licht. In jenem Licht glüht das Mutterprinzip des Lichts, des Lebens und der Herrlichkeit. Ich stehe dem Schatten der Mutterschaft Gottes von Angesicht zu Angesicht gegenüber. Ich sehe Sie als höchste Verkörperung der Mutterschaft, überall, in allen Reichen, auf allen Ebenen. Sie ist die Welt-Allmutter, — die Apotheose alles dessen, was Mutterschaft zum reinsten Widerschein der Natur Gottes macht. In jedem Akt der Mutterschaft spiegelt sich Mutterschaft in wunderbarer Weise wieder, und erneuert beständig das höchste Wunder, des Gottes-Opfers, so dass Mutterschaft das Heiligste wird in der Welt."

Wo Mutterschaft ist, dort ist Unsere Liebe Frau, und während ich diese Worte niederschreibe, erscheint vor meinem Blick das Bild „The Lady of the Lamp", — Florence Nightingale, während sie zwischen den Verwundeten ihres Krankenhauses in Scutari von Bett zu Bett schreitet, und jedem Leidenden Trost und Mut spendet. Ich sehe dieses Bild als schwache Wiedergabe des Erbarmens Unserer Lieben Frau, wie sie zwischen den ihre Niederkunst erwartenden Frauen von Bett zu Bett in der Welt schreitet. Die ganze Welt ist ihr Krankenhaus, und Sie schwebt in Myriaden von Formen Ihres Ichs mit unendlicher Zärtlichkeit über jeder werdenden Mutter, während diese ihren göttlichen Akt der Erinnerung an das Opfer Gottes vollzieht."

„Man erzählte mir auch die Geschichte des armen Hindu-Mädchens in einem indischen Dorf, das Mutter werden sollte und ihre eigene Mutter sehnsüchtig erwartete, die sie in der Zeit ihrer großen Not „bemuttern" und sie durch Kreuzigung zur Auferstehung führen sollte. Ihre Mutter wohnte in großer Entfernung, doch eilte sie an die Seite ihrer Tochter. Sie war noch nicht angekommen, als die Geburtswehen begannen, aber eine Andere Mutter stand da in ihrer Gestalt, so dass das Mädchen sich freute, dass ihre Mutter rechtzeitig gekommen war. Pravati, Unsere Liebe Frau der Hindus, das Mutter-Prinzip, — leitete ihr Kind voll Zärtlichkeit durch das Sakrament der Mutterschaft, und hüllte es in Freude und Friede. Endlich kam auch die Mutter selbst an und Unsere Liebe Frau verschwand. Die junge Mutter aber wusste nicht, was geschehen war, und eines Tages dankte sie ihrer Mutter für ihre wunderbare Zärtlichkeit und Sorgfalt. Erstaunt antwortete die ältere Frau, dass sie zu ihrem großen Leidwesen und Kummer nicht imstande gewesen war rechtzeitig zu kommen, aber dass sie so glücklich war, jemand anders zu sehen, der ihr Kind mit der Sorgfalt der Mutter umgeben hatte. „Aber". . . sagte die Tochter, und da lächelte Parvati ihnen beiden zu, und sie verstanden und freuten sich in tiefster Verehrung und Dankbarkeit."

„Bei jedem Sakrament der Mutterschaft hilft Unsere Liebe Frau, und viele Frauen gibt es, die Sie sehen, während alle, die sich des Sakramentes bewusst sind, den Frieden in vollem Maße kennen, der Ihre Gegenwart ist. Sie kommt zu Allen, und nimmt für jede Frau die Gestalt an, die sie liebt und verehrt. Wie wunderbar ist die Mutterschaft Gottes, das Mutter-Prinzip des Lebens . . . . Eine glühende Glorie, ein glühender Triumph, eine glühende Zärtlichkeit, ein glühendes Opfer, ein glühendes Verstehen, eine glühende Kraft zu hüten und zu schützen. Das Licht, das dieses Mutter-Prinzip ist, blitzt auf in vielen Farben, es umkreist die Welt und strahlt auf alle Dinge. Dieses vollkommene Licht scheint in jedes Naturreich. Auf jedem Schöpfungsakt ruht es in unschätzbarem Segen. Unsere Liebe Frau, diese Welt-All-Mutter aller Menschen, ist die Epiphanie, die verkörperte Form des Lichts. Sie ist ein Wesen, eine Person, die diesen herrlichen Pfad zur Göttlichkeit gewandelt ist und Vereinigung in Mutterschaft erreichte. Kein Bild, kein Wort vermag Sie zu beschreiben; jedoch ist Sie keine Abstraktion, kein bloßes Prinzip, sondern Mutter-Licht in herrlicher Form. Zur Seite jeder Mutter steht Sie, während die Mutter in ihrem physischen Körper davon herrlichstes Zeugnis ablegt, dass sie ein Tempel des Lebendigen Gottes ist, und dass sich dieses Opfer in ihr aufs Neue als das Wunder dieser Welt widerspiegelt. Unsere Liebe Frau ist die Hohepriesterin dieses heiligen Opfers. Unsere Liebe Frau ist es, die die Seelenangst der Mutter beschwichtigt und sie zur Freude macht, die das Opfer darbringt und es zur Seligkeit macht."

„Jede künftige Mutter ist ein Tempel, bereitet für Unsere Liebe Frau. Nie versäumt Sie zu kommen, wenn das Opfer — ein Ebenbild Gottes — auf dem Altar liegt, das in die Welt auf eine weitere Reise auf die große Gralsuche gesendet werden soll. Und vorher kommen sogar Engel Ihrer Gegenwart um zu helfen, zu trösten, zu ermutigen und zu verherrlichen. Begreift ihr nun, nach diesem großen Sakrament der Geburt, wie groß, wahrhaftig, wie feierlich das Sakrament ist, das diesem vorangeht, — das Sakrament der Ehe? Über jeder Ehe schwebt tatsächlich der Segen Unserer Lieben Frau. Sie nimmt das verheiratete Paar an Kindesstatt an, vereint in jenem schönen Opfer des Leben-Gebens, das sie in strahlender Liebe als Opfergabe für Unsere Liebe Frau vorbereiten. Wie bei Brot und Wein im Eucharistischen Gottesdienst Unser Herr in Wirklichkeit gegenwärtig ist, so ist auch bei jeder Kindesgeburt Unsere Liebe Frau in Wirklichkeit gegenwärtig. Welch herrliche Aufgabe der Frau: Tempel, Priesterin, Altar, Kelch in einer Person zu sein! Ist nicht die Geburt jedes Kindes ein wunderbarer Eucharistischer Gottesdienst, — heilig und freudig, zu erhaben, um mit Worten beschrieben zu werden?"

„Ich wünschte, die alten Zeiten der Frauenverehrung kämen zurück! Ich wünschte, alle Frauen der Erde würden ihr Erbe der Priesterschaft antreten. Nicht alle Frauen mögen heiraten können. Die Ehe mag nicht der Beruf einer jeden Frau sein. Die Priesterschaft aber bleibt. Haben wir nicht den Gottesdienst der Segensandacht des Allerheiligsten Sakraments und den Eucharistischen Gottesdienst selbst? Gibt es nicht so vieles in der Welt, das nur die Frau allein tun kann, selbst wenn sie nicht dazu berufen ist Priesterin-Mutter zu sein? In diesen Tagen, wo die Frauen sich ihren Lebensunterhalt selbst erwerben müssen, kann man dieses in vieler Hinsicht nur bedauern. Es hat den Anstrich, als würde es der Welt an Ehrfurcht für das Frauentum mangeln, wenn Frauen gezwungen sind, sich mit so vielen Dingen des Lebens zu befallen. Doch können sie die Priesterschaft ihres Geschlechtes im Gedächtnis bewahren, so dass sie, wo sie auch weilen und was sie auch tun mögen, doch die erwählten Priesterinnen und Helferinnen Unserer Lieben Frau bleiben, um Mutterschaft gegen jede Erniedrigung zu verteidigen, für die heiligen Rechte von Mutter und Kind einzustehen und das Mutterprinzip im Leben zu repräsentieren."

„Ist nicht jedes Kind ein Kind Unserer Lieben Frau, der Welt-All-Mutter, und wenn aus keinem anderen Grund, so aus diesem, geheiligt? Ist nicht jede Frau aus diesem Grund eine Mutter für alle Kinder, nur weniger nahestehend wie die physische Mutter, bereit sie zu ersetzen, wenn es nötig sein sollte? Die Welt braucht mehr Mutterschaft. Ist Unserer Lieben Frau nicht zu wenig gedacht worden, obwohl sie sich unser stets erinnert? Mutterschaft beginnt vor der Geburt und nirgends können wir ihr Ende sehen. Im Leben und im Tod bedürfen wir der Mutter. Es gibt kein tröstenderes Wort als „Mutter." „Kein Wort, so erfüllt von zartesten Erinnerungen. Kein Wort, das die Sehnsucht des Herzens so mächtig zu erwecken vermag. Mögen Frauen und Männer gleichermaßen Mutterschaft ehren. Unehre widerfährt Christus, wo Unserer Lieben Frau Unehre widerfährt. Unehre widerfährt Christus, wo einer Frau oder Mutter Unehre widerfährt, denn jede Frau ist ein Tempel Unserer Lieben Frau, welcher Art das Opfer auch sei, das für deren Altar bestimmt ist." „Möge jeder Mann sich vor Ihren Tempeln in Ehrfurcht beugen, möge jede Frau Ihr Licht auf die Welt scheinen lassen. So wird das Mutter-Licht die Wunden der Welt heilen und sie neu erschaffen.

XII. KAPITEL

DIE GEFAHREN NIRVANAS.

Ich umschritt der gewaltigen Schöpfung Gewölbe:
ich sah und ich sprach!
Ich, den Gottes gestaltende Hand zum Erkennen erschuf,
Brach begreifend da aus ob des restlichen Werks in den Ruf,
Der zurück ihm erstattet' der Schöpfung Bemäng'lung und Lob;
Und ich sprach, wie ich sah! Und so hoch sich ein Mensch jemals hob,
Geb' ich Kunde von Gottes Gewirk, von der Liebe des Alls,
Vom Gesetze des Alls! Und so lege ich nieder des Fall's
Mir von Ihm hier verliehenes Urteil. Es wurde, bestimmt
Ihn zu fassen, noch jegliche Gabe zum Abgrund; es klimmt
Dort verdurstend die Sehnsucht! Hab' Wissen ich? Siehe, bestürzt
Vor der Nacktheit der Weisheit verschrumpft es! Hat je mir gewürzt
Vorbedachtheit mein Tun? O, wie kurzrichtig ist's, wie verwirrt,
Im Vergleich mit der Ewigen Sorgfalt! Und weiter! Gebiert
Sich Erfolg mir aus höchster Beanspruchung etwelcher Kraft?
Meine Augen nur öffnend, erschaue ich unwandelhaft
In Vollkommenheit mir gegenüber die Gottheit als Gott,
Sei's in Stern oder Stein, sei's in Seele und Fleisch, oder tot
Hingelagertem Erdkloß. Und blickend so tief in mein Ich
Und zugleich auf den Kreis meiner Umwelt, erneuert mir sich
Unentwegt die Ergebung der mangelnden Vollkommenheit,
Die den Menschen beweist, unter Gottes in Räume und Zeit
Sich erstreckende, höchste Vollendung, (durch Demut, die
auch Noch im Neigen der Seele erhöht), da es Satzung und
Brauch, Dass durch jede aufs Neue bewirkte Verneigung im Geist
Ich den Pfad aufwärts klimme, der zu seinen Füßen mich weist!

Robert Brownig (Soul).
(Deutsche Übersetzung von Hans Zeuger).

Dies alles hat indessen auch eine andere Seite. Wenn dieses Bewusstsein solche wundervolle Zunahme an Kraft, solche Gewissheit der Unsterblichkeit in Seligkeit mit sich bringt, so schafft es auch einen großen Zuwachs an Verantwortung. Es gibt mir ein neueres und höheres Leben, aber ich muss mein Leben auch dementsprechend einstellen; eine Verletzung dieser Norm, wenn auch noch so geringfügig, ist eine sehr ernste Sache. Ich hatte zum Beispiel eine Erfahrung, die ich für wert halte, in diesem Buch aufgenommen zu werden. Kürzlich, als die Dinge einen Augenblick lang etwas schief gingen, oder ich vielleicht etwas weniger auf der Hut war, fühlte ich mich, — ich schäme mich es zu sagen, — etwas gereizt, und ich fürchte, ich äußerte mich einem oder zwei meiner Kollegen gegenüber in gereiztem Ton. Es war ein flüchtiges Gefühl, das fast unmittelbar darauf verschwand. Die Wirkung jedoch war wirklich ganz außerordentlich. Jedenfalls war mir für den Rest des Tages richtiges Arbeiten unmöglich. Ich arbeitete; ich erledigte die Pflichten des Tages; es fehlte aber der „elan vital". Im selben Augenblick, wo ich schwach genug war, der Reizbarkeit Einlass zu gewähren, zog der Friede von dannen und ich wusste sofort, dass ich einen ernsten Fehler begangen hatte. Die Reizbarkeit war nur oberflächlich; sicherlich wurzelte sie nicht tief. Trotzdem veranlasste diese Störung, die nur an der Oberfläche war, eine Erschütterung des ganzen Nervensystems und schloss mich eine Zeitlang aus jenem neuen Reich aus, das ich bis dahin so erfolgreich bewohnte. Alle meine Körper, vom physischen aufwärts oder nach innen, wurden gestört und ich machte eine sehr unangenehme Zeit durch.

Im Verlauf einer kürzlich gehaltenen Ansprache riet Signor Mussolini seinen Zuhörern, „gefährlich" zu leben. Ich dachte daran, dass eine Berührung mit Nirvana-Bewusstsein ein ausgesprochen gefährliches Leben ist und diese kleine Episode der Reizbarkeit hat mich in meiner Ansicht darüber mehr als bestärkt. Auf jeden Fall ist es keine kleine Anstrengung, wenn auch nur einen Widerschein Nirvanischen Bewusstseins auf der physischen Ebene festzuhalten, denn es bedeutet, dass jede äußere oder innere Berührung unermesslich verstärkt wird. Was für viele Menschen nur ein Windshauch sein dürfte, ist für mich jetzt ein Sturm. Die verschiedenen Körper sind für äußere Schwingungen viel empfindlicher, während gleichzeitig jedes Wort, jeder Gedanke und jede Handlung mit weit größerer Kraft geladen ist. Die Folge ist ein viel intensiveres Leben. Jede Minute ist mehr denn je mit „60 Sekunden erfolgreicher Arbeit" ausgefüllt.

Die Beherrschung Nirvanischen Bewusstseins schließt einen außerordentlichen Zuwachs an Kraft in sich, einer Kraft, die zum Guten wie zum Bösen verwendet werden kann. Vermutlich müsste sie dem Menschen entzogen werden, wenn er sie ständig zum Bösen verwenden würde. Es wäre zu gefährlich, Nirvanische Kraft in falscher Richtung fließen zu lallen. Ich bin — kurz gesagt — zu diesem Schluss gekommen, dass es ein gefährliches Experiment ist, jemandem diese Kraft anzuvertrauen. Im Hinblick auf meine vorübergehende Reizbarkeit habe ich Grund, dieses anzunehmen. Ich hatte keine Ahnung davon, dass die Wirkung eines verhältnismäßig kleinen Ausbruchs so lange dauern könne. Während ich diese Worte am Nachmittag des darauf folgenden Tages niederschreibe, leide ich noch unter den Nachwirkungen.

Ich sehe deutlich wie gefährlich es ist, Schwächen zu haben. Ich weiß wirklich nicht, was ich tun würde, wenn ich nicht fähig sein sollte, mich so streng zu beherrschen, dass die schädlicheren Schwächen einfach aufhören zu existieren. Sie müssen schwinden, wenn ich die verschiedenen Unterebenen von Nirvana mit vernünftiger Geschwindigkeit durchwandern soll, sonst könnte ich einer schrecklichen Katastrophe begegnen. Vermutlich sind einige Schwächen gefährlicher als die anderen. Es ist sehr gefährlich, stolz oder ärgerlich und reizbar zu sein; zu übertreiben oder gar zu lügen; misszuverstehen oder jemandem Unrecht zu tun; unbarmherzig zu sein oder zerstörende Kritik zu üben; niederen Vorurteilen und Aberglauben nachzuhängen, wie zum Beispiel dem Aberglauben, dass Gott schrecklich und rachsüchtig ist, dass man ihn fürchten muss, dass er über den Menschen ewige Verdammnis verhängt, dass man ihn nur auf bestimmten Wegen oder durch bestimmte Religionen, Dogmen oder Lehren erreichen kann.

Das Leben wurde infolge dieses Augenblicks der Reizbarkeit mindestens für einige Tage lang um sehr vieles schwieriger. Ich hoffe, meine Freunde haben nichts bemerkt, denn das würde die Dinge nur verschlimmern. Jedenfalls bestand die Schwierigkeit nicht darin, mit der äußeren Welt öffentlich in Harmonie zu leben, sondern in Wahrheit harmonisch und der inneren Welt gegenüber empfänglich zu sein. Ich fühlte mich wie jemand, der durch eigene Handlung von seiner Heimat ausgeschlossen wurde und draußen in der Kälte wartet, bis er sein Gleichgewicht wieder finden kann.

Jede Verstärkung des Bewusstseins steigert die Feinheit des Gleichgewichts der menschlichen Maschine, so dass mit der Zeit kleinere und kleinere Störungen immer größere und größere Wirkungen hervorrufen. Ein kleiner Anstoß gibt einen großen Schwung — sogar einen gefährlichen Schwung, wenn der Anstoß in falscher Richtung erfolgte. Auf Nirvanischer Ebene müssen gewöhnliche menschliche Schwächen unmöglich werden. Sie behalten, würde einfach ein Bersten oder einen Zerfall bedeuten. Es ist aber gefährlich in Nirvana zu leben und den Kontakt mit der äußeren Welt aufrecht zu erhalten oder gar zu verstärken. In mancher Hinsicht wäre es viel leichter, sich in die Einsamkeit in den Wald, zurückzuziehen, wodurch viele äußere Umstände, die geeignet sind innere Störungen hervorzurufen, aufhören zu wirken. Andererseits ist für einige von uns solch ein Zurückziehen gegenwärtig nicht in Ordnung, und wir müssen der gefahrvollen Situation des Untertauchens in die Stürme und Gewalten der niederen Ebenen tapfer ins Auge schauen. Immer mehr müssen wir in dem uns bekannten Licht verweilen, immer im Mittelpunkt — und vom Mittelpunkt ausgehend, zum Umkreis, — leben, und uns niemals vom Mittelpunkt soweit entfernen, dass wir unsere Verbindung mit ihm verlieren könnten.

Einen Augenblick lang, während der Zeit meiner Gereiztheit, entfernte ich mich von meinem Mittelpunkt und die Folge war — allerdings nicht gerade verhängnisvoll — zumindest aber höchst störend. Es ist durchaus nicht leicht zum Mittelpunkt wieder zurück zu gelangen, wenn man sich davon losgerissen hat. Ich kehre zurück zum Licht, doch habe ich eine harte Lehre empfangen, die ich hoffentlich nie vergessen werde, und ich schaudere bei dem Gedanken, was geschehen würde, wenn ich jemals wirklich ärgerlich würde oder in eine oder andere jener Schwächen verfiele, die sich mit Nirvanischem Leben nicht vertragen. Ich würde zumindest eine Erkrankung des physischen Körpers als Widerschein einer anderswo auftretenden Krankheit erwarten. Ich beobachte insbesondere, wie entsetzlich die Wirkungen von Niedergeschlagenheit, Sichunglücklichfühlen, Grausamkeit und Falschheit sind. Sie sind die Verneinung des Lichts. Ein Zusammenprall des Positiven mit dem Negativen zieht die ernstesten Folgen nach sich. Im Allgemeinen hoffe ich Stetigkeit zu gewinnen, und mein einziges Heil liegt vielleicht darin, in des Meisters Werk aufzugehen. Dieses Aufgehen lässt mich solche Dinge, die ich zu meinem eigenen Schaden und dem meiner Umgebung tun könnte, entweder vergessen oder außeracht lassen. Aber ich erkenne deutlich, wie höchst notwendig es ist, unaufhörliche Wachsamkeit und Selbstbeherrschung anzuwenden. Ich erkühne mich denen zu sagen, die sich nach den Herrlichkeiten sehnen, die ich zu beschreiben versuchte: Bedenket die Gefahr, Träger des Blitzes zu sein, solange noch die gröberen Schlacken wegzubrennen sind. Bedenket die Gefahr der auf euch zurückschlagenden Kraft, wenn sie auf Schwächen flößt, die ihr beim Durchgang nicht im Weg stehen sollten, um ihre Mission den äußeren Welten gegenüber zu erfüllen.

Nirvana ist Macht. Wir werden sie benützen, so wie wir sind. Doch wehe uns, wenn wir sie unweise, in Unwissenheit und Selbstsucht benützen! Der Blitz leuchtet und schafft Energie. Aber er zerstört und verzehrt auch. Sind wir unserer Stärke und Selbstbeherrschung sicher, um die Macht zur Klärung und Neubelebung der Welt zu benützen? Betrachten wir unsere Gedanken, unsere Gefühle, unsere Handlungen und Sprache. Nehmen wir sie wie sie sind. Sind sie manchmal selbstisch, engherzig, unfreundlich? Stellen wir uns einmal vor, Nirvana-Kraft würde mit all ihrer wunderbaren Gewalt in jedem Gedanken, jedem Gefühl, jeder Tat und jedem Wort vibrieren. Das Gute in uns wird natürlich vergrößert werden, aber ebenso auch die Schwäche. In allem, was wir denken, fühlen, tun oder sprechen, wird mehr Kraft sein. Wie oft würden wir — ohne Vorurteil betrachtet — die Kraft Nirvanas in nicht wünschenswerte Stromwege strömen sehen. Nehmen wir meine eben beschriebene Erfahrung. Betrachten wir die weitreichenden Folgen von kaum einem Anflug von Zorn, sondern nur von Gereiztheit. Es ist klar ersichtlich, dass man inmitten dieser Ergebnisse sich die größte Mühe geben muss, die Dinge nicht zu verschlimmern, indem man niedergeschlagen oder bekümmert ist. Man muss im Gegenteil versuchen, seine Torheiten wieder gut zu machen und zwar eben dann, wenn es am schwersten ist, dies zu tun. Für einen Neuling, wie ich es bin, ist es wahrlich harte Arbeit, und — offengestanden — empfehle ich das Experiment nur unter entsprechenden sicheren Voraussetzungen. Ich finde das Leben weitaus wunderbarer und zielbewusster, nur darf man die Wachsamkeit über sich selbst keinen Augenblick lang, und nicht im geringsten Maß aufgeben.

Vielleicht könnte ich hinzufügen, dass die bemerkbaren Wirkungen des Eintrittes dieser momentanen Reizbarkeit die folgenden waren: Stumpfheit, ausgesprochene Abnahme von Schärfe der Wahrnehmung, Verlust des Gefühls unsagbaren Friedens, ein Gefühl schwindender, sich zersplitternder anstatt unmittelbarer, gerader und durchdringender Kraft. Das schon beschriebene Funkeln des Lichts wurde trüb; ich schien zusammengeschrumpft zu sein. Ich will diese Erfahrung nicht wieder durchmachen und werde versuchen, sie zu vermeiden.

XIII. KAPITEL.

DIE ERHABENE AUFGABE.

Vom Tal zur Höh', von Höh' zu stolz'rer Höh'
Hebt kühn der Mensch, in tollem Wagemut
Auf Wegen klimmend, wo die Sonne ruht,
Sein Antlitz hin zu letztem Licht im Schnee.
Bei Tage rührig, von des Dunkeln Näh'
Nicht übermannt, gewinnt sein Feuerblut
Den Wettlauf mit der Zeit: und vor der Hut
Von Frieden, Lieb' und Willen — stirbt sein Weh.

Christina Rosseti.
Übertragung aus dem Englischen von Hans Zeuger.)

Nirvana scheint zwei Aspekte zu haben, — den potentiellen und den selbstbewussten, — mit dazwischenliegenden Entfaltungsstufen. Potentielles Nirvana ist schlafendes Nirvana, allenfalls im Schlaf sich regendes, vielleicht halb träumendes, aber doch nur schlafendes Nirvana; denn Tod gibt es keinen. Die niedrigeren Ebenen, besonders die physische, sind wie ein Traumland, — wohl potentielles Nirvana, denn es gibt keinen Ort, wo es nicht wäre. Selbstbewusstes Nirvana ist wach, lebendig und beginnt, seine Fähigkeiten zu benützen. Völlig selbst-bewusst geworden, verwirklicht man es auf all seinen Ebenen, vielleicht auch auf allen niedrigeren Ebenen, in einer Weise, die ich jetzt noch nicht verstehen kann. In gewissem Sinn ist alles Nirvana. In gewissem Sinn gibt es nichts Unwirkliches. In gewissem Sinn ist alles wach und lebendig; es gibt kein Träumen. Alles ist lebendig, sich regend, strebend. In allen Dingen entfaltet sich Nirvana. Im Samenkorn liegt die Blume verborgen; in der Eichel die Eiche. Jedoch in Ausdrücken von Zeit, — das Ewige Jetzt in seine Bestandteile von Vergangenheit, Gegenwart und Zukunft aufgelöst, — gibt es einen Entwicklungsprozess, und ehe wir unser

Bild auf der Leinwand des Immerwährenden verewigen können, müssen wir erst davon träumen.

Während ich — das sei noch hinzugefügt — auf der Schwelle von Nirvana zurückblicke, ehe ich eintrete, oder bevor die wirkliche Entfaltung beginnt, erinnere ich mich an eine besondere Vorprüfung, obgleich ich sie damals nicht als solche erkannte. Diese soll die Gewähr dafür sein, dass die Befreiung der größeren Kräfte aus ihrer Gefangenschaft, soweit als möglich, weder für den Einzelnen, noch für die äußeren Welten von Gefahr begleitet sei. Solche Prüfung scheint ein Gesetz für jede spirituelle Übergangszeit zu sein, und ein erfolgreicher Ausgang erteilt sozusagen das Losungs-Wort, wodurch Einlassung zu einem inneren Tempelhof des Lebens erlangt wird. Meine Maurer-Brüder werden diese Wahrheit bezüglich der Freimaurerei wieder erkennen und viele meiner Leser werden mit den Grunderfordernissen für Jüngerschaft und den damit verbundenen Fesseln vertraut sein, die zum Pfad der Heiligkeit und dem Weg, der zur Einweihung führt, gehören. Spirituelle Kräfte können nur zu denen kommen, die verhältnismäßig sicher sind, sie nur im Dienst der Welt zu benützen.

Wohl ist es wahr, dass selbst nach ihrer Verleihung gegen möglichen Missbrauch Vorsorge getroffen wird. Solche Vorsorge besteht — soweit ich erkennen kann — selbst auf erhabensten Höhen, wo es vermutlich nicht eine Frage des Missbrauches, sondern gewisser Interferenzen ist, die die Einführung einer ungewöhnlichen Kraft verlangt.

Aber die größeren Kräfte werden überhaupt nicht ohne irgendeine bestimmte Sicherung verliehen, die in Anbetracht menschlicher Schwäche natürlich nur eine beschränkte sein kann. Zum Glück für die menschliche Schwäche geschieht das Öffnen der neuen Kräfte nur sehr allmählich. Nur die niedrigste Unterebene liegt vor erst in Reichweite und dort wird die stufenweise Entfaltung vermutlich eine längere Zeit in Anspruch nehmen. Anfangs ist der Druck nur sehr gering, doch hat selbst der geringste Druck Nirvanischen Bewusstseins eine außerordentliche Wirkung auf alle niederen Körper. Sie gestaltet den physischen Körper gänzlich um, wenigstens was das Wachbewusstsein und das physische Verhältnis zwischen dem Menschen und seiner

Umgebung anbelangt. Der magische Zauberstab Nirvanischen Bewusstseins berührt alle Dinge und erneuert sie.

Daher ist, wie schon gesagt, ruhige Überlegung sehr notwendig. Es wäre so leicht dem Pendel unseres Seins zu gestatten, nach jeder extremen Richtung hin zu schwingen. Übertriebene Ekstase Niedergeschlagenheit, Reizbarkeit, Gleichgültigkeit gegen äußere Dinge, Aufgehen in inneren Dingen, — all diese und noch andere Extreme wären unschwer zu erreichen, so übersprudelnd sind die neuen Kräfte, die durch mich spielen. Ich muss meine neuen Kräfte mit großer Stärke, aber ebenso mit großer Zurückhaltung gebrauchen. Ich muss das Leben leicht und doch streng nehmen. Ich selbst, als ein Wirbel von Kraft, muss doch ein großes Zentrum des Friedens bleiben. Ich muss inmitten von Stürmen leben, denn ich gehöre zu den Stürmen und zu dem Bund der Pioniere, und während wir wachsen, wird die Seetüchtigkeit unseres Schiffes im Wechsel von Stille und Sturm geprüft. Wir müssen seetüchtig sein, gebaut aus sturmfestem spirituellem Material, das gleichermaßen den sanften Druck des unbewegten Meeres und das wütende Anschlagen sturmgepeitschter Wogen annimmt. Ich denke an Rudyard Kipling:

„Wenn mit dem Sturm im Getäu
    die Barke sich neigt und emporsteigt,
Schlingernd im schrägen Zick-Zack,
    vierzig Grade und mehr,
Wenn so immer aufs Neu
    aus Wogen sie plötzlich hervorsteigt,
Denen sie fast schon erlag,
    und an dem verworrenen Heer
Der Sterne mit Masten und Spitzen
    gleich einem ordnenden Kamm
Rhythmisch vorüberstreicht, —
    was denkt wohl der Steuermann,
Wenn er bei lodernden Blitzen
    die Schwebende aufrecht und stramm
Auf Gipfeln erhält, die sich feucht
    entlang der wütenden Bahn
Des Sturms auftürmen und sinken,
    der ihn ohn' Unterlass

Vom Pol zu den Tropen umhüllt?
      Nicht darf er achten der Wogen,
Die ihn zuletzt gar verschlingen,
      des Ozeans nicht, dessen Nass
Das gebrechliche Deck schon bespült!
      Dreifach gerefft und gezogen,
Flattert mit tollem Geknatter,
      immer noch spannend die Rahe,
Trotz der verminderten Fläche,
      trostlos ein einsames Segel!
In seiner Hand kreist das Gatter
      der Speichen; und fern bald, bald nahe
Stürzen sich schäumende Bäche
      wie gespenstische Vögel
Über das Schanzdeck, bis dann —
      jene gewaltigste Welle
Sich naht und mit donnerndem Krachen
      das dampfende Deck überschwemmt
Und gleich einem ehernen Zahn
      es zermalmt; und in das Gefälle
Taucht wieder nieder der Nachen,
      bis neue Woge ihn hemmt
Und emporhebt auf schwindelnde Kämme! — — —

Sie, die so völlig ihr Werk
      beherrschen, dass kaum sie noch denken,
Halten drei Fünftel des Hirns
      bereit für etwelches Geschehn."

                    (Übertragung aus dem Englischen von Hans Zeuger.)

Ich schrieb, dass ich Nirvana scheinbar mehr in mich absor-
biere, als Nirvana mich. Eben hatte ich eine interessante Erfahrung, die auf die Wahrheit des Gesagten hinweist. Wie sie
zeigt, finden entweder vorhergehende Prüfungen in Verbindung
mit Nirvanischem Bewusstsein statt, oder wir werden nach einem
Zeitraum des Erlebens seiner Herrlichkeiten, vor die Wahl ge-
stellt, unendliche Zeit darin zu verbleiben, — wozu man berech-
tigt ist — oder scheinbar darauf zu verzichten. Die Erfahrung

muss mehr oder weniger in der symbolischen Form wiedergegeben werden, in der sie bis zum physischen Gehirn kam. Abend für Abend habe ich die Fesseln der niedrigen Körper von mir gestreift und die herrlichen Regionen durchwandert, habe die verschiedenen Gipfel des Bewusstseins erklommen und bin auf den erhabenen Höhen Buddhischer und Nirvanischer Seligkeit gestanden. Jeden Morgen kehre ich von diesen geliebten Pilgerfahrten zurück und lege die Gewänder an, die mir jetzt wie ein Leben in der Gefangenschaft erscheinen. Immer wieder muss ich hinab in diese Schattenwelten tauchen und inmitten von Verwirrung und streitenden Klängen des Unfriedens und Haders meinen Weg vorwärts tasten. Groß ist die Spannung, die die ständige Neuordnung und der immerwährende Gegensatz zwischen dem oben herrschenden Frieden und dem unten vorhandenen Kampf hervorrufen. Gibt es keine Aussichten auf Befreiung? Darf ich mich nicht von den niedrigeren Welten abwenden? Bin ich mit ihnen nicht fertig? Wenn ich sie zeitweilig verladen darf, darf ich sie nicht für immer verlassen? Wohl bin ich nicht unglücklich, denn es gibt Arbeit, die getan werden muss und die Torwächter der niederen Welten sind gütig. Aber ich sehne mich manchmal nach einem Leben in Nirvana, ohne dass es durch dieses ständige Herabsteigen in die Kerker des Lebens unterbrochen wird. Ich scheine von den Wundern, die ich in den höheren Welten kenne, so furchtbar abgetrennt zu sein, von jenen herrlichen inneren Welten, mit ihrem Sonnenschein und einer Freiheit, die in lebhaftem Gegensatz zur Dunkelheit und Beschränkung dieser niederen Sphären steht. Ich bin natürlich resigniert, ja mehr als das. Ich bin voll Eifer und Begeisterung bemüht, an diesen Stätten der Gefangenschaft meine Pflichten zu tun . . . und doch . . . Ich kann nicht vergessen, was ich kennen lernte und mit schwachen Worten versuchte zu beschreiben. Und weil ich nicht vergessen kann, sehne ich mich manchmal umso mehr danach. Es mag eine Schwäche sein; aber wenn ihr wüsstet, was ich weiß, wenn ihr dort gewesen wäret, wo ich war, würdet auch ihr die Schwäche entschuldbar oder wenigstens begreiflich finden. Also taucht dann und wann, — aber nur dann und wann, — der Gedanke auf: Kann ich diese Gefängnis-Welten nicht verlassen? Ist jetzt endgültige Erlösung nicht möglich? Kann ich meinem Gefängnis nicht entfliehen? Ist Erlösung unmöglich? Ich würde, wie alle in Nirvana, endgültig frei sein. Ich würde mich für immer im ewigen Sonnenschein erwärmen, in dem sie sich baden. Auch ich würde ewig in jenen elysischen Gefilden wandeln, wachsend, und doch in so unbeschreiblicher Ruhe, so frei von all der Hässlichkeit des Gefängnislebens- und Zwanges. Während meiner Sehnsucht öffnet sich mir plötzlich der Weg zur Flucht. Von außen höre ich flüstern: „Dir geschehe nach deinem Willen: ein Freund wird dir zum letzten Mal die Tore deines Gefängnisses öffnen. Gehe ein in die Freiheit und kehre nie mehr zurück." Und während ich mir die wundervolle Möglichkeit vergegenwärtige, scheint mich das Gefühl einer großen, äußeren Erwartung zu überkommen, eines großen Willkommens, das meiner harrt, während ich zum letzten Mal meine „Gefängnis-Fesseln" abwerfe. „Gefängnis-Fesseln" ist das Wort, das mir einfällt, und doch sehe ich zurückblickend, dass diese Fesseln in Wirklichkeit eher Gelübde als Fesseln sind, sodass ich mich fast gedrängt fühle, „Gefängnis-Gelübde" statt „Gefängnis-Fesseln" zu schreiben. Doch denke ich zurzeit an sie nicht als an Gelübde. Sie scheinen Fesseln zu sein, und ich möchte sie voll Ungeduld abstreifen. Ich bin entschlossen frei zu werden und während ich den Entschluss fasse, fallen die Schranken und ich fühle, wie ich neuerdings in die unbeschreiblichen Herrlichkeiten unsagbarer Freiheit eingehe. Wie schön ist das Willkommen, das mir alle Dinge entgegenbringen! Wie tauche ich in sie unter und fühle mich eins mit allen Dingen, eins mit dem myriadenfachen Glück von Myriaden mich umgebender Lebensformen, eins mit seinen Myriaden von Ekstasen, eins mit den Myriaden völliger Seligkeit in jenen Göttlichen Harmonien, von denen selbst die Luft ertönt. Ich bin eins mit dieser wunderbaren Symphonie und ich füge meine eigene Ekstase meines prachtvollen Daseins jenen anderen Ekstasen hinzu, die wie Weihrauch zum Thron Gottes selbst emporsteigen.

Ich bin in die Ewigkeit eingegangen. Die Vergangenheit liegt für immer hinter mir. Ich verliere mich voll Wonne in der Verzückung reinen Seins. *Ich bin.* Und in diesen beiden Worten liegt ein unergründlicher, grenzenloser Ozean höchster Seligkeit. Doch halt! Was vernimmt mein Ohr? Welche Töne dringen da in meine Freude? Kann es sein? — ja es ist — der Ruf meiner Ge-

fängnis-Welten. Aber was habe ich jetzt mit meinen Gefängnis-
welten zu tun? Sie liegen hinter mir und niemals wieder muss ich
zu ihnen zurück. Während ich erkenne, dass ich frei bin, so wunderbar frei, fühle ich, wie herrlich es ist, mich in der Kraft dieser
Freiheit so sicher zu fühlen. Keine Macht der Gefängnis-Welt
vermag mich zurück zu ziehen, denn die Kraft meiner Freiheit
übersteigt alle anderen Kräfte der niederen Welten. Einen Augenblick lang verliere ich mich wieder in rhythmischer Ekstase,
und dann . . . — was ist doch für ein seltsames Empfinden über
mich gekommen? Bin ich unzufrieden mit solcher Freiheit? Beginne ich, — fast scheint es unmöglich, — zurückkehren zu wollen? Es ist wahr. Durch die unendlichen Räume, die ich zwischen
mich und die entfernten Gefängniswelten setzte, dringen die Rufe
der Menschen zu mir, die noch durch Gefängnisfesseln gebunden
sind. Ist es ritterlich sie zu überhören? Jawohl, — und dennoch
vermag ich sie nicht zu ignorieren. Möge diese Freiheit, diese
Ekstase dahin gehen. Ich will nichts davon, solange Gefängnis-
Welten noch rufen, — Gefängnis-Welten aller Reiche, — Gefängnis-Welten von Welten, — Systemen und Universen. Und
während ich diesen Entschluss fasse, sehe ich, wie ich mich
scheinbar von meiner Seligkeit abwende, und wie die ganze mich
umgebende Natur meine Rückkehr in feierlicher Stille, — fast
schrecke ich davor zurück diese Worte niederzuschreiben und
muss sie doch um der Wahrheit willen hinzufügen — und nahezu
in Verehrung beobachtet.

Zurück, zurück! Ich gehe und bin endlich vor den Toren meiner Gefängnis-Welt angelangt, die ich kürzlich erst verlassen, die
aber eine Ewigkeit von mir getrennt schien. Die Tore öffnen sich.
Ich trete ein. Und indem ich eintrete ist es mir als hörte ich sagen: „Du gingst in deine Freiheit, wozu du ein Recht hattest,
denn du hast sie dir errungen. Der Ruf der Freiheit ertönte und
deine Ohren waren bereit zu hören, denn du hast viele jener Gelübde der Monade erfüllt, die sie zum Beginn der Zeiten ablegte;
und bei ihrer Erfüllung müssen notwendigerweise ihre Fesseln
abfallen. Doch für viele deiner Kameraden aus alter Zeit bleiben
die Fesseln noch bestehen; und du hast recht getan, auf den Ruf
zu achten, der zu dir drang durch die leeren Räume. Keine noch
so entzückende Seligkeit darf das Ohr jemals abstumpfen gegen

den Schrei von Leiden und Not, vielmehr muss sie das Ohr noch empfindsamer, die Füße beschwingter machen, um zu Hilfe zu eilen."

Und so befinde ich mich wieder im alten Geleise meines Gefängnislebens und bin zufrieden, denn da wo ich bin, braucht man mich. Aber was ist denn für eine Veränderung hier eingetreten? Ich bin doch sicher nicht mehr im Gefängnis? Ist es ein Irrtum? Ließ ich den Ruf unbeachtet? Ich blicke mich um. Die Zeitalter alte Gefängniswelt umgibt mich. Ich aber bin verändert. Ich kehrte nicht allein zurück. Etwas Herrliches ist mit mir gekommen, und Kraft seiner Magie, scheint die Gefangenschaft keine Gefangenschaft mehr. Es ist Gefangenschaft und dennoch nicht. Langsam dämmert mir die Tatsache, dass die Form wohl besteht, das Leben aber frei wurde. Ich lebe als freier Mensch in der Form, bin nicht mehr an sie gebunden. Ich brauche nicht mehr Leben auf Leben als Sklave der Form zu ihr zurückzukehren, aber ich kann als ihr Meister wiederkommen. Die Form wurde zum Diener meines Lebens. Wieder ein Wunder der Transsubstantiation, denn innerhalb der Formen ist an Stelle der Notwendigkeit die Freiheit getreten. Habe ich doch Nirvana mit mir zurückgebracht? Haben nicht die schwingenden Ekstasen in dem der Gottheit angepassten Rhythmus mein ganzes Sein eingenommen, um derart selbst in den Gefängnis-Welten bei mir zu bleiben? Alles, was ich dachte lassen zu müssen, ist für immer bei mir. In der Entsagung liegt kein Verlust, nur Gewinn. Das Opfer bedeutet keinen Verlust, nur Gewinn. Und dieser Gewinn ist der höchste Gewinn aller Gewinne, — der Gewinn an erhöhter Einheit, und an Liebe, Weisheit und Macht, ihren dreifachen Aspekten. Während ich in dieser Gefängnis-Welt wieder (engl. back) erwache, klingen in mir die Worte: „Nimm die Gaben der neuen Welt mit in deine alte Heimat. Nimm Nirvana mit dir, wie du es erlebt hast und lebe darin in allen Gefängnis-Welten in so tiefer Erfüllung, wie du draußen in so großer Ekstase gelebt hast. Wisse, es gibt kein Nirvana, von dem du zurückkehren musst; du brauchst nur Nirvana dort zu erleben, wo du bist. Es ist überall und immer. Nirvana ist kein Ort, sondern eine Wahrheit, — die große Wirklichkeit in der Unwirklichkeit, die große Ewigkeit in aller Zeit, das mächtige Leben in jeder Form. Nirvana ist das Ge-

burtsrecht und Erbteil aller. Nachdem du selbst in Nirvana eingegangen bist, begeistere andere, es zu suchen, indem du ein lebendiger Widerschein seines erhabenen Friedens wirst."

> „O Herr des Alls, nimm unsern Dank,
> Dass deine Welt unfertig ist;
> Dass unsrer Hand in Streit und Zank
> Ein *Werk* noch harrt zu jeder Frist."

(Übertragung aus dem Englischen von Hans Zeuger.)

GELEITWORT.

„Wenn allzeit er erbarmungsreich sich weist,
    Gerecht, fromm, mild und wahr; sich aus der Brust
Die Sünde mit den Wurzeln blutend reißt,
    Bis endet Lebenslust;

Dann — sterbend — als des Daseins Summe lässt
    Die Rechnung er begleichen, sündenrein,
Und reich an guten Taten; deren Lohn
    Wird dann sein eigen sein.

Nicht mehr bedarf er, was ihr Leben nennt;
    Das, was in ihm begann, als er begann,
Ist aus, erfüllt hat er den Zweck von dem,
    Was ihn gemacht zum Mann.

Ihn wird kein Schmerz mehr quälen, Sünde nicht
    Beflecken, ird'scher Lust und Leiden Herr
Ihm ew'gen Frieden stören; nicht zurück
    Kehrt Tod und Leben mehr.

Ein geht er ins Nirvana, selig eins
    Mit allem Leben; selbst doch lebt er nicht.
OM, MANI PADME OM! Der Tropfen Tau
    Rinnt in ein Meer von Licht!"

Die Leuchte Asiens.
EDWIN ARNOLD.
(Aus der Übersetzung von Konrad Wernicke).

I. BEMERKUNGEN ÜBER NIRVANA

VON DR. ANNIE BESANT.

AUS EINER ANSPRACHE AN DIE HÖRER VON BRAHMAVIDYA ASHRAMA ÜBER „PHILOSOPHIE, ODER GOTT MANIFESTIERT ALS VERSTAND".

. . . Und das bringt mich dazu, noch ein Wort zu sagen, das ihr als leitenden Gedanken auf der ganzen Linie, bei allen Fragen, denen ihr bei den verschiedenen Philosophien begegnet, bezüglich der Bedeutung von „Versenkung" (Absorption), dem Nirvana der Buddhisten, und den verschiedenen Auffassungen von Moksha, dem wahren Nirvana des Hindu festhalten solltet. Wenn ihr bei all diesem der Wahrheit so nahe kommen wollt, als es der begrenzten Intelligenz und dem Bewusstsein des Menschen möglich ist, dürft ihr nicht an den sogenannten „Tropfen" denken, der sich im Ozean verliert und daher verschwindet. Das ist die gewöhnliche Annahme westlicher Forscher, die östliche Philosophie studieren. Ihr müsst — (obgleich es ein Widerspruch scheint), daran denken, dass sich der Tropfen zum Ozean ausdehnt und doch seinen eigenen Mittelpunkt behält. Es wäre von keinem großen Nutzen, die Individualität auszubilden, wenn schließlich alles wieder weggeworfen werden sollte und der Mensch bei seiner Rückkehr in „den Busen des Vaters" dasselbe blieb als er bei seinem Hervorkommen war. Das ist nicht der Standpunkt, der eine Folge der wachsenden Kenntnis über die Ausdehnung des Bewusstseins ist, dieses Bewusstseins, das schließlich alles ist, was uns auf unserem Weg der Erfahrung führen kann. Wenn wir das Bewusstsein des höheren Egos nehmen, haben wir eine stark ausgeprägte Individualität, einen sehr scharf abgetrennten Körper. — Ich gebrauche das Wort für eine

Art von ständiger Hülle von Materie, in der eine gewisse Stufe des Bewusstseins vorhanden ist. Dem Wesen nach das Ich, das seine Ichheit entwickelt, indem es das Gefühl des Ichs, durch den Gegensatz der ihn umgebenden Welt, wo das Ich sein eigenes Bewusstsein nicht wirken sieht, verstärkt. Es blickt darauf von außen, nicht von innen; und so empfindet es die scharfe Trennung zwischen dem Ich und dem Nicht-Ich sehr tief. Wenn aber die Ichheit ihren Kausal-Körper, — sein Material von der höheren Mental-Ebene — abwirft, und in den Buddhischen Körper übergeht, so findet eine bedeutende Ausdehnung des Bewusstseins statt, ohne dass jedoch jener Mittelpunkt verloren geht. Es dehnt sich so aus, dass es jede Art von Bewusstsein, das auf jener Ebene wirkt, in sich schließt. In gewissem Sinn wird das Ego eins mit allen anderen, und doch verliert es niemals das Gefühl seines eigenen Mittelpunktes. Es identifiziert sich mit anderen, mit einer Schärfe der Identität, von der wir hier, unterhalb jener Ebene, nichts wissen. Doch bleibt noch immer die erhabene Erinnerung an vergangene Erfahrungen, die ihm eine etwas andere Schattierung oder Farbe, oder einen anderen Duft verleiht. Man kann ein beliebig zartes Wort anwenden, um ein Dasein zu symbolisieren, das nahezu unfassbar und doch vorhanden ist und sozusagen das Buddhische Bewusstsein färbt. Diese ungeheure Ausdehnung ist vorhanden, und wenn man dieses beim Studium der verschiedenen Philosophien im Auge behält, wird man jeden Augenblick auf einen Satz stoßen, der verständlich wird, wenn einem dieser Gedanke im Sinn ist. Bei Plotinus findet man eine wundervolle Beschreibung buddhischen Bewusstseins, wo er von dem Stern spricht, der zugleich er selbst und doch auch alle anderen Sterne ist. Eine auffallende Wirklichkeit dessen, was wir jetzt den Buddhischen Körper oder vielmehr die buddhische Hülle nennen — um einen, nicht trennend wirkenden Unterschied zwischen der Hülle und der Bestimmung der Materie, zu machen. Die Buddhische Hülle ist ein strahlender Stern, keine Einhüllung. Wenn man jemanden im Buddhischen Körper auf der Buddhischen Ebene erblickt, sieht man keine Einhüllung, sondern einen Stern, der nach allen Richtungen ausstrahlt und dessen Strahlen das Bewusstsein des Menschen derart durchdringen, dass man ihn als Teil des eigenen Wesens und doch nicht gänzlich als sich selbst empfindet. Es ist nahezu unmöglich, ausgenommen durch eine Reihe von Widersprüchen, Zustände des Bewusstseins zu beschreiben, denen sich unsere Sprache nicht anpasst. Im Sanskrit natürlich haben wir eine weit entwickeltere Form der Sprache als die Englische, vom philosophischen Standpunkt aus betrachtet. Beim Versuch, den Leuten etwas verständlich zu machen, muss man eine Sprache anwenden, die sie verstehen. Sanskrit aber verstehen verhältnismäßig wenige im Westen. Wir versuchen vielmehr, Sanskritausdrucke auszuschalten, ohne dass ein Verlust an Genauigkeit entsteht. Die Erfahrung auf der Buddhi-Ebene lässt sich nicht in irdische Worte übersetzen, man kann sie nur in Andeutungen empfangen, und wenn die Leute sie lesen, ohne zu erkennen was sie bedeuten, so nennt man sie gewöhnlich „dunkel", „unklar", „unbestimmt" usw. usw. Sie ist aber ganz klar und nicht unklar für denjenigen, der die Buddhi-Ebene berührt. Es ist eine der großen Tatsachen des Bewusstseins, dass man keine seiner Stufen verstehen kann, die man nicht erreicht hat. Man kann das Bewusstsein nicht verstehen, wenn man es von außen betrachtet. Gestern beantwortete ich einen Brief, in dem die Frage stand „Warum hat Gott das Universum erschaffen?" Ich wies darauf hin, dass es mehrere mögliche Gründe dafür gäbe, dass aber ein Kätzchen nicht begreifen kann, warum ein Mensch seine Zeit mit Bücherlesen verbringt, statt einem Blatt am Boden nachzulaufen, weil das Bewusstsein des Kätzchens nicht genügend entwickelt ist, um ein Buch zu lesen, und wir stehen — was unser Verständnis Seiner Natur betrifft — alle dem Kätzchen näher als Ishvara. Es ist wohl wahr, dass Er uns „näher ist als unser Atem, näher als Hand und Fuß"; nur muss man sein Bewusstsein soweit ausdehnen, um Widersprüche hinnehmen zu können.

Anderseits, wenn das Bewusstsein zu dämmern beginnt, wie es mit Hilfe eines Menschen, der größer ist als wir, dämmern muss, (weil es uns sonst zerschmettern würde) — wenn man eingehüllt in das Bewusstsein eines anderen, die nächste Ebene berühren kann, dann kommt das Gefühl absoluter Einheit über uns. Man kann sagen, dass der Unterschied verschwindet; nur verschwindet er durch Ausdehnung und nicht durch Auslöschen. Darum sagte ich, wenn man an den Tropfen denkt, der sich zum Ozean ausdehnt und dadurch das Bewusstsein des Ozeans teilt, würde man eine wahre Vorstellung von Nirvana erhalten, das von vielen wesentlichen Schriftstellern Vernichtung genannt wird, obgleich es die Fülle des Lebens ist. Ich sagte, das Bewusstsein würde zerschmettert werden. Wenn man einen Augenblick an äußerst seine Filme von Materie denkt, wird man finden, dass sie eine gewisse Schwingungsgrenze haben, auf gewisse andere Schwingungsgrenzen antworten und diese wiedergeben können. Ebenso findet man, wenn man eine viel größere Geschwindigkeit der Schwingungen anwendet, dass man die Hülle bricht und in Stücke sprengt. Das gilt für alle Aggregate von Materie, soweit wir sie kennen. Es gibt eine Grenze, über die hinaus sie nicht reagieren können. Sie werden dann einfach zermalmt. Das wäre die Wirkung, wenn man sich plötzlich unvorbereitet auf der Nirvana-Ebene befände. Man müsste einfach bersten wie eine zergehende Seifenblase. Es ist eine sehr lange Arbeit, diesen Film der Seifenblase wieder herzustellen. Daher werden die Menschen gehindert dahin zu gehen, es sei denn, dass man sie dorthin mitnimmt, um ihnen bestimmte Vorgänge und gewisse Wahrheiten zu zeigen. Dann aber werden sie geschützt, ebenso wie man einem Taucher ein Tauchergewand gibt, wenn er ins Wasser geht. Schützende Hüllen sind auf dem ganzen aufsteigenden Weg möglich.

In der Buddhischen Philosophie gibt es einen wundervollen Ausspruch des Herrn Gautama Buddha, wo er sich bemüht, in menschlicher Sprache etwas auszudrücken, das die Verhältnisse in Nirvana verständlich machen würde. Man findet sie in der chinesischen Übersetzung des Dhammapada. Die chinesische Ausgabe wurde in der Serie von Büchern, die man als „Trübners Serie" kennt, ins Englische übertragen. Wenn es kein Nirvana gäbe, — führt er aus — könnte es nichts geben. Er benützt mehrere Ausdrücke, um anzudeuten was Er meint, indem Er das Unerschaffene mit dem Erschaffenen in Beziehung bringt und das Wirkliche mit dem Unwirklichen verbindet. Er fast das Ganze zusammen, indem Er sagt, dass Nirvana *ist*, und wenn es nicht wäre, überhaupt nichts anderes sein könnte. Das ist ein Versuch, (wenn man es in aller Ehrfurcht so nennen darf), zu sagen, was nicht gesagt werden kann. Es bedeutet, dass wenn das Unerschaffene, das Unsichtbare und das Wirkliche nicht existierte, wir überhaupt kein Universum haben könnten. Hier haben wir also den Hinweis, dass Nirvana ein Plenum und kein leerer Raum ist. Diesen Gedanken sollte man sich beim Studium jedes großen philosophischen Systems fest einprägen. Die angewandten Ausdrücke scheinen so oftmals eine Leere anzudeuten. Daher die westliche Auffassung von Vernichtung. Wenn man daran als Vollheit denkt, wird man erkennen, dass sich das Bewusstsein mehr und mehr ausdehnt, ohne gänzlich das Gefühl der Identität zu verlieren. Wenn man an den Mittelpunkt eines Kreises ohne Kreisumfang denken könnte, würde einem die Wahrheit dämmern.

———<◄●◄○►●►>———

II. AUS: „DIE MEISTER UND DER PFAD" [1])

VON R. REV. C. W. LEADBEATER.

. . . Der Arhat besitzt fortan das Bewusstsein der Buddhischen Ebene, während er noch im physischen Körper ist, und wenn er diesen Körper im Schlaf oder in der Verzückung verlässt, geht er sofort in die Unaussprechliche Herrlichkeit der nirvanischen Ebene ein. Bei seiner Einweihung muss er wenigstens einen Schimmer dieses nirvanischen Bewusstseins haben, genau wie bei der ersten Einweihung eine flüchtige Erfahrung des buddhischen vorhanden sein muss. Nun wird sein tägliches Bemühen dahin gehen, immer höher und höher in die nirvanische Ebene vorzudringen. Es ist eine ungeheuer schwere Aufgabe, aber allmählich wird er fähig werden, sich in diese unaussprechliche Herrlichkeit hinaufzuarbeiten.

Der Eintritt in sie ist äußerst verwirrend und bringt als erstes Gefühl eine intensive Steigerung des Lebens mit sich, überraschend selbst für den, der mit der buddhischen Ebene vertraut ist. Diese Überraschung hat er schon früher gehabt, wenn auch in geringerem Maße, so oft er zum ersten Mal von einer Ebene zu ei-

---

1) Neuauflage Verlag Edition Geheimes Wissen, Graz.

ner anderen emporstieg. Selbst wenn wir zum ersten Mal mit klarem Bewusstsein von der physischen Ebene in die Astral-Ebene emporsteigen, finden wir das neue Leben so viel weiter als irgendeines, das wir bis dahin kannten, dass wir ausrufen: „Ich glaubte zu wissen, was Leben sei, aber ich habe es früher nie gewusst." Wenn wir auf die Mental-Ebene übergehen, haben wir das Gefühl verdoppelt; die astrale war wundervoll, aber sie war nichts im Vergleich zur mentalen Welt. Wenn wir auf die höhere Mental-Ebene gelangen, machen wir dieselbe Erfahrung wieder. Bei jedem Schritt haben wir dieselbe Überraschung und kein vorheriges Denken kann uns auf sie vorbereiten, denn sie ist immer weit erstaunlicher als irgendetwas, was wir uns vorstellen können, und das Leben auf allen diesen höheren Ebenen ist eine Seligkeit, für die es keine Worte gibt.

Europäische Orientalisten haben Nirvana mit Vernichtung übersetzt, weil das Wort „ausgelöscht" bedeutet, wie das Licht einer Kerze durch einen Hauch ausgelöscht wird. Nichts kann vollständiger der Wahrheit entgegengesetzt sein. Gewiss ist es die Vernichtung alles dessen, was wir hier unten unter dem Namen Mensch kennen, weil er dort nicht länger Mensch ist, sondern Gott im Menschen, ein Gott unter anderen Göttern, allerdings weniger als *Sie*.

Verbuchen wir nun, uns das ganze Universum vorzustellen als angefüllt mit einem und bestehend aus einem unermesslichen Strom von lebendigem Licht, das Ganze sich bewegend, vorwärtsbewegend ohne Rivalität, ein unwiderstehliches Vorwärtsdrängen eines weiten Meeres von Licht, Licht mit einem Zweck, wenn das verständlich ist, ungeheuer konzentriert, aber absolut ohne Spannung oder Anstrengung — die Worte versagen. Zuerst fühlen wir nichts als die Seligkeit dieses Zustandes und sehen nichts als die Kraft des Lichtes. Aber nach und nach fangen wir an zu erkennen, dass es selbst in dieser brennenden Helle noch hellere Flecken gibt, (Kerne, sozusagen), durch die das Licht eine neue Eigenschaft erhält, die es befähigt auf niederen Ebenen wahrnehmbar zu werden, deren Bewohnern es ohne diese Hilfe ganz unmöglich wäre seinen Glanz zu empfinden. Dann fangen wir allmählich an zu erkennen, dass diese Hilfs-Sonnen die Großen sind, die Planetarischen Geister, Große Engel, Karmische

Gottheiten, Dhyan Chohans, Buddhas, Christi und Meister und viele andere, die wir nicht einmal nennen können, und dass durch Sie das Licht und das Leben hinabfließen in die niederen Ebenen. Nach und nach, wenn wir uns mehr an diese wunderbare Wirklichkeit gewöhnen, fangen wir an zu sehen, dass wir eins mit *Ihnen* sind, obwohl weit unterhalb des Gipfels Ihrer Kraft, Teil des *Einen*, das irgendwie in Ihnen allen wohnt und auch in jedem dazwischen liegenden Punkt des Raumes; dass wir selbst auch ein Brennpunkt sind, und durch uns, auf unserer viel niedrigeren Fläche, das Licht und das Leben zu denen fließen, die noch weiter entfernt sind (nicht von ihm, denn alle sind ein Teil von ihm, und es gibt nichts anderes irgendwo, aber) von der Erkenntnis, dem Verständnis und dem Erfahren desselben.

Frau Blavatsky sprach oft von diesem Bewusstsein als von etwas, das seinen Mittelpunkt überall und seinen Kreisumfang nirgends habe. Ein Satz mit tiefem Inhalt, der verschiedentlich Pascal, Kardinal von Cusa und dem *Zohar* zugeschrieben wird, aber von Rechts wegen den Büchern des Hermes zugehört. Ein solches Bewusstsein ist in der Tat weit entfernt von Vernichtung; der Eingeweihte, der es erreicht, hat nicht im Geringsten das Gefühl verloren, dass er selbst ist; sein Gedächtnis besteht vollkommen fort; er ist derselbe Mensch und doch ebenso gut alles dieses, und nun kann er wirklich sagen: „Ich bin Ich", da er weiß, was „Ich" wirklich bedeutet. Es mag merkwürdig klingen, aber es ist wahr. Keine uns zur Verfügung stehenden Worte können auch nur die leiseste Idee von einer Erfahrung wie diese geben, denn alles, womit unser Geist vertraut ist, ist längst verschwunden, ehe diese Höhe erreicht wird. Es gibt natürlich sogar auf dieser Höhe für den Geist eine Hülle irgendwelcher Art, aber sie ist unmöglich zu beschreiben, denn einerseits scheint es, als ob sie ein Atom wäre, andererseits wieder scheint sie die ganze Ebene zu sein. Der Mensch hat das Gefühl, als ob er überall wäre, aber sich irgendwo in sich selbst konzentrieren könne, und wo immer die Ausgießung von Kraft sich für einen Augenblick vermindert, ist das für ihn ein Körper.

Der Mensch, der einmal diese wunderbare Einheit erkannt hat, kann sie nie vergessen, kann nie wieder sein, wie er vorher war. So tief er sich auch in niedrige Vehikel einhüllen mag, um anderen zu helfen und sie zu retten, so fest er auf das Kreuz der Materie gebunden sein mag, eingesperrt, eingeengt und begrenzt, kann er nie vergessen, dass er den König in Seiner Schönheit gesehen hat, dass er das Land erblickt hat, das sehr weit entfernt ist. Sehr weit entfernt und doch sehr nahe, allezeit in uns, wenn wir es nur sehen könnten; denn um Nirvana zu erreichen, brauchen wir nicht in einen weit entfernten Himmel zu gehen, sondern unser Bewusstsein nur seiner Herrlichkeit zu öffnen. Wie Lord Buddha vor langer Zeit sagte: „Klage und weine und bete nicht, sondern öffne Deine Augen und sieh; denn das Licht ist rings um Dich, und es ist so wundervoll, so schön, soweit über alles, was Menschen je erträumt oder erbeten haben, und es ist immer und ewig."

EIN AUSZUG AUS „URALTE WEISHEIT" [1])

VON ANNIE BESANT.

Die fünfte Ebene, die nirvanische, ist die Ebene der höchsten menschlichen Seite des in uns wohnenden Gottes, und dieser Aspekt wird von den Theosophen Atma oder das Selbst genannt. Es ist die Ebene des reinen Daseins, der göttlichen Kräfte in ihrer vollsten Offenbarung in userm fünffachen Universum. Was jenseits derselben, auf der sechsten und siebenten Ebene liegt, verbirgt sich im unergründlichen Licht Gottes. Dieses atmische oder nirvanische Bewusstsein, das dem Leben auf der fünften Ebene angehört, haben jene Erhabenen, die Erstlings-Früchte der Menschheit erreicht, die bereits den Zyklus der menschlichen Evolution vollendet haben und Meister genannt werden. Sie haben in sich das Problem gelöst, das Wesen der Individualität mit Nicht-Absonderung zu vereinigen, und leben als unsterbliche Intelligenzen, vollendet an Weisheit, Seligkeit und Kraft. Wenn die menschliche Monade aus dem Logos hervorgeht, so ist es, wie wenn aus dem leuchtenden Meer von Atma ein zarter Lichtstreif durch eine dünne Schicht von Buddhi-Materie vom übrigen abgetrennt würde, und als ob an diesem ein Funke herabhinge, der von einem eiförmigen Gehäuse umschlossen wird, aus Materie, die zu den formlosen Sphären der Mental-Ebene gehört. „Der Funke hängt von der Flamme herab am feinsten Faden von Fohat". So wie die Evolution weiter schreitet, nimmt dieses leuchtende Ei an Umfang und schillerndem Farbenglanz zu, und der dünne Faden wird zu einem sich mehr und mehr erweiternden Stromweg, durch den immer mehr atmisches Leben herabströmt.

---

1) Neuauflage Verlag Edition Geheimes Wissen, Graz.

Endlich verschmelzen diese drei Dinge, das dritte mit dem zweiten, und diese beiden mit dem ersten, wie eine Flamme mit der anderen verschmilzt, so dass keine Trennung mehr ersichtlich ist.

Die Evolution auf der vierten und fünften Ebene gehört einer zukünftigen Periode unserer Rasse an; die, welche den raueren Pfad des rascheren Fortschreitens erwählen, können ihn auch jetzt schon betreten, wie später auseinandergesetzt werden wird. Auf diesem Pfad wird der Seligkeits-Körper rasch entwickelt, und der Mensch fängt an, sich des Bewusstseins jener erhabeneren Region zu erfreuen und lernt die Seligkeit kennen, die aus dem Wegfall der trennenden Schranken fließt. Die Weisheit, die hervorquillt, wenn die Schranken des Intellekts überschritten werden. Dann tritt das Entrinnen von dem Rad ein, das die Seele in den niederen Welten gefesselt hält, und dann kommt der Vorgeschmack der Freiheit, deren Vollendung der nirvanischen Ebene vorbehalten ist.

Das nirvanische Bewusstsein ist der Gegensatz von Vernichtung. Das zu einer Lebendigkeit und Kraftfülle gesteigerte Dasein, das denen unvorstellbar bleibt, die nur das Leben der Sinne und des Intellekts kennen. Wie die flackernde Pfennig-Kerze zum Glanz der Sonne zur Mittagszeit, so verhält sich das nirvanische Bewusstsein zu dem an die Erde gebundenen Bewusstsein. Das nirvanische Bewusstsein darum, weil die Schranken des irdischen Bewusstsein mit ihm verschwinden, als eine Vernichtung betrachten zu wollen, wäre gerade so, als ob einer, der nur die Talgkerze kennt, sagen wollte, es gäbe ohne einen in Talg eingetauchten Docht überhaupt kein Licht. Dass Nirvana wirklich existiert, dafür haben Die, die sich dieser herrlichen Daseinsform erfreuen, in den heiligen Schriften der Welt schon vor langen Jahrhunderten Zeugnis abgelegt. Es wird noch heutigentags von anderen Angehörigen unserer Rasse bezeugt, die jene stolze Leiter vollendeten Menschentums erklommen haben und dabei dennoch mit der Erde in Berührung geblieben sind, auf dass unsere Rasse nicht strauchle, wenn sie diese Sprossen anzusteigen beginnt. In Nirvana haben ferner jene mächtigen Wesen ihren Wohnsitz, die ihre eigene Evolution in früheren Universen beendeten, und dann mit dem LOGOS hervorkamen, als Er sich zu offenbaren begann, um dieses Universum ins Dasein zu rufen. Sie sind Seine Beamten in der Verwaltung der Welten, die vollkommenen Vollstrecker Seines Willens. Die Herren all der Hierarchien der Götter und Diener niederer Grade, deren Wirken wir auf der unteren Ebene beobachtet, haben hier ihren ständigen Wohnsitz: denn Nirvana ist das Herz des Universums, aus dem alle Lebensströme hervorquellen. Von hier strömt der große Atem aus, das in allem pulsierende Leben, und nach hier wird es wieder eingeatmet, wenn das Universum sein Ende erreicht hat. Hier ist die beseligende Vision, nach der sich die Mystiker sehnen, hier die unverhüllte Glorie, das höchste Ziel.

EIN AUSZUG AUS:
„DIE WEISHEIT DER ARYAS".

VON ANANDA M., EINEM BUDDHISTISCHEN MÖNCH

.... Schließlich wurde im Verlauf dieser und anderer Aufsätze dieser Serie, Nirvana erwähnt, jenes Endziel des Lebens, nach dem der Buddhist strebt und wohin, wie der Meister uns lehrte, alles Leben sicherlich strebt. Es wird angebracht sein, die ganze Serie mit einem Versuch zu schließen, die Bedeutung zu zeigen, welche von Buddhisten jenem Wort beigelegt wird. Die wörtliche Bedeutung ist einfach „ausgeblasen", — ausgelöscht, wie die Flamme einer Lampe, nachdem sie ausgeblasen wurde. Ihr aber, die ihr dem diesbezüglich Gesagten soweit gefolgt seid, werdet verstehen, wie groß der Irrtum derer war, die Nirvana einfach als gleichbedeutend mit gewöhnlicher Vernichtung auslegten. Vernichtung ist es allerdings, in gewissem Sinn die Vernichtung von Verlangen, Leidenschaft und Selbsttäuschung. Wenn wir aber versuchen, seine Bedeutung in anderen als negativen Ausdrücken zu erklären, tritt uns eine unüberwindliche Schwierigkeit entgegen, nämlich die, dass alle unsere positiven Definitionen in Ausdrücken des uns bekannten Lebens sein müssen, in Ausdrücken menschlichen Denkens. Hier sprechen wir aber von jenem Ding, das jenseits alles Lebens ist, dem wahren Ziel, zu dem alles Leben hinstrebt.

Die beste physische Analogie (die wohl auch etwas tieferes als eine bloße Analogie sein kann), für buddhistische Auffassung vom ganzen Vorgang des Lebens, kann der neuen Wissenschaft unseres heutigen Jahrhunderts entnommen werden, die so manche, bisher noch dunkle Tiefen menschlichen Verstandes hell erleuchtet hat: die Wissenschaft der Radio-Aktivität. Denn jene Wissenschaft sagt uns, wie gewisse Elementar-Atome sich ständig in andere Atome zerlegen, während sie einen Teil ihrer Masse verlieren. Dieser Vorgang drückt sich in der Form eines ungeheuren, unglaublich mächtigen Ausströmens von Energie aus. Nun geht die Buddhistische Anschauung vom Weltall im Ganzen mit diesem parallel. Sie lehrt, dass das Leben — wenn wir den Ausdruck hier in seinem beschränkten Sinn als höchste Art des Lebens anwenden — aus einer großen Anzahl von Wesenheiten besteht, die tatsächlich von einem Lebenszustand in den anderen übergehen. Doch bleibt, soweit ihre *spirituelle Abstammung* in Betracht kommt, jedes dasselbe Bündel von Lebenskraft, in all diesen mannigfachen Manifestationen. Von Zeit zu Zeit findet ein bestimmter Mensch, entweder aus eigenem Bestreben, ohne Hilfe oder — was weitaus häufiger vorkommt — als Ergebnis der Nachfolge der Lehren eines Buddha, — (einer spirituellen Sonne dieser mentalen, bewussten Welt), — jenen inneren, verborgenen, mentalen Pfad, der aus des Lebens Träumen zur jenseits liegenden Wahrheit führt. Und ebenso, wie das radio-aktive Atom, soweit ein Teil davon in Betracht kommt, aufhört überhaupt Materie zu sein, und sozusagen in Kraft umgewandelt wird, und dadurch zur Wärme oder zu einer anderen Form von Energie im stofflichen Universum beiträgt, so geht wenigstens ein Teil dessen, was ein menschliches Wesen war, in einen andern Zustand über oder — genauer ausgedrückt — erhebt sich über jeden Zustand, so wie ein Atom sich in übermaterielle Energie auflöst.

Aber es gibt noch nähere Parallelen zwischen den beiden Auffassungen — wenn wir sie im Einzelnen prüfen. Tatsachen, die sich auf die *Gruppierung* des Überganges beziehen. Auf den Übergang vom Menschen bis zur Arhatschaft oder vom Atom bis zur Auflösung in ganz bestimmte Stufen. Andere Übergänge jedoch beziehen sich auf das Gesetz der Zeit, demzufolge die atomische Auflösung erfolgt. Diese Einzelheiten müssen wir jedoch beiseite lassen. Hier kann nur gesagt werden, dass für den unterrichteten Buddhisten Nirvana das letzte Ende, das Jenseits und das Ziel des Lebens bedeutet. Ein Zustand, der so gänzlich verschieden von diesem bedingten, sich ewig verändernden Sein des uns bekannten Traumes des Selbst ist, dass er nicht nur gänzlich jenseits von allem Benennen und Beschreiben liegt, sondern sogar das Denken selbst weit überschreitet.

Und doch liegt uns das Wunder und die Größe der Weisheit der Aryas, die sich der Größte aller Aryer zur Befreiung der Menschen von allen selbstgeschmiedeten Fesseln erwarb, diese gänzlich über allem gedanklichen Erfassen stehende Glorie, jener Friede, der das wahre Ziel aller strebenden Wesen ist, viel näher, als unser nächstes Bewusstsein. Für den Menschen, der richtig versteht, ist sie teurer denn die teuerste Hoffnung, die er ersinnen kann. Sie ist jenseits all der Herrlichkeit des Mondes und der Sonne, unendlich weit über den sternenvollen Höhen des Bewusstseins, bis zum Äußersten verseinert, jenseits der endlosen Abgründe des allumfassenden Äthers, in dem diese Universen ihre unbegrenzte Heimat haben. Sie ist unbegrenzbar weit entfernt über den äußersten Höhen, wo der Gedanke mit vergeblichem Flügelschlag einem verlorenen Vogel gleich versagt, der so lange empor strebte, bis die dünne Luft ihn nicht länger tragen konnte. Ja noch höher wohnt sie, höher selbst als der Gedanke, den wir jetzt denken, höher als das Bewusstsein, das man für diesen schwindenden Augenblick mit Recht unser Selbst nennen kann.

Der uralte Weg, den der Lehrer gefunden, liegt nicht in ständiger Verfeinerung der falschen Idee des Seins; nicht in jenen höheren Daseinszuständen, von denen wir als von den auseinanderfolgenden „*Jhanas*" — den Stufen der Ekstase — sprachen, sondern in der bescheidensten, einfachsten und innersten Richtung, die das Menschenherz anstreben und verfolgen kann. So wie das Weisheitswesen allen Herrlichkeiten der Erde, allen falschen Versprechungen Maras von weltumfassender Herrschaft, aller verwickelten Größe Seines Hoflebens entsagte um ein Bettler, das *demütigste und niedrigste* aller menschlichen *Geschöpfe* zu werden, — und in der primitivsten, einfachsten und unmittelbarsten Weise lebte, — so wie Er jenen großen Verzicht nur zuwege brachte, auf dass Er den Pfad finde, den Alle zum Frieden wandeln können: so steht die Pforte des Pfades nur dann weit offen für uns alle, wenn wir unser *Selbst vergessen können* — und wäre es auch nur für einen Augenblick, — und *für das Leben als Ganzes leben, streben und wirken*. Wenn wir auf einer Karte ein Diagramm des Lebens in all seinen zahllosen Ausdrucksformen zeichnen wollten, und hierher nur das dämmrige Keim-Bewusstsein des Minerals, dort die Morgenröte organischen Lebens in der

Welt der Blüten und Pflanzen setzen, dann das Tier, dann das uns bekannte, menschliche, selbstbewusste Leben, und weiter hinaus, jene, durch höchste Ekstase erreichten noch höheren Gipfel des Seins, die *Jhanas,* die Welten der Engel und der Götter, und noch jenseits von all diesem den höchsten, heiligsten Zustand, von dem die Heiligen und Weisen aus alter Zeit redeten, — die Körperlosen, Formlosen, in Ihrem Höchsten Himmel reinster Begriffe: dann würde *nirgends auf dieser ganzen Karte,* und nirgends jenseits derselben, selbst wenn wir sie bis zur Unendlichkeit ausdehnen könnten, der Ort liegen, den man als den Wohnort von Nirvana bezeichnen könnte. Soweit wir mit Worten jene allesdurchdringende Innigkeit ausdrücken können, liegt die Richtung für unser eigenes bewusstes Leben dort, wo es *kein Selbst mehr* gibt. So wie in unserer Analogie seine Wohnung dort sein würde, wo es für diese angenommene Karte *keine Ebene mehr gibt.*

Und in der Tat, in unserer Lehre wird uns gesagt, dass es eben dieses menschliche Leben, in dem wir jetzt leben, ist, wo allein jener Hohe Pfad, der zu Nirvana führt, *betreten* werden kann, obwohl man ihn nur in den höheren Himmelsreichen vollenden kann, wenn es im allgemeinen mehr als eines Lebens bedarf. Uns wurde erklärt, dass in den untermenschlichen Zuständen des Lebens, in der Tierwelt, der Welt der Geister usf. — zu viel Leiden herrscht, zu viel peinigende Furcht für das Selbst, um dem Geschöpf jenen — wie wir gesehen haben — wesentlichen Schritt zu ermöglichen, nämlich die richtige Konzentration des Geistes zu erlangen. Mit anderen Worten, es gibt da zu wenig Geist, ein zu dämmerhaftes Bewusstsein, als dass in jenen niedrigen Zuständen des Lebens Konzentration möglich wäre. Andererseits lernen wir, dass dort in den Himmlischen Reichen jenseits der menschlichen Stufe die Ausdehnung des Bewusstseins so weit ist, sowohl im Raum als in Zeit und dass ein Mensch, in solch einem Leben geboren, die Wahrheit vom Leiden nicht fassen kann. Sein eigenes Leben geht derartig in Ekstase auf, entweder in der des Gefühls oder der reinen Vernunft, dass er nicht verstehen kann, wie das Leiden oder das Vergängliche, wahr sein kann. Und weil seine innere eigene Auffassung vom Selbst so unendlich mächtiger und viel wahrscheinlicher ist, kann er nicht begreifen, dass in jener so ganz wirklich scheinenden Selbstheit nichts als Täuschung wohnt.

So liegt für den Buddhisten die Große Gelegenheit hier und jetzt — nicht in einer eingebildeten Zukunft oder in irgendeinem unendlich höheren als dem menschlichen Lebenszustand. Hier in diesem menschlichen Leben, das manchmal so kleinlich, so gewöhnlich und so trübselig aussieht. Doch würden sogar die hohen, heiligen Götter Neid empfinden, wenn sie es nur verstehen könnten!

Dieses kleine menschliche Leben, — so kurz, scheinbar so leer, ohne hohe Hoffnungen, — ist doch das Tor der Möglichkeiten für all die Myriaden-Wesen aller zahllosen Reiche des Lebens, ja die Pforte selbst des Pfades, der zur Befreiung und zum Frieden führt! So lehrte der Größte der Genius-Begabten Arischen Rasse, — Er, den wir gern den Weisesten nennen, und vor Allem, den Erbarmungsreichsten unter den Menschen. Kann man es wohl verstehen, dass wir lächeln, wenn Menschen, die Seine Lehre nicht verstanden haben, davon als von einem trüben Pessimismus reden? Kann man sich wundern, dass wir Ihn lieben und verehren, und selbst die Erinnerung an jenes Große Leben anbeten, so wie die Menschen anderer Religionen ihre heiligsten Götter verehren?

Viele gibt es heutzutage in diesen weltlichen Ländern, zu denen diese alte Weisheit der Aryer kommt, und aller Beschränkung ihrer Erziehung zum Trotz, die Tiefen ihres Bewusstseins in seltsamer Weise aufwühlt, und gleichsam als Antwort auf eine halbvergessene Stimme durch des Geistes trübe Höhlen aus den Tiefen uralter Zeiten widerhallt. Von diesen Menschen würden wir sagen, dass sie die Botschaft in alten, längst vergangenen Leben gehört und etwas davon verstanden haben. Sie erhaschten durch sie eine Vision der Wahrheit, die hinter diesen verdunkelnden Mysterien des Lebens herrscht, und durch sie sogar zum hohen Portal des Pfades, der zur Befreiung führt, angezogen wurden. Dass sich dieses so verhält, wissen wir aus langer Erfahrung und in der Tat, sobald man erst das Wirken des Gesetzes des Lebens, des Karma, zugibt und versteht, wird es klar, dass solche Arten von Zuständen vorherrschen müssen. Das Rad des Lebens bringt in seiner unaufhörlichen Bewegung für jedes Geschöpf immer neue Lebenslagen. Doch sind diese in ihrem Ende immer folgerichtig. Wo das alte Leben abbricht, erneuert die neue Geburt seinen vergangenen Zustand. Nachdem daher das Arysche Indien in seiner großen Buddhistischen Phase im Vordergrund des damaligen menschlichen Fortschrittes stand, sollten wir annehmen, dass viele jener Menschen, die einen Teil der damaligen großen Zivilisation bildeten, zu dieser Zeit, wo der Mittelpunkt des Fortschrittes und der Zivilisation sich nach Werten verschob, in westlichen Ländern geboren werden.

Für solche Menschen wurden diese Aufsätze geschrieben — stets in der Hoffnung, dass trotz ihrer Unvollkommenheiten der Geist des Buddhismus genügend durch sie leuchten möge, um die schlummernden Erinnerungen des Lebens abermals anzuregen. Durch achtzig menschliche Generationen, durch all die wechselvollen Zustände der Zeit und der Rassenentwicklung, ist jener Geist, das wesentliche der Lehre des Größten der Menschheit, siegreich von einem lebenden Herzen zum anderen getragen worden. Und inmitten all des gegenwärtigen Dunkels ihres religiösen Lebens mag die westliche Welt in dieser uralten Wahrheit wohl manche Antwort auf ihre tiefsten Probleme finden, manchen Trost für ihre Kümmernisse und die Nichtigkeit des Lebens.

Selbstlos leben, selbstlos sterben, — keinen Lohn suchen, nur dem höheren Leben zu dienen versuchen, keinen hohen Himmel hoffen, keine äonenlange Seligkeit, — nur täglich selbstlos wachsen, — das ist die Lehre, die des Meisters Leben eben-so durchdringt wie des Meisters Lehren. Möge dadurch endlich Friede über alles Leben kommen!

I. DER STAB.

AUS: „DER MENSCH: WOHER, WIE UND WOHIN".
VON ANNIE BESANT UND C. W. LEADBEATER. [1])

Wenn das Menschreich überschritten ist und der Mensch als befreiter Geist auf der Schwelle Seines übermenschlichen Lebens steht, öffnen sich Seiner Wahl sieben Wege: Er kann in die selige Allwissenheit und Allmacht von Nirvana eingehen, mit einem Tätigkeitsfeld, das unsere Kenntnis weit überschreitet, um vielleicht in einer künftigen Welt ein Avatara oder eine Göttliche Inkarnation zu werden. Das nennt man manchmal „das Dharmakaya-Gewand anlegen". Er kann in die „spirituelle Periode" eingehen — ein Ausdruck, der unbekannte Bedeutungen, darunter wahrscheinlich auch das „Anlegen des Sambhogaya-Gewandes" einschließt. Er vermag ein Teil jenes Schatzhauses spiritueller Kräfte zu werden, aus dem die Beamten des Logos Ihre Kräfte holen, indem Er das „Nirmanakaya-Gewand anlegt". Er vermag ein Mitglied der Okkulten Hierarchie zu bleiben, die die Welt in der Er Vollkommenheit erlangte, regiert und behütet. Er kann auch zur nächsten Kette übergehen, um beim Aufbau ihrer Formen zu helfen. Er kann in die herrliche Engel- oder Deva-Evolution eingehen. Er kann sich ganz dem unmittelbaren Dienst des Logos hingeben, um durch Ihn in irgendeinem Teil des Sonnensystems benützt zu werden, als Sein Diener und Bote, der nur dazu lebt, um in dem ganzen System, über das Er herrscht, Seinen Willen auszuführen und Sein Werk zu tun. Wie ein General seinen Stab hat, dessen Glieder seine Botschaften in jeden Teil des Feldes tragen, so bilden diese Wesen Seinen Stab. Er ist es, Der allen befiehlt, „Seinen Ministern, die Ihm zu Willen sind". Dieses wird als ein wohl möglich schwerer Pfad betrachtet und

---

1) Neuauflage Verlag Edition Geheimes Wissen, Graz.

bildet vielleicht das größte Opfer für den Adepten. Daher werden damit auch die größten Auszeichnungen in Verbindung gebracht. Ein Glied des Generalstabes hat keinen physischen Körper, sondern schafft sich selbst einen solchen durch „Kriyashakti", — der „Kraft zu schaffen" — aus der Materie des Globus, zu dem Er gesandt wurde. Der Stab besteht aus Wesen von sehr verschiedener Stufenhöhe, von der Arhatschaft aufwärts.

II. DIE DIENENDEN.

Ich weise meine Leser auf den ausführlichen Bericht, der über diese Dienenden in „Die Leben von Alkyone", von Annie Besant und C. W. Leadbeater, im „Vorwort" gegeben wurde. Dieses „Vorwort" ist auch im „Theosophist", September 1913 zu finden.

DIE AUSTRALISCHE SEKTION: EINE VISION.

VON G. S. ARUNDALE.

Blicken wir einmal in die Zukunft unserer australischen Sektion; Ich sehe, wie sie einen weitaus größeren Einfluss hat, der nicht so sehr ihrem Zuwachs an Mitgliedern, sondern dem Umstand zuzuschreiben ist, dass sie die Lehren der Theosophie, die sie vorher nur predigte, jetzt in viel größerem Maße anwendet wie früher.

Ich sehe die Sektion als das eigentliche Herz Australiens, — als das Bindeglied zwischen Australien und den großen Wesen, die das Herz der Welt sind. Ich sehe, wie die Mehrzahl der Mitglieder diese Tatsache erkennen und sich ihr in entsprechender Weise hingeben. Ich sehe die Sektion als eine Art kleinerer Nation innerhalb des Australischen Volkes. Der nationale Maßstab Australiens wird angegeben und eingehalten durch die Mitglieder der Australischen Sektion der Theosophischen Gesellschaft. Das Volk Australiens passt sich diesem Maßstab in größerem oder geringerem Grade an. Er wird schließlich von der Mehrheit der Mitglieder aufrechterhalten, die durch ihre bloße Existenz einen ständigen Druck auf das Volk Australiens ausüben, so dass die Anpassung stetig aber langsam zunimmt.

Ich sehe, dass Mitgliedschaft in der Sektion ein Vorrecht wird, und eher ein Zeichen des Ansehens ist als ein Ding der Lächerlichkeit oder der Missbilligung, so wie es in der Mitte des 20. Jahrhunderts war. Leute der Außenwelt sind nicht immer gewillt der Gesellschaft beizutreten, weil es ein sehr anstrengendes, wenngleich freudiges Leben mit sich bringt. Aber sie erkennen den wertvollen Beitrag, den die Mitglieder zur nationalen Hebung beisteuern. Ebenso erkennen sie die Tatsache an, dass Mitglieder der Gesellschaft nicht für sich selbst leben, sondern für ihre Umgebung, und dass ihre Ansichten und Tätigkeiten stets aufbauend und nie trennend sind.

Ich sehe, dass die Sektion einen Teil des Herzens jenes großen Völkerbundes bildet, den wir heute das Britische Reich nennen. Dieses Reich wird augenscheinlich ein Völkerbund, nicht nur zum allgemeinen Wohl seiner Teilnehmer, sondern um ebenso oder vielleicht noch mehr den Frieden und die Wohlfahrt der Welt sichern zu helfen. Jede Sektion der Gesellschaft repräsentiert ihr besonderes Land im kleineren Völkerbund, der an sich das Herz des größeren ist, nämlich der Gesellschaft als Ganzes. Ebenso gibt jede Sektion ein Beispiel vollkommener Übereinstimmung mit den Interessen des Ganzen, dessen Teil sie ist. Der Völkerbund, den wir das Englische Welt-Reich nennen, wird auf diese Weise eine Einheit, die durch keine individuelle Abweichung von Idealen zu brechen ist, denn im Herzen des Bundes hat eine ideale Brüderlichkeit begonnen. Die Theosophische Gesellschaft ist eine Welt in sich, ein lebendiges Beispiel für die größere Welt der Zukunft, die ihrer harrt.

Der größte Schutz gegen Kriege, Streitigkeiten und alle anderen Arten zersetzender Kräfte ist die Theosophische Gesellschaft. Die Theosophische Gesellschaft beeinflusst auf alle Fälle in mancher Hinsicht die öffentliche Meinung. Sie wird so gut organisiert, so harmonisch, dass sie unfehlbar jene Macht ausübt, die Ordnung gegenüber Unordnung stets besitzt. Weswegen immer die Gesellschaft vereint auftritt, wird es der Welt immer schwerer es auszuführen.

Wie geschieht dieses? Nicht durch Gewalt. Die Gesellschaft glaubt nicht an Gewalt. Selbst wenn sie in deren Besitz wäre, (was nicht der Fall ist), würde sie keine Gewalt ausüben. Aber durch zwingendes Beispiel. Die Gesellschaft und jedes einzelne Mitglied lebt Theosophie in den täglichen Dingen des Lebens. Theosophen leben anders. Sie leben furchtlos. Sie leben friedlich. Sie leben weit glücklicher. Sie leben viel gesünder.

Sie haben scheinbar Krankheiten in großem Maße ausgerottet, denn sie wissen wie man leben soll. Erstens leben sie nicht *auf Kosten anderer*. Sie leben nicht vom Schmerz anderer, weder menschlichem noch untermenschlichem. Sie genießen reine Nahrung, ergötzen sich an Anmut, Reinheit und Einfachheit, nicht an Kompliziertheit und Derbheit. Zweitens leben sie hygienisch. Ihre Kleidung, ihr Heim, alle ihre Einrichtungen zur Pflege des Körpers entsprechen diesem Zweck. Sie haben gelernt, dass hygienisches Leben nicht nur reine Luft, richtige Nahrungswerte usw. bedeutet, sondern auch künstlerisches, rhythmisches und anmutiges Leben. Das ist ebenso unentbehrlich.

Ich sehe auch, dass die Theosophen dieser Epoche — die vielleicht nicht mehr gar so fern ist, — aufgehört haben, sich Sorgen zu machen und besorgt zu sein. Sie haben zum großen Teil die Reizbarkeit überwunden. Zorn und Hass sind natürlich gänzlich verschwunden. Ebenso Argwohn und Misstrauen. Das sexuelle Problem ist ebenfalls gelöst worden, teils wegen klarem Verständnis für Geschlechtsfragen und ihrem göttlichen Zweck, teils weil man Ehe und Mutterschaft als wundervolle Sakramente anerkennt. Die Theosophen dieser Epoche sind tief ehrfurchtsvoll und gleichzeitig entzückend leichtherzig. Ich sehe, wie die heutigen Logen allmählich zu Gemeinwesen werden. Sie sind Gemeinwesen zu der Zeit, von der ich schreibe. Nach und nach haben gleichgesinnte Familien an der Peripherie der Städte nahe zueinander Häuser gebaut oder gemietet und das Gemeinschaftsleben beginnt ohne Verlust der Individualität. Mehr und mehr wird das, was vorteilhafterweise gemeinsam geschehen kann, auch gemeinsam getan, mit dem Resultat, dass das Leben billiger wird und viel mehr Zeit für die größere Arbeit übrig bleibt.

In einigen Fällen leben mehrere Familien in einem, eigens zu dem Zweck erbauten Haus, — eine Art Kloster, jedoch ohne irgendeinen der Nachteile und ohne die Beschränkungen eines Klosters. Dies gibt ihnen reichlich Gelegenheit für individuelle Entwicklung, und ebenso für vernünftige Befriedigung individueller Eigenheiten. In anderen Fällen gibt es eine Art von Dorf-Gemeinde, eine abgeschlossene Gruppe von Häusern oder Villen, eine Art Gartenstadt, in kleinem Maßstab. Ich sehe, dass sich diese Kommunen besonders mit Erziehung und Vergnügungen befassen. Ich könnte über die Erziehung ausführlich schreiben, doch es muss genügen, wenn ich sage, dass die theosophische Erziehung zur Zeit von der ich schreibe, außerordentlich praktisch ist, weit mehr daraus besteht, etwas zu tun als nur zu lernen, dass sie die jungen Leute befähigt, die Gesetze des Lebens zu verstehen und anzuwenden und sie jedenfalls zu sehr großer Tüchtigkeit erzieht. Diese Theosophische Jugend unterscheidet sich viel auffallender von der Übrigen als wie es heute der Fall ist. Sie sind sehr praktisch und in allem sehr gründlich; niemals zufrieden, bis sie den Dingen nicht auf den Grund gingen; sie bestehen immer darauf, alles selbst ausfindig zu machen, haben große Ehrfurcht vor dem Wirklichen. Ebenso sind sie ablehnend allem Unwirklichen, allem Unechten, aller Heuchelei, allem Schein gegenüber, aber zuverlässig, zu jedermann in schöner Weise höflich, zartfühlend und verständnisvoll. Offenbar ist es so schön, jung zu sein, dass sich die nicht mehr Jungen fast ungeduldig danach sehnen wieder jung zu sein. Ich kann einige von ihnen sagen hören: „Nun wohl, in kurzer Zeit werde auch ich wieder einen jungen Körper haben!" So bedeutet der Tod nichts weiter als Tausch, das Aufgeben alter Kleider für Neue. Die Jugend dieser späteren Zeit ist so entzückend. Sie machen das Leben so sprühend. Alte Leute fühlen sich nie „veraltet", zum Teil weil die Jugend ihr heiteres Leben mit ihnen teilt, zum Teil, weil sie ihre „eigene Arbeit" haben, ihrem Alter angemessene Dinge, die nur das Alter tun kann und die getan werden müssen.

So sehe ich jede Loge und jedes Zentrum als Gemeinschaft oder als mehrere Gemeinschaften. Diese Gemeinschaften werden für die Umgebung fast zu Wallfahrtsorten. Die Leute werden zu der Wissenschaft allmählich hingezogen, deren Vertreter augenscheinlich so glücklich und ebenso augenscheinlich so „famos tüchtig" sind. Die Leute sehen, dass diese Theosophen nicht bloße Schwätzer und Träumer sind, sondern zu den besten Bürgern und Patrioten gehören, treu und stets bereit, der guten Sache beizustehen und das Schlechte zu bekämpfen. Unter diesen Theosophen gibt es keine Schwächlinge, weder an Körper noch an Geist. Sie alle sind rechtschaffen, klar, tüchtig, eifrig, gesund. Da also die Leute die Wirkung des Glaubens an Brüderlichkeit, an Karma, an Reinkarnation etc. sehen, fangen sie an, sich diesen Glaubensrichtungen zuzuwenden, indem sie sehr richtig annehmen, dass an Theorien, die solche Ergebnisse hervorbringen, etwas sein muss, und dass diese Theorien für die meisten Theosophen scheinbar nicht bloß Theorien, sondern vielmehr auf Erfahrung beruhende Tatsachen zu sein scheinen. Theorien, die die Leute besser machen, müssen näher betrachtet werden. Und die Folge ist, dass zum Beispiel der Vegetarismus weit verbreitet wird und dass in allen Sphären des Lebens eine große Renaissance des Wirklichen beginnt.

Ich sehe in diesen Gemeinschaften so schöne moderne Bibliotheken, nicht so sehr theosophische Literatur, — obwohl jede Gemeinschaft ihre volle Anzahl theosophischer Musterwerke besitzt, — sondern die neuesten Werke weltlicher Denker, auf dem Gebiet der Religion, Politik, Philosophie, Soziologie, Wissenschaft, Kunst, Literatur, Erziehung usw. Diese Gemeinschaften sind durchaus gründlich und da sie in mancher Richtung der Welt voraus sind, trachten sie auf der Höhe hervorragender Denker und Arbeiter aller Gebiete der Welt zu bleiben. Drahtlose Telegrafie hält sie in ständiger Berührung mit den Ereignissen der ganzen Welt, ebenso wie die Welt und alle Theosophischen Gemeinden in jedem Teil der Welt, drahtlose Nachrichten über die Theosophischen Hauptgemeinden von überall erhalten.

Ich muss die schöne Farben- und Ton-Musik besonders hervorheben, die diese Gemeinschaften in wundervollem Maß entwickelten. Eine Musik, die viel feiner ist, als die von der Außenwelt erreichte. Ebenso bemerke ich die Einfachheit und Würdigkeit der Ausstattung der Räume und die schöne Ehrfurcht, die man der Größe erweist; in begeisternden Gemälden, von den großen Taten der Welt und den großen Menschen, die diese Taten ausführten, ebenso in Gemälden von Orten mit großen historischem und spiruellem Interesse. — Der Grundton jeder Gemeinschaft ist: Dienen. Alles was geschieht, dient diesem Zweck. Dienen ist das herrschende Leitmotiv aller Gemeindetätigkeit. Jedes Mitglied der Gemeinschaft lebt und wächst in einer Atmosphäre freudigen und tüchtigen Dienens. In jeder nationalen oder lokalen Notlage sind Theosophen mit geschulten Fähigkeiten und unermüdlicher Energie tätig. In allen Schwierigkeiten verlässt man sich vor allem auf sie, denn sie wissen den heilenden Balsam wissenschaftlicher Brüderlichkeit auf alle Wunden des politischen Körpers anzuwenden. In der äußeren Welt sind zum größten Teil große Männer der Wissenschaft, Poeten, Staatsmänner, Philosophen und Industrielle. Aber in der Theosophischen Gesellschaft sind der Welt größte Seher und Propheten und jene Menschen, die bei der Anwendung von Brüderlichkeit im Leben in all ihren verschiedenen Aspekten den Weg führen. So wird die Theosophische Gesellschaft zur goldenen Kette der Brüderlichkeit, die die ganze Welt umschließt und vereint. Natürlich wird all dieses unendlich beschleunigt, da Christus in der Welt lebt. Viele erkennen Ihn an. Einige nicht. Aber Sein Beispiel und vor Allem Seine unendlich gewichtige Betonung des Wirklichen, womit Er alle Konventionalitäten bei Seite fegt, alles Bequeme, allen Aberglauben, Täuschung und Heuchelei, mag anfänglich für Viele abstoßend sein, die ihr Leben auf all dieses basierten. Doch wird sie allmählich — in vielen Fällen zweifellos noch unbewusst — jene Aufmerksamkeit fordern, die sich die Wahrheit schließlich immer erzwingt, wenn sie sich in die Form des großen Wahrheitsspiegels der Welt, — in Christus — kleidet.

Ich vermag unmöglich Worte zu finden, um den wunderbaren Segen von Christis unmittelbarer Gegenwart auszudrücken. Wohl verursacht Er Revolution, doch heilt Er zugleich. Von Allem was Er berührt, fällt das Unwirkliche ab, und die Welt wird hell in der Erneuerung ihrer Jugend. Der Staub der Jahrhunderte wird weggefegt, die Jahrhunderte alten Krusten verschwinden und das Leben offenbart sich wieder einmal in all seiner Einfachheit, in all seiner Schönheit, in all seiner Kraft und seinen Zielen. Wie töricht die Menschen, die Ihn verleugnen! Wie traurig für sie! Doch wird auch für sie die Zeit kommen, wo sie einen Heiland anerkennen, denn Welt-Heilande werden immer wieder kommen, bis keiner mehr leugnen und jeder sich erfreuen wird. Vielleicht haben auch wir, die wir hoffen, Ihn in naher Zukunft zu erkennen, Ihn früher oft verleugnet. Unsere Zeit, Ihn zu erkennen, ist gekommen, — die Ihrige vielleicht noch nicht.

Wundert ihr euch, dass ich mit so einer herrlichen Vision vor Augen, voll Eifers bestrebt bin, dass die Vision in die äußere Welt herabsteige? Ich weiß, sie steht auf der Schwelle. Ich habe über die teilweise verwirklichte Vision geschrieben, ich weiß aber, dass sie jetzt ihren Anfang nimmt. Ich weiß, dass jedes Mitglied unserer Gesellschaft — das was ich für Australien schreibe gilt für alle Länder — ohne Verzug beginnen sollte, seine Augen dem Wirklichen zuzuwenden. Ich weiß, dass jedes

Mitglied seinen Anker vom Unwirklichen lichten und nach Osten, ins Land der Wirklichkeit segeln sollte.

Wie gut wäre es, wenn schon jetzt jedes Mitglied anfinge, eifrig Mittel und Wege zu finden, um unser theosophisches Erbe rascher antreten zu können. Wenn sich jedes Mitglied endgültig dazu entschließen würde, mehr der Brüderlichkeit und weniger dem Selbst zu leben! Wie gut wäre es, wenn jedes Mitglied sich entschlösse, Theosophie zur wahrhaft lebendigen Kraft in seinem Leben zu machen. Mehr noch im täglichen Lauf der Dinge, unter den täglichen Mühen, der täglichen Arbeit und ihren Sorgen, als in seinen Äußerungen, so dass seine Äußerungen durch ihre Harmonisierung mit dem täglichen Leben bestärkt werden! Wie wundervoll wäre es, wenn wir Theosophie ebenso gut leben, wie predigen könnten! Ich weiß, viele sind schon bemüht es zu tun. Es müsste aber von uns allen und vollkommener geschehen. Wir müssen an Theosophie glauben, — wirklich glauben, — so dass es mit der Zeit unmöglich wird, anders als theosophisch zu leben, und dass wir Theosophen werden und nicht bloß Mitglieder der Theosophischen Gesellschaft.

Wie gut wäre es, wenn in ganz Australien, — und natürlich auch sonst überall, — Mitglieder, Gruppen von Mitgliedern, Gruppen von Familien, Zentren und Logen ernstlich anfangen würden Mittel und Wege zu besprechen, um Brüderlichkeit unter sich mehr ins Praktische zu übertragen; Formen des Gemeinschaft-Lebens zu besprechen; Maßnahmen zu ersinnen um so viel wie möglich zusammen auszuführen; Möglichkeiten auszuarbeiten, um durch Vereinigung gewisser Tätigkeiten, das Leben billiger zu machen; die Mußestunden erfreulicher und zweckmäßiger zu gestalten; individuelle Hilfsquellen zwecks gemeinsamen Glücks und größerer Wirksamkeit zu sammeln! Warum können sich Logen und Zentren nicht mit all diesen Fragen befassen und sehen was zu tun ist? Warum können sich nicht wenigstens bestimmte Familien und Freunde zusammentun, um mehr zusammen zu leben, mehr zusammen zu arbeiten, mehr zusammen zu spielen? Ist es nicht an der Zeit, dass wir uns beeilen und unsere Kerne von universeller Brüderlichkeit viel wirklicher machen als sie sind?

Die Folge des brüderlicheren Lebens wird eine viel mächtigere und wirkungsvollere Brüderlichkeits-Tätigkeit in der äußeren Welt sein. Um das Volks-Haus, oder das Welt-Haus, oder das Rat- oder Stadt-Haus in Ordnung zu bringen, müssen wir unser Logen- oder Zentrum-Haus und natürlich auch unser Körper-Haus in Ordnung bringen. Auf diese Weise werden wir viel stärker und tüchtiger werden als vorher. Wir werden viel mehr Zeit haben uns an allerlei Brüderlichkeitsbetätigungen in der äußeren Welt zu beteiligen. Obwohl wir vielleicht an der Peripherie der Stadt wohnen, und uns größten Teils alles selbst besorgen, werden wir doch nicht im Geringsten exklusiv oder hochmütig werden. Im Gegenteil, das größere Gefühl für Brüderlichkeit wird uns zwingen, unser Gemeinschaftsleben nur als einen Mittelpunkt zu betrachten, von dem aus wir unsere Vitalität bis an die fernsten Grenzen unserer verschiedenen Kreise aussenden. Wir werden an allem Leben unserer Umgebung teilnehmen wie nie zuvor. Wir werden unsere Zentren in unserer Stadt haben, wahre Bienenstöcke an brüderlichem Fleiß, Versammlungsorte, Organisationszentren für industrielle, handelspolitische, erzieherische, soziale und religiöse Tätigkeiten aller Art. Diese Zentren werden allmählich als Zentren von wahrhaft praktischem Idealismus anerkannt werden. Wir werden der Welt zeigen, wie man wahrhaft leben muss, wie man erfüllt von Leben, von wahrem Leben, in jeder Sphäre sein muss, — zuhause, im Geschäft, in Bürgerpflichten und in unsern Mußestunden.

Fangen wir an jetzt, individuell und in Gruppen, über all diese Dinge nachzudenken. Fangen wir an, mit endgültiger Absicht daran zu denken, sie auch auszuführen. Wir wollen sie nicht als unausführbar betrachten, denn sie sind erreichbar. Sie sind auf dem Wege. Wenn wir den Willen haben, müssen wir sicher den Weg finden. Schwierigkeiten? Natürlich! Aber während wir auf Schwierigkeiten stoßen, wollen wir Mittel und Wege ausfindig machen, sie zu überwinden. Unter keinen Umständen dürfen wir einfach weichen, nur weil uns Schwierigkeiten und Hindernisse entgegentreten. Dieses sind Dinge, die man *überwinden, unterkriegen* oder *herumkriegen* muss. In manchen Fällen mögen sie wohl Einbildung sein, so dass man mit etwas Leichtherzigkeit und Selbstvertrauen *hindurch kommen* kann.

Ich stelle an die Mitglieder der Australischen Sektion die

persönliche Bitte, damit anzufangen, über Mittel und Wege zu beraten. Ich ersuche sie, diese Dinge bei Mitgliederversammlungen im Geist aufbauender Kritik zu betrachten und nach dem Weg zu suchen, der dahin führt. Der Weg ist da. Für jede Loge, für jedes Zentrum ist der Weg da. Man muss nur standhaft danach suchen. Natürlich bedeutet das ein Aufgeben des althergebrachten Schlendrians. Aber gerade das sollen wir tun. Jedes Mitglied möge sich diese Buße auferlegen: auf Besprechungen oder auf jedes ernste Bemühen den Weg zu finden, nicht immer kaltes Wasser zu gießen. Es ist so leicht abzuschrecken und Schwierigkeiten aufzutürmen. Jeder kann das tun. Dazu bedarf es geringer Intelligenz. Es ist die Gewohnheit der Welt und daher die bequemste Art des geringsten Widerstandes, der geringsten Anstrengung.

Wir wollen den Weg finden wie wir diese Aufgabe vollbringen können. Es mag Zeit nehmen. Vollbringung ist jedoch keinesfalls sofort möglich. Aber ich verlange, dass kluge Mittel zur Erreichung des Zieles angewendet werden. Möge jede Loge, jedes Zentrum, jedes Mitglied das rechte Mittel erkennen, sozusagen das „dünne Ende des Keiles" herausfinden und diesen richtig vorwärts treiben, gleichviel wie klein auch der Anfang ist. Man muss nur richtig ansetzen und richtig hämmern, ohne Rücksicht darauf, wie lange man hämmern muss. Jeder Hammerschlag wird uns dem Wirklichen näher bringen, und uns von den Fesseln des Unwirklichen befreien.

Spiritistische Bibliothek
für Anfänger und Eingeweihte!

Zu beziehen über den Verlag dieser Schrift.

C. W. Leadbeater:
- Das Innere Leben. 2 Bände.
- Das Leben im Jenseits.
- Die Astral-Ebene.
- Die Meister und der Pfad.
- Die Wissenschaft der Sakramente.
- Ein Textbuch der Theosophie.
- Gespräche über „Zu den Füßen des Meisters".
- Gibt es eine Wiederkehr?
- Grundlinien der Theosophie.
- Unsere Unsichtbaren Helfer.
- Das Leben nach dem Tode.
- Ursprung und Bedeutung des christlichen Glaubensbekenntnisses.
- Träume.
- Die Chakras.
- Hellsehen.
- Das verborgene Leben in der Freimaurerei.
- Risse im Schleier der Zeit. 24 Leben Orions.
- Naturgeister.
- Hindu-Yoga.
- URALTE IDEALE IN DER MODERNEN FREIMAUREREI. EINE ANSPRACHE GEHALTEN IN DER SYDNEY-LOGE No. 404 IM JAHRE 1915 VON DEM HOCHW. BR . . . . C. W. LEADBEATER 33°. DIE RITUELLE ARBEIT IN ÄGYPTEN. Aus C. W. Leadbeater „The Hidden Life in Freemasonry" (Kap. IX).

C. W. Leadbeater / Annie Besant: — Der Mensch: Woher, Wie und Wohin. Aufzeichnungen nach hellseherischen Untersuchungen.

— *Okkulte Chemie.*

Annie Besant:
— Die Reinkarnations- oder Wiederverkörperungslehre.
— Die sieben Prinzipien oder Grundteile des Menschen.
— Eine Studie über das Bewusstsein.
— Eine Studie über Karma.
— Esoterisches Christentum oder die kleinen Mysterien.
— H. P. Blavatsky und die Meister der Weisheit.
— Karma.
— Theosophie und moderne psychische Forschung.
— Uralte Weisheit. Die Lehren der Theosophie kurz dargestellt.
— Winke zum Studium der Bhagavad Gita.
— Der Pfad der Jüngerschaft.
— Das Denkvermögen.
— Das Rätsel des Lebens im Lichte der Theosophie.
— Der Mensch und seine Körper. Eine theosophische Studie.
— Der Stammbaum des Menschen.
— Der Tod — und was dann?
— Die Entwicklung des Lebens und der Form.
— Die Geburt und Entwicklung der Seele.

Dr. Franz Hartmann:
— Im Vorhof des Tempels der Weisheit.
— Mysterien, Symbole und magisch wirkende Kräfte.
— Populäre Vorträge über Geheimwissenschaft
— Die weiße und schwarze Magie.
— Vertrauliche Mitteilungen.
— Unter den Adepten und Rosenkreuzern.
— Die Religionslehre der Buddhisten.
— Die Geheimschulen der Magie
— KARMA ODER WISSEN, WIRKEN UND WERDEN
— Die Mystik in Goethes Faust.
— Theosophische Korrespondenz.
— Sri Sankaracharya: „Das Palladium der Weisheit" (Viveka Chu-
  damani)/Tattwa Bodha/Atma Bodha. Ins Deutsche übertragen
  und mit Anmerkungen versehen von Dr. Franz Hartmann.
— Die Philosophie und Wissenschaft der Vedanta und Raja-Yoga o-
  der Das Eingehen in die Gottheit.

- Die Geheimlehre in der christlichen Religion.
- Die Geheimnisse der Zeugung.
- Über den Verkehr mit der Geisterwelt.
- Das Wesen der Alchemie.
- Ein Abenteuer unter Rosenkreuzern.
- Unter den Gnomen von Untersberg. Eine sonderbare Geschichte.
- Die Symbole der Bibel und der Kirche.
- Die Medizin des Theophrastus Paracelsus.
- Kurzgefasster Grundriss der Geheimlehre.
- Tao Te King.
- Theophrastus Paracelsus als Mystiker.
- Elementargeister.
- Lebendig begraben.
- JEHOSHUA. Der Prophet von Nazareth. Bruchstücke aus den Mysterien. Die Geschichte einer wahren Initiation und ein Schlüssel zum Verständnis der Allegorien der Bibel.
- Dr. Franz Hartmann / Philalethes (= Moritz Kronenberg)I) Seelenbräute und Vampirismus (Incubi und Succubi) und II) Die Dämonengruppe der Incubi und Succubi. Ein aufklärender Brief über sexuelle Besessenheitszustände. (2 Titel in 1)

George S. Arundale: Der Weg des Dienens.

Zahlreiche weitere Schriften namhafter Autoren sind im Verlag erhältlich